商务部国际贸易经济合作研究院国家高端智库丛书

美国"长臂管辖"研究

商务部国际贸易经济合作研究院贸易与投资安全研究所　著

中国商务出版社

·北京·

图书在版编目（CIP）数据

美国"长臂管辖"研究 / 商务部国际贸易经济合作
研究院贸易与投资安全研究所著. --北京 : 中国商务出
版社，2024.3
　　ISBN 978-7-5103-4869-3

　　Ⅰ．①美… Ⅱ．①商… Ⅲ．①美国对外政策－研究
Ⅳ．①D871.20

中国国家版本馆CIP数据核字 (2023) 第217384号

美国"长臂管辖"研究

MEIGUO "CHANGBI GUANXIA" YANJIU

商务部国际贸易经济合作研究院贸易与投资安全研究所　著

出版发行：中国商务出版社有限公司
地　　址：北京市东城区安定门外大街东后巷28号　　邮编：100710
网　　址：http://www.cctpress.com
联系电话：010-64515150（发行部）　010-64212247（总编室）
　　　　　010-64243016（事业部）　010-64248236（印制部）
责任编辑：韩冰
排　　版：德州华朔广告有限公司
印　　刷：北京建宏印刷有限公司
开　　本：710毫米 × 1000毫米　1/16
印　　张：18.75
字　　数：264千字
版　　次：2024年3月第1版
印　　次：2024年3月第1次印刷
书　　号：ISBN 978-7-5103-4869-3
定　　价：88.00元

本书编写组

顾　　问	顾学明　张　威
主　　编	程　慧　韩　露
编写组成员	韩　爽　经　蕊　田伊霖　黄源源　刘立菲
	邢政君　贾皓宇　申　琛　李曦光　栾大鹏
	张中严

贸易与投资安全研究所 简介

　　贸易与投资安全研究所是商务部国际贸易经济合作研究院的研究部门之一，成立于 2012 年，主要研究领域为战略贸易、出口管制、经济制裁、安全审查、贸易摩擦等。成立以来，贸易与投资安全研究所承担了多项社科重大课题、中宣部智库课题，发表国家高端智库成果十余篇，多次获得国家领导人、省部级领导批示。同时，贸易与投资安全研究所长期参与商务部出口管制相关工作，对出口管制制度建设、改革发展作出了积极贡献。

总　序

商务部国际贸易经济合作研究院（以下简称研究院）从1948年8月创建于中国香港的中国国际经济研究所肇始，历经多次机构整合，已经走过七十多年的辉煌岁月。七十多年来，研究院作为商务部（原外经贸部）直属研究机构，始终致力于中国国内贸易和国际贸易、对外投资和国内引资、全球经济治理和市场体系建设、多双边经贸关系和国际经济合作等商务领域的理论、政策和实务研究，并入选第一批国家高端智库建设试点单位，在商务研究领域有着良好的学术声誉和社会影响力。

商务事业是经济全球化背景下统筹国内、国际双循环的重要枢纽，在我国改革开放、经济社会发展和构建新发展格局中发挥着重要作用。新时期经济社会的蓬勃发展对商务事业及商务领域哲学社会科学事业的理论、政策和实务研究提出了更高的要求。近年来，研究院在商务部党组的正确领导下，聚焦商务中心工作，不断推进高端智库建设，打造了一支学有专攻、术有所长的科研团队，涌现出了一批学术精英，取得了一系列有重要影响力的政策和学术研究成果。

为了充分展示近年来研究院国家高端智库建设所取得的成就，鼓励广大研究人员多出成果、多出精品，经过精心策划，从2021年开始，研究院与中国商务出版社合作推出研究院"国家高端智库丛书"和"学术文丛"两个系列品牌出版项目，以支持研究院重大集体研究成果和个人学术研究成果的落地转化。

首批列入研究院"国家高端智库丛书"和"学术文丛"出版项目的作者，既有享受国务院政府特殊津贴的专家，也有在各自研究领域内勤奋钻研、颇具建树的中青年学者。将他们的研究成果及时出版，对创新中国特色社会主义商务理论、推动商务事业高质量发展、更好服务商务领域科学决策都有着积极意义。这两个出版项目体现了研究院科研人员的忠贞报国之心、格物致知之志，以及始终传承红色基因、勇立时代潮头的激情与责任担当。

我相信，未来一定还会有更多研究成果进入"国家高端智库丛书"和"学术文丛"。在大家的共同努力下，"国家高端智库丛书"和"学术文丛"将成为研究院高端智库建设重要的成果转化平台，为国家商务事业和商务领域哲学社会科学研究事业作出应有的贡献。

值此"国家高端智库丛书"和"学术文丛"出版之际，谨以此为序。

商务部国际贸易经济合作研究院

党委书记、院长

顾学明

前　　言

"长臂管辖"源于美国法律，已成为美国法律在多个领域适用的重要实践。近年来，美国"长臂管辖"不断向政治、外交领域扩展，干预和扭曲了正常的国际贸易秩序，给全球供应链、各国企业都带来了巨大的影响，其本质上已演变为维护美国霸权、打压外国竞争对手的霸权工具。

自改革开放以来，中国实行积极主动的开放战略，取得了举世瞩目的成就。目前，中国已成为全球第二大消费市场、第一货物贸易大国，利用外资和对外投资都稳居世界前列。党的二十大报告充分表明了中国坚持经济全球化正确方向、致力于推动经济全球化不断向前、增强各国发展动能的鲜明立场，同时也明确指出反对保护主义，反对"筑墙设垒""脱钩断链"，反对单边制裁、极限施压。鉴于此，在国际经济合作和竞争局面发生深刻变化、全球经济治理体系和规则面临重大调整的大背景下，深入研究美国"长臂管辖"的基本内涵、运作机理，充分考察其带来的风险压力，对于我国应对外部变化、维护国家经济安全有着重要的理论和现实意义。

本书为国家社科基金重大项目"高质量共建'一带一路'遭遇美国长臂管辖的风险和对策研究"（批准号：19VDL013）的成果之一，旨在系统梳理"长臂管辖"的内涵与外延，进一步丰富科学研究、政策研究的理论基础；同时立足我国国情和需求，为政府和企业应对新变化、新问题、新风险探索现实路径。

本书共九章。

第一章，美国"长臂管辖"的基本范畴。本章着重对美国"长臂管辖"的基本概念、历史溯源以及国内外研究现状进行了梳理，结合理论和现实变化，对当前美国"长臂管辖"的基本范畴进行了界定。本章执笔人为程慧、黄源源、李曦光。

第二章，美国"长臂管辖"的基础与适用。本章从经济、科技、军事、法律和道德等维度探讨了美国"长臂管辖"的实施基础，进而梳理了美国如何通过管理类手段和处罚类手段，不断拓展"长臂管辖"的适用边界，使"长臂管辖"成为在经济制裁、出口管制、反海外腐败、反洗钱等领域输出美国影响力的重要手段。本章执笔人为贾皓宇、刘立菲。

第三章，美国"长臂管辖"与经济制裁。本章从基本特征、制度体系、实践做法和国际社会反应四个维度探讨了美国"长臂管辖"在经济制裁领域的应用。本章执笔人为经蕊、申琛。

第四章，美国"长臂管辖"与出口管制。本章从概念特征、法律框架、实践做法等维度探讨了美国"长臂管辖"在出口管制领域的应用。本章执笔人为刘立菲、韩爽、邢政君。

第五章，美国"长臂管辖"与反海外腐败。本章从概念特征、法律框架、执法实践以及制度目标等维度探讨了美国"长臂管辖"在反海外腐败领域的应用。本章执笔人为韩爽、田伊霖、张中严。

第六章，美国"长臂管辖"与反洗钱。本章从概念特征、法律框架、制度扩张、对华应用等角度探讨了美国"长臂管辖"在反洗钱领域的应用。本章执笔人为黄源源、韩露。

第七章，美国"长臂管辖"对我国对外合作的影响。本章以美国"长臂管辖"在各领域的实施手段为抓手，考察了其给我国海外基础设施建设、对外经贸合作、对外科技合作以及对外合作基础带来的风险。本章执笔人为韩露、经蕊。

第八章，国际社会应对美国"长臂管辖"的实践。本章梳理了国际社会应对美国"长臂管辖"的具体做法，分析总结出完善法律框架、提高合规要求、积极应对诉讼、擅用经贸规则、独立结算体系、重塑多边主义以及多渠道发挥政治外交手段等实践经验，为我国应对美国"长臂管辖"提供了参考。本章执笔人为田伊霖、贾皓宇。

第九章，我国应对美国"长臂管辖"的思考。本章在分析我国基本国情和外部环境的基础上，借鉴他国经验，从坚持底线思维、完善法律体系、提高合规要求、提升应对能力、参与国际治理等层面为我国应对美国"长臂管辖"提出了建议。本章执笔人为邢政君、程慧、栾大鹏。

目　　录

第一章 >>>

美国"长臂管辖"的基本范畴

什么是"长臂管辖"？学术界尚未形成统一、明确、权威的认识和定义。"长臂管辖"一词原对应美国民事诉讼中的"long-arm jurisdiction"。但时至今日，中文语境中"长臂管辖"一词的含义早已发生变化。本书中的"长臂管辖"，区别于纯法学意义上的"长臂管辖"，更接近于中国政府和学界的理解，范围更加宽泛，其内涵和外延也在不断变化。从历史来看，美国"长臂管辖"的发展经历了一个长期的过程，极具扩张性，并日益政治化。近年来，美国针对中国的"长臂管辖"不断翻新升级，在此背景下，国内对美国"长臂管辖"的研究也日渐丰富。

一、概念界定

结合美国"长臂管辖"的狭义和广义界定，本章将明确本书中美国"长臂管辖"的范畴。

（一）美国"长臂管辖"的狭义理解

法学领域的学者们对美国"长臂管辖"给出了比较确切的法学定义，大多采取狭义理解，并将其区别于域外管辖、域外适用、域外效力等概念。

所谓"长臂管辖"，是指起诉时与管辖区域有关联的非居民被告的管辖权[①]。韩德培和韩健（1994）在《美国国际私法（冲突法）导论》中认为，"长臂管辖"是指被告住所地为非法院所在的州但与其存在"最低限度联系"，并且此种联系同其主张的权利要求相关时，针对该权利要求，即便被告住所地不在该州，该州法院对其仍然可以行使属人管辖权[②]。郭玉军和甘勇（2000）在《美国法院的"长臂管辖权"——兼论确立国际民事案件管辖权的合理性原则》一文中认为，长臂管辖权是美国民事诉讼中属人管辖权发展的结果，是法院对外国被告（非居民）所主张的特别管辖权的总称[③]。霍政欣和金博恒（2020）在《美国长臂管辖权研究——兼论中国的因应与借鉴》中采用了Born和Rutledge对于"长臂管辖"的严格定义，认为长臂管辖权是由属人管辖权衍生而来的美国法律特有的概念，是指在民事诉讼活动中，美国本州法院在保证原被告双方拥有平等权利的条件下，可以对非本州或非本国居民的法人被告，在其同法院地之间存在"特定联系"的情况下，对该被告行使管辖权[④]。

---

① Garner B A. Black's Law Dictionary [M]. 10th ed. London: Thomson West，2014.

② 韩德培，韩健.美国国际私法（冲突法）导论[M].北京：法律出版社，1994.

③ 郭玉军，甘勇.美国法院的"长臂管辖权"——兼论确立国际民事案件管辖权的合理性原则 [J].比较法研究，2000（3）：266-276.

④ 霍政欣，金博恒.美国长臂管辖权研究——兼论中国的因应与借鉴[J].安徽大学学报（哲学社会科学版），2020，44（2）：81-89.

从区别上来看，首先，"长臂管辖"区别于域外管辖。李庆明（2019）在《论美国域外管辖：概念、实践及中国因应》中认为，域外管辖是指一国在其域外行使包括立法管辖、执法管辖和司法管辖的管辖行为。而"长臂管辖"是法院司法管辖中的一种特别管辖权，是域外管辖的一种，仅限于民事诉讼中的对人管辖权[①]。卢菊（2020）在《美国"域外管辖"在对外国企业法律诉讼中的运用——兼论中国企业的应对措施》中亦认为，"长臂管辖"包含于域外管辖，与域外管辖在行使主体和存在依据上存在区别[②]。

其次，"长臂管辖"区别于域外适用。廖诗评（2019）在《国内法域外适用及其应对——以美国法域外适用措施为例》一文中认为，国内法的域外适用是一国在其域外行使管辖权的行为，其后果是赋予国内法域外效力。在美国法的语境下，"长臂管辖"区别于国内法的域外适用，但是在实践过程中此种区分不明显，甚至存在并行发生作用的情形[③]。

最后，"长臂管辖"区别于域外效力。霍政欣（2020）在《国内法的域外效力：美国机制、学理解构与中国路径》中认为，所谓"域外效力"是指国内法超越地域的限制范围，对本国领域外的行为加以规制。虽然美国的"长臂管辖"同"域外效力"的做法在形式上存在相似之处，但其在适用领域、自身性质、调整关系以及应对路径上均存在本质区别[④]。

（二）美国"长臂管辖"的广义理解

在国际关系和政治经济学领域，学者们对于美国"长臂管辖"的理解更加宽泛和政治化。

Aumann 和 Shapley（1994）在论文中将"长臂管辖"作为大国博弈模型

[①] 李庆明.论美国域外管辖：概念、实践及中国因应[J].国际法研究，2019（3）：3-23.

[②] 卢菊.美国"域外管辖"在对外国企业法律诉讼中的运用——兼论中国企业的应对措施[J].区域与全球发展，2020，4（2）：108-121，158-159.

[③] 廖诗评.国内法域外适用及其应对——以美国法域外适用措施为例[J].环球法律评论，2019，41（3）：166-178.

[④] 霍政欣.国内法的域外效力：美国机制、学理解构与中国路径[J].政法论坛，2020，38（2）：173-191.

的重要解释变量，并对博弈的结果具有较强的解释力。从短期来看，"长臂管辖"符合本国的自身利益；从中期来看，可以有效规制他国的行为；而从长期来看，可以加强对抗国际性的规则。肖永平（2019）在《"长臂管辖权"的法理分析与对策研究》中采取广义理解，认为中国语境下的长臂管辖权实质上是一种包括立法、司法和执法在内的域外管辖权[①]。在《美国"长臂管辖"与中美经贸摩擦》中，戚凯（2020）认为"长臂管辖"已经发展成为外交的抗议辞令，以用来阐述美国在域外滥用管辖权，并依据其国内法律在全球范围内强行管辖其他国家的公民或机构的霸权行为[②]。杨成玉（2020）在《反制美国"长臂管辖"之道——基于法国重塑经济主权的视角》中认为，"长臂管辖"的动机和意图的解释已经超出传统法律范畴，需要从政治经济学角度进行扩展[③]。马忠法、李依琳、李想（2020）在《美国长臂管辖制度及其应对》中亦认为，"长臂管辖"的解释应当与《关于中美经贸摩擦的事实与中方立场》白皮书观点相呼应，作扩大解释，不仅包括美国法对人的管辖例外，还包括国内法的域外适用[④]。

鉴于美国的行政机关和法院对长臂管辖权的适用范围和条件不断加以拓展和扩大，2018年9月中国国务院新闻办公室发布的《关于中美经贸摩擦的事实与中方立场》白皮书指出："'长臂管辖'是指依托国内法规的触角延伸到境外，管辖境外相关实体的做法。近年来，美国不断扩充'长臂管辖'的范围，涵盖了民事侵权、金融投资、反垄断、出口管制、网络安全等众多领域，并在国际事务中动辄要求其他国家的实体或个人必须服从美国国内法，否则随时可能遭到美国的民事、刑事、贸易等制裁。"

---

① 肖永平."长臂管辖权"的法理分析与对策研究[J].中国法学，2019（6）：39-65.

② 戚凯.美国"长臂管辖"与中美经贸摩擦[J].外交评论（外交学院学报），2020，37（2）：5-6，23-50.

③ 杨成玉.反制美国"长臂管辖"之道——基于法国重塑经济主权的视角[J].欧洲研究，2020，38（3）：1-31，161.

④ 马忠法，李依琳，李想.美国长臂管辖制度及其应对[J].广西财经学院学报，2020，33（1）：29-41.

（三）本书界定的美国"长臂管辖"

由此可见，当前针对美国"长臂管辖"的概念，国内外学者的理解并不一致。在外国学者的研究中，"长臂管辖"通常是指属人管辖中的特别管辖，大多数学者对"长臂管辖"的论述也集中在民事诉讼法领域范围内，既包括州际民事诉讼，也包括国际民事诉讼。但是美国"长臂管辖"的概念在国内研究的语境之下有所延伸，有的学者将其等同于美国域外管辖的概念，有的学者则将其视为美国打压他国的一种霸权主义工具。针对美国"长臂管辖"的研究，国内学者也不限于民事诉讼法领域，而是拓展到国际关系领域。相较于国外研究而言，国内学者更倾向于将美国"长臂管辖"理解为美国立法、司法、执法管辖权向全球扩张的效果。因此，目前中国学者对美国"长臂管辖"概念的理解，更接近于国外研究背景下的美国域外管辖概念。

厘清和确定"长臂管辖"的概念，一方面有利于研究美国"长臂管辖"的性质及适用规则，并制定相应的应对策略；另一方面有利于就美国"长臂管辖"问题进行讨论和交流，避免因对"长臂管辖"概念理解不一致而产生歧义。鉴于此，本书将在国内外研究基础上，结合当下形势需要，进一步厘清"长臂管辖"概念与其他概念的区别，并明确本书的研究范畴。

美国学者Kittrie（2016）在其著作 *Lawfare: Law as a Weapon of War* 中指出，在当代，作为政治权利的延展性工具，法律可以视为一种"武器"以替代传统意义上的军事侵略[1]。"长臂管辖"带有侵略性的原因在于其"长"，即其"域外性"（extraterritoriality）。根据《元照英美法词典》的解释，"extraterritoriality"是指"一国法律的域外适用，即该国法律对该国境外的个人、权利及法律关系的适用"[2]。法国知名报刊记者认为美国的"长臂管辖"是一场以政治意愿驱动的，通过将法律作为对外政策的方式以实现自身

---

[1] Kittrie Orde F. A Conceptual Overview of Lawfare's Meaning, Variety, and Power[M/OL]//Kittrie Orde F. Lawfare：Law as a Weapon of War. New York: Oxford Academic，2016 [2023-04-06]. https://doi.org/10.1093/acprof: oso/9780190263577.003.0001.

[2] 薛波，潘汉典.元照英美法词典[M].北京：北京大学出版社，2013.

经济利益和提升综合国力的司法游击战①。

法律作为美国 "长臂管辖" 的工具，其动机和意图的解释已超出传统法律范围并应当从政治经济学的视角加以扩展。因此，为满足研究需求，本书不按照美国法的理解来论述 "长臂管辖"，而是更接近于我国政府和学界的理解，依照《关于中美经贸摩擦的事实与中方立场》白皮书的论述，本书的美国 "长臂管辖" 是指美国将国内法管辖权延伸至境外实体的 "长臂管辖"，也就是所谓美国法的域外适用，区别于纯法学意义上的 "长臂管辖"。

这一广义理解的 "长臂管辖" 能在英国国际法学家詹宁斯（Jennings）和瓦茨（Watts）修订的《奥本海国际法》中找到依据。詹宁斯和瓦茨理解的 "长臂（long-arm）管辖" 包括美国反垄断法的域外适用和1976年《外国主权豁免法》上的效果原则②。在《奥本海国际法》第一卷第一分册1995年版的中译本中，译者使用了 "长臂管辖" 一词。美国法的域外适用是指美国的司法或行政机关将国内法适用于域外的人或事进行管辖，包括域外司法管辖和域外执法管辖（李庆明，2019）③。在此定义下，美国 "长臂管辖" 有以下几个特征：

第一，"域外" 是相较于 "域内" 的概念，并非国际私法中的 "法域" 之外，而是国际法上的 "管辖领域" 之外。管辖领域的范围不仅包括一国的领陆、领水、领空以及船舶和航空器，还包括一国的专属经济区、毗连区、大陆架和其他实际控制管理的区域（如军事占领区），但不包括一国的驻外使领馆。因此，管辖领域的范围是大于 "领土"（territory）的。此外，本书认为，美国法对于处在美国 "域外"，但拥有美国国籍的个人以及美国实体拥有正常管辖权，即不属于美国 "长臂管辖" 的范畴。

---

① Olivier Larrieu, "De l'extraterritorialité des lois américaines : une prise de conscience politique," Portail de l'IE, 6 October 2016. 转引自杨成玉. 反制美国 "长臂管辖" 之道：基于法国重塑经济主权的视角 [J]. 欧洲研究，2020，38（3）：4.

② Robert Jennings QC and Arthur Watts KCMG QC, Oppenheim's International Law: Volume1 Peace (New York: Oxford University Press, 9th edn., 2008), p. 474. 转引自李庆明. 论美国域外管辖：概念、实践及中国因应 [J]. 国际法研究，2019（3）：3.

③ 李庆明. 论美国域外管辖：概念、实践及中国因应 [J]. 国际法研究，2019（3）：3-23.

第二，利用"最低限度联系原则"（test of minimum contacts），将其他国家和地区的实体和个人广泛纳入管辖范围的，属于美国的"长臂管辖"。1945年美国联邦最高法院针对国际鞋业公司诉华盛顿州一案中提出了"最低限度联系原则"，但何谓"最低限度联系"，联邦最高法院尚未给出明确定义。本书认为，美国"长臂管辖"是将国内法的法律效力从美国个人或实体扩张至外国实体和个人，因此即使建立了最低限度联系，但如果是针对非美国"域内"的，且非美国国籍的个人或实体的，都属于美国的"长臂管辖"。

第三，美国的"长臂管辖"在使用上具有针对性和不可预见性。美国的"长臂管辖"的使用常作为压制美国和美国企业的竞争对手，以保持自身领先地位的工具，而并非真正意义上的遵法而行。美国在众多"长臂管辖"事件中，其执法机关不是法院，而是美国行政部门，例如孟晚舟事件中外国企业高管人员的逮捕由行政机关而非法院实施。

二、文献综述

在1945年国际鞋业公司诉华盛顿州一案（International Shoe Co. v. State of Washington）中，美国联邦最高法院确立了长臂管辖权，此案之后，外国学者围绕长臂管辖权的研究陆续展开。近年来，中国学者围绕"长臂管辖""域外适用"的研究也开始丰富起来。

（一）美国"长臂管辖"及其影响和应对

美国长臂管辖权通常是指美国民事诉讼中一州法院对非居民被告的属人管辖权。Shafer（1965）在 *Jurisdiction under "Long-Arm" Statute over Breach of Warranty Actions* 中认为"长臂"一词是指一州对非居民被告管辖权的扩张[1]。在 *Constitutional Limitations on State Long Arm Jurisdiction* 中，Gergen（1982）将长臂管辖权视为一州对与该州有"最低限度联系"的非

---

[1] Shafer, Philip H. "Jurisdiction under 'Long-Arm' Statute over Breach of Warranty Actions." Washington and Lee Law Review, vol. 22, no. 1, Spring 1965, pp. 152-168.

居民被告的属人管辖权①。在 *International Civil Litigation in United States Courts*（*Sixth Edition*）中，Born 和 Rutledge（2018）认为 "长臂管辖" 是指在民事诉讼活动中，只要被告同法院地存在 "特定联系"，法院就可以在确保原被告双方拥有平等权利的前提下对非本州乃至非本国的居民或法人被告行使管辖权②。

鉴于 "长臂管辖" 最初用于解决美国国内州际民事诉讼的管辖权问题，因此学者们针对 "长臂管辖" 主要以其国内适用的相关规则与限制来进行讨论。在 *International Civil Litigation in United States Courts*（*Sixth Edition*）美国法院对外国被告的特别管辖权一节中，Born 和 Rutledge（2018）通过具体案例说明了在侵权案件、合同争议案件中 "长臂管辖" 的适用条件③。Morley 在 *Forum Non Conveniens: Restraining Long-Arm Jurisdiction* 中通过分析美国各州的 "长臂管辖" 典型案件，指出应通过非方便原则限制不合理的长臂管辖权④。在 *Constitutional Limitations on State Long Arm Jurisdiction* 中，Gergen（1982）介绍了正当程序原则的具体要求，并通过分析具体的案例解读了长臂管辖权的其他宪法限制，如美国宪法中的贸易条款及其适用⑤。

美国的 "长臂管辖" 案例及 "长臂法案" 也引起了中国学者的关注。林欣（1993）在《论国际私法中管辖权问题的新发展》中介绍了美国的 "长臂法案"⑥，其后中国学界对美国 "长臂法案" 的研究逐渐增多。与外国学者的研究不同，有的中国学者从国际关系的视角对 "长臂管辖" 进行解读和研究，丰富了 "长臂管辖" 的内涵，并将 "长臂管辖" 的应用范围从法学领域

---

① Gergen Mark P. "Constitutional Limitations on State Long Arm Jurisdiction." University of Chicago Law Review, vol. 49, no. 1, Winter 1982, pp. 156-180.

② Gary Born B. & Peter Rutledge B. "International Civil Litigation in United States Courts（Sixth Edition）." New York: Wolters Kluwer, 2018, p.172.

③ Gary Born B. & Peter Rutledge B. "International Civil Litigation in United States Courts（Sixth Edition）." New York: Wolters Kluwer, 2018, pp.241-279.

④ Morley Jeremy D. "Forum Non Conveniens: Restraining Long-Arm Jurisdiction." Northwestern University Law Review, vol. 68, no. 1, 1973-1974, pp. 24-43.

⑤ 同①。

⑥ 林欣.论国际私法中管辖权问题的新发展[J].法学研究，1993（4）：75-84.

拓展至国际政治经济领域。杨成玉（2020）认为美国的"长臂管辖"是其打击竞争对手的有力工具，是美国扩大全球治理影响力、争取议题主动权的重要工具，更是美国维护其国际霸主地位，掌握大国战略博弈主导权，维持其在全球范围内科技、金融、军事等领域绝对优势的重要手段，并指出美国的"长臂管辖"给法国企业带来了巨大的损失，威胁了法国的经济主权，令法国的核心战略资产被控制[①]。张玉玲（2019）认为美国的"长臂管辖"会令中国对外投资企业的形象受损，令企业面临较大的经济损失，影响企业正常经营[②]。

　　一些学者聚焦我国重点领域，分析了美国"长臂管辖"对商业业务的影响。如黄丹（2017）指出，我国银行的国际结算与贸易服务、合规与反洗钱管理、客户账户审查与信息披露、期货与金融衍生品交易都将受到美国的管辖[③]。周显峰（2018）则从企业对外承包工程的角度，提出应对美国"长臂管辖"的建议，包括要了解东道国进入特定国家市场最合理且最有效的投资方式和途径，特别是在为维护公司资产和员工不受制裁影响所设立的隔离措施方面；在特定国家展开投资和建设活动对跨国中资企业在美国及世界范围内开展业务的潜在影响等；在交通基础设施、电力、石油等相关领域已受到制裁的情况以及在建设和投资等领域可能面临的制裁风险[④]。肖永平（2019）则指出，美国滥用长臂管辖权的目的是通过将美国国内法转变为国际法的方式，使美国法院成为全球性的裁判机构，并对全球治理及中美关系、中国的国家主权以及国际法治的运行环境、中国所倡导的"一带一路"建设和构建人类命运共同体、中国的国际经济发展以及重点关键产业造成不利影响[⑤]。

---

　　① 杨成玉.反制美国"长臂管辖"之道：基于法国重塑经济主权的视角[J].欧洲研究，2020，38（3）：1-31，161.
　　② 张玉玲.长臂管辖给我国企业走出去带来的挑战与应对[J].大众标准化，2019（16）：167-169，171.
　　③ 黄丹.论美国"长臂管辖"原则对我国银行业务的影响[J].大连干部学刊，2017，33（3）：50-52.
　　④ 周显峰.从"长臂管辖"到"联动制裁"：中国国际承包商建立"多维合规体系"的重要性[J].国际工程与劳务，2018（12）：20-23.
　　⑤ 肖永平."长臂管辖权"的法理分析与对策研究[J].中国法学，2019（6）：39-65.

（二）美国法律域外适用及其影响和应对

美国是推行本国经济立法域外效力的最积极主张者（徐崇利，2001）[①]，美国的单边域外管辖体现了其对具体领域事务监管的重视程度，即利益关联度（冯辉，2014）[②]。国内外学者关注了美国法律在不同领域的域外适用问题。1819年，因"美国诉帕尔默案"的争议，美国国会的新法规定将重大的抢劫行为刑罚化，并将其管辖权拓展至公海范围内的任何人（孙南翔，2021）[③]。美国的出口管制是其法律实现域外适用较早的领域之一，美国对利比亚、伊拉克、伊朗、古巴、朝鲜等国实行经济制裁，其相关主张都具有域外效力（徐崇利，2001）[④]。美国的单边经济制裁立法，包括《国际紧急经济权力法》《爱国者法案》《银行保密法》《国防授权法案》都可基于美元交易，实现域外适用（石佳友和刘连炻，2018）[⑤]。自2008年全球金融危机以来，美国金融监管法律域外管辖扩张明显（彭岳，2015）[⑥]。《海外账户税收合规法》是美国强化本国法律域外效力的一贯立场和实践的体现（冯辉，2014）[⑦]。2010年，美国国会在《多德-弗兰克法案》中明确规定，关于场外衍生品、商业银行自营交易以及投资或设立对冲基金和私募股权基金的法律具有域外管辖效力（彭岳，2011）[⑧]。美国在新冠疫情期间利用《国防生产法》的域外适用，对3M中国公司N95口罩的出口进行了干预（贾海龙和秦泽琦，

---

① 徐崇利.美国及其他西方国家经济立法域外适用的理论与实践评判[J].厦门大学法律评论，2001（1）：249-282.

② 冯辉.国际税收监管协作的新发展：以美国《海外账户税收合规法》的推行为中心[J].环球法律评论，2014，36（3）：182-192.

③ 孙南翔.美国法律域外适用的历史源流与现代发展——兼论中国法域外适用法律体系建设[J].比较法研究，2021（3）：170-184.

④ 同①。

⑤ 石佳友，刘连炻.美国扩大美元交易域外管辖对中国的挑战及其应对[J].上海大学学报（社会科学版），2018，35（4）：17-33.

⑥ 彭岳.美国金融监管法律域外管辖的扩张及其国际法限度[J].环球法律评论，2015，37（6）：172-186.

⑦ 同②。

⑧ 彭岳.美国证券法域外管辖的最新发展及其启示[J].现代法学，2011，33（6）：139-147.

2021）①。

美国法律的域外效力涉及的领域和范围不断扩大，从人权、环境、商事法律到劳动法，不仅进一步加强了美国利益集团的国内权利，也在全世界推行了美国的价值观（薛源，2014）②。美国的域外管辖使中国的企业被迫陷入两难境地：如果接受其管辖、执行其命令有可能违反我国或第三国的法律；如果拒绝其管辖则有可能被美国法院认定构成藐视法庭罪，并遭受罚金等刑事处罚，从而严重阻碍了中国企业的国际化进程（薛源，2014）③。美国大肆扩张其出口管制立法的域外管辖权，侵害了他国利益，屡遭其他西方国家的抵制和反对，其中与他国发生最剧烈冲突的立法是"赫尔姆斯－伯顿法"和"达马托法案"（徐崇利，2001）④。美国通过美元交易建立连接点，实现国内法的域外适用，令国际主要金融机构遭受巨额罚款，对国际金融秩序造成巨大挑战。美国法的域外适用规则目前可谓相当成熟，但是其体系过于庞杂且缺乏内在一致性。在实践活动中，判断具体个案是否触犯美国法律或某一条款能否域外适用的问题时，由于美国各级联邦法院对利益平衡考量、法律解释方法的偏好差异以及美国执法机关对可适用法律条款的灵活选择，都导致外国个人和实体对此无法进行合理预见（韩永红，2020）⑤。美国的行政部门，尤其是联邦检察官针对国外银行在美国境外实施的活动进行域外适用，通过判定其洗钱、逃税、逃避制裁和基准利率操纵等罪名，从而产生了一系列有史以来最大规模的刑事罚款，使许多跨国公司为此被迫进行成本昂贵的企业合规改革（杜涛，2020）⑥。

刘宁元（2011）从反垄断法的域外管辖具体实践的角度，提出单边自我

① 贾海龙，秦泽琦.美国《国防生产法》的域外适用：GATT第11条在新冠肺炎疫情全球大流行中面临的挑战[J].探求，2021（1）：94-106.

② 薛源.美国境外财产交付令对中国企业国际化的影响及其应对[J].西南民族大学学报（人文社会科学版），2014，35（10）：112-117.

③ 同②。

④ 徐崇利.美国及其他西方国家经济立法域外适用的理论与实践评判[J].厦门大学法律评论，2001（1）：249-282.

⑤ 韩永红.美国法域外适用的司法实践及中国应对[J].环球法律评论，2020，42（4）：166-177.

⑥ 杜涛.期货市场开放需完善域外监管立法与执法[J].检察风云，2020（22）：30-31.

约束以及双边或多边国际合作和协调的方法①。一些学者如李堪（2013）认为应对美国法律域外管辖，在多边层面应参与国际规则或标准的制定，在双边层面应与美欧进行政府磋商，在单边层面应适时扩张本国金融监管法律的域外管辖②。彭岳（2015）在《美国金融监管法律域外管辖的扩张及其国际法限度》中指出，要正确看待国家实力不平等这一现实，认真对待国际法的规范性，短期内，中国仍应采取跟随策略，先通过逐步制定和完善相关法律法规，缩小与发达国家在金融监管方面的差距；长期内，则要积极建立国际金融中心，通过国际直接融资市场的辐射力来获取国际金融事务的话语权③。韩永红（2020）认为应该通过构建中国法的域外适用来应对美国，包括增加国内法的"安全阀"条款；尝试在个案中运用美国法域外适用规则，在美国法院寻求救济；基于国内法或国际条约为重大损害提供司法协助；通过立法的方式为我国法的域外适用提供概括性依据，通过法院的个案适用和裁决实现我国法的域外适用④。

三、发展历程

美国于1945年确立了长臂管辖权。随着司法实践的发展，"长臂管辖"的判断标准和适用限制也不断变化。"长臂管辖"是对属人管辖的延伸，其产生与当时美国经济社会的发展进程密切相关。近年来，凭借强大的经济和科技实力，依托法律和道德基础，美国将"长臂管辖"向国际法化和政治化方向发展，使"长臂管辖"成为达到美国霸权目的的工具。

（一）美国"长臂管辖"的产生背景

1945年国际鞋业公司诉华盛顿州案是美国确立长臂管辖权的标志。美

① 刘宁元.自我约束的单边方法和国际协调：以美国反垄断法域外管辖实践为视角[J].政治与法律，2011（11）：127-139.

② 李堪.金融监管域外管辖权问题研究及中国的对策分析[J].上海金融，2013（6）：56-59，118.

③ 彭岳.美国金融监管法律域外管辖的扩张及其国际法限度[J].环球法律评论，2015，37（6）：172-186.

④ 韩永红.美国法域外适用的司法实践及中国应对[J].环球法律评论，2020，42（4）：166-177.

国法院最初在州际民事案件中运用了长臂管辖权。由于科技发展，社会流动性增大，州际贸易往来、商业流通和人员交流更加频繁，各州之间的联系越发紧密，州际民商事纠纷的数量增多，也呈现更加复杂的情况。在此背景下，传统的具有属地主义色彩的对人管辖权（in personam jurisdiction）规则已经不能适应时代需求，需要新的管辖权依据来解决现实问题①。另外，20世纪初美国联邦最高法院对属人管辖权的延伸做法为"长臂管辖"的产生提供了契机。在彭诺耶诉内夫案（Pennoyer v. Neff）中，美国联邦最高法院已经确立了以"出现"（presence）为标准行使管辖权的规则，这一规则在后来的案件中被扩展适用。例如，在万国收割机公司诉肯塔基州案（International harvester Co. v. Kentucky）中，美国联邦最高法院将该规则延伸适用到对公司行使管辖权上。依据传统的美国对人管辖原则，法院只对公司设立地在其本州内的公司具有管辖权。在该案中，美国联邦最高法院认为若本州外居民在其他州设立公司但在本州进行商业活动，则本州法院可以要求该公司任命代理人接受送达。在美利肯诉迈耶案（Milliken v. Meyer）中，美国联邦最高法院认为，法院即使不能在州内对定居地在该州的被告进行送达，只要采取合理的方式通知被告出庭应诉，法院就对其享有管辖权，这突破了以往只有在法院地送达传票与通知，法院才能行使管辖权的要求。

美国"长臂管辖"的适用标准以及限制也在随着司法实践的发展不断更新和完善。近年来，美国的"长臂管辖"早已突破了国内民事诉讼领域，美国凭借其强大的经济和科技实力，依托法理和道德基础，将"长臂管辖"向国际法化和政治化方向发展，使"长臂管辖"成为达到美国霸权目的

---

① 美国联邦最高法院在彭诺耶诉内夫案中认为，美国各州对其地域范围内的一切事物享有专属管辖权，任何各州不得干预，也因此确立了行使对人管辖权的"传统依据"：（1）如果被告在法庭上出庭，就意味着被告"同意"（consent）法院对其行使对人管辖权；（2）法院可以对在本州居住的居民行使对人管辖权，即被告必须在该州有住所（domicile）；（3）针对在本州"出现"（presence）的被告可行使对人管辖权。此外，正当程序原则不仅要求法院要有管辖的依据，而且必须向被告送达起诉书和传票以通知被告，给予其听审的机会。最高法院强调州法院不能在州外直接发挥作用，州法院的起诉书副本和传票不能直接送达到他州，不能传唤定居在州外的当事人并要求他们对起诉作出答辩。因此，对被告可以行使管辖权的唯一正确的通知方式是在法院地直接向被告送达传票与通知。

的工具[①]。

（二）美国"长臂管辖"的确立和适用

1945年，美国联邦最高法院在国际鞋业公司诉华盛顿州案中，提出并确立了"最低限度联系标准"（test of minimum contacts），此为"长臂管辖"适用于州际案件的标志。在该案中，国际鞋业公司上诉时主张，其在华盛顿州并未设立分公司，所以在该州不存在所谓"营业活动"，即缺少"出现"在该州的事实。但美国联邦最高法院认为："引起本诉讼的基本原因才是判断其是否与该公司存在'最低限度联系'的决定性因素，如果诉讼是由于此种关联所引起的，即便是独立、单纯的关联，被告所身处的地区法院也同样拥有属人管辖权。"可见，在该案中管辖权的界定并非由其他州或者国家企业的实际"存在"作为衡量标准，而是使用"最低限度联系原则"加以确定。

专栏1-1　国际鞋业公司诉华盛顿州案

国际鞋业公司在美国东海岸的特拉华州成立，该州司法效率较高，税收非常优惠，能为公司提供一套完整的注册成立服务，公司开办和维持费用很低，但土地和劳动力成本较高。国际鞋业公司的主要经营活动是在美国中部的密苏里州，该州农牧业和工业比较发达，土地和劳动力成本相对较低。

从1937年开始，国际鞋业公司连续4年到位于美国西北部的华盛顿州聘用数名推销员在该地推销其公司的产品，但在该州从未设立办公场所或发售任何产品。国际鞋业公司负责向推销员提供样品，推销员负责向在华盛顿州的消费者们展示样品，有时推销员还会租用营业大楼的样品屋展示样品，最终由该公司报销租金。所以，所聘用的推销员只是该公司的代理人，仅在该州代收订单并未授权其签订合同。之后推销员将订单转交给该公司，由该公司负责为买方发货。最终交易结束后，由该

---

① 郭玉军，甘勇.美国法院的"长臂管辖权"：兼论确立国际民事案件管辖权的合理性原则[J].比较法研究，2000（3）：266-276.

公司为推销员提供佣金，4年间所付佣金高达3.1万美元。国际鞋业公司只给代理人佣金，不给代理人交失业保险等，进而可以降低工资成本，还不用缴纳营业税等，对企业有利，但却侵犯了华盛顿州的利益。

华盛顿州政府后来发现了国际鞋业公司的套路，则依法提起诉讼向国际鞋业公司征收失业救济金，州政府认为该公司应当向其在华盛顿州雇用的推销员支付工资，并缴纳失业救济金。

对此，国际鞋业公司辩称其从未在华盛顿州从事过商业活动，因此该州法院对其不具有管辖权。但华盛顿州法院最终判决其对该公司享有管辖权，故该公司不服判决而上诉至联邦最高法院。联邦最高法院认为华盛顿州法院对该公司是享有管辖权的。虽然从公司的成立地以及经营情况来看，二者之间不存在关联。但在本案中，由于该公司聘用华盛顿州当地公民并连续不断在该州从事商业活动，且得到该州法律保护。基于此，该公司与华盛顿州已然建立了"最低限度联系"，因此在华盛顿州法院进行诉讼并不违反"实质正义与平等的传统理念"，华盛顿州法院对该公司行使管辖权，符合正当程序的要求。

国际鞋业公司诉华盛顿州案后，美国各州开始纷纷制定"长臂法案"，从而扩大本州法院的管辖权。美国各州的法案可分为"无限制长臂法案"和"列举式长臂法案"两类，"无限制长臂法案"授权法院在满足美国宪法第十四条修正案正当程序条款的情况下，即可对非居民被告的任何种类行为行使对人管辖权，比如犹他州的"长臂法案"，而"列举式长臂法案"只授权法院对本州非居民被告的特定行为确立对人管辖的权力，例如纽约州的"长臂法案"[1]。

---

[1] 张丝路.长臂管辖效果辨正及对我国的启示[J].甘肃社会科学，2017（5）：179-185.

专栏1-2　美国"长臂管辖法案"

1955年，伊利诺伊州率先颁布了"长臂管辖法案"（long-arm statute），是世界上最早的长臂管辖权成文法。之后，美国各州纷纷立法，扩大其司法管辖权。但在各州的长臂管辖法案中，对管辖权的规定并不一致。

一类是列举式的，就是明确列举出适用该法案的争议类型，包括伊利诺伊州、纽约州、得克萨斯州等，比如纽约州长臂管辖法案列举"商业交易""侵权行为"等，在这种情况下，法院如果要确定某案件是否适用长臂管辖法案，要先检验涉诉争议是否属于法令调整范畴，然后，检验涉诉争议是否符合正当程序条款。

另一类是概括式的，就是不明确列举长臂管辖法案的适用范围，而是规定凡是符合美国宪法第十四条修正案正当程序原则和"效果原则"的涉诉争议，就可以适用长臂管辖法案，比如加利福尼亚州民事诉讼法院授权加州自由行使长臂管辖权，只要不违反"最低限度联系原则"即可[①]。

1963年，美国统一州法全国委员会借鉴了列举式，制定了一项标准的长臂管辖法，即《统一州际和国际诉讼法》。此后，各州长臂管辖法案虽有不同，但有一条底线，就是不能违反美国宪法规定的正当程序条款（Due Process Clause）[②]。

该法第103节规定，当出现下列原因或接触之一而引发诉讼时，法院有权对人行使管辖权：在该州有商业经营行为的；签订合同在该州提供货物或劳务的；在该州通过作为或不作为的形式造成损害，倘若是在该州长期从事或招揽商业，或从事其他任何持续性行为，或在该州所消费或使用的商品或提供劳务获得相当的收入者。

[①] 覃斌武，高颖.美国民事诉讼管辖权祖父案件：彭诺耶案的勘误与阐微[J].西部法学评论，2015（6）：110-118.

[②] 张博.美国的长臂管辖权原则[N].人民法院报，2011-07-15（8）.

"最低限度联系原则"本身并无明确界定，其内涵在司法实践中不断完善发展，"可预见性"标准和"合理性"标准也逐渐被法院纳入行使"长臂管辖"的条件中。在《美国第二次冲突法重述》第27节中将各州的长臂管辖权内容具体归纳为以下10个方面：当事人是该国的国民或公民；当事人居住在该州；当事人在该州有住所；当事人在该州出现；当事人在该国从事业务活动；当事人同意该国的管辖；当事人出庭应诉；当事人在该州曾为某项与诉因相关的行为；当事人在该州拥有、使用或占有与诉因有关的产业；当事人在国（州）外做过某种导致在该州发生效果的行为。凡是满足以上情形之一者，均可认为该当事人与该州存在"最低限度联系"，该州法院对其拥有管辖权[①]。在格雷诉美国标准公司案（Gray v. American Radiator & Standard Sanitary Corp.）中，伊利诺伊州法院出于公平正义的考虑将"可预见性"标准引入长臂管辖权，即除非本州居民与法院有某种联系以外，还需满足被告可预见到诉讼在该地提起的情况下，法院才能行使管辖权。在汉堡王公司诉鲁兹维奇案（Burger King Corp. v. Rudzewicz）中，美国法院将"合理性"标准引入"长臂管辖"，并总结了使用合理性标准时的5项具体标准：第一，该州所在地法院行使其管辖权时是否会加重被告的负担；第二，该州所在地法院审理案件是否会影响纠纷所涉及利益的不当分配；第三，法院适用长臂管辖权比不适用长臂管辖权时，原告是否能够得到更为有效、便捷的权利救济，能否节约司法救济资源；第四，适用"长臂管辖"是否不至于使获得管辖权和丧失管辖权的州之间利益失衡，并且救济资本同救济结果之间能否实现最优性价比；第五，在维护实体权利的过程当中，获得管辖权与丧失管辖权的州是否符合实体政策所体现的各项利益需求[②]。

在美国法院处理州际案件时，美国宪法第十四条修正案正当程序条款构成对"长臂管辖"的宪法限制，而当美国法院处理国际案件时，"不方便法

---

① 郭玉军，甘勇.美国法院的"长臂管辖权"：兼论确立国际民事案件管辖权的合理性原则[J].比较法研究，2000（3）：266-276.

② 霍政欣，金博恒.美国长臂管辖权研究：兼论中国的因应与借鉴[J].安徽大学学报（哲学社会科学版），2020，44（2）：81-89.

院原则"和"国际礼让原则"也构成了对"长臂管辖"的限制。对于美国国内的州际案件，正当程序原则不仅要求法院要有管辖的依据，而且必须向被告送达起诉书和传票以通知被告，给予其听审的机会，该原则对"长臂管辖"的行使进行了约束。

而在国际民事诉讼中，长臂管辖权使美国法院拥有较宽泛的管辖权，使其大量资源花费在与美国关联甚微的案件中，造成司法资源的浪费，因此，美国法官可以运用"不方便法院原则"中止行使或放弃管辖权。不方便法院原则是指在国际民事诉讼中，当原被告双方确保可以得到公平公正待遇的条件下，若案件由另一国法院审理更为方便，且更易得到公正的裁判结果，美国法院可以因此拒绝行使管辖权，要求原告到更为适当的法院提起诉讼。在"包头空难案"中，中国遇难者家属为了获取高额的赔偿，希望通过飞机发动机制造商的"联系"向美国法院提起诉讼，但最终美国法院以"不方便法院原则"为由将案件移送中国法院进行审理①。从法律适用层面上，"国际礼让原则"也可以间接限缩法院的管辖权，因为根据国际礼让原则，应该站在当事人公平诉讼的角度选择最适当的法律，适用的法律与管辖权之间不应该存在过分绝对的关系，因此美国有管辖权的案件未必要适用美国的法律。

专栏1-3　国际礼让原则

国际礼让原则是解决国家与国家之间法律适用冲突的基本原则。根据此项原则，任何国家的法律原则只在其本国境内享有效力，但是在不损害本国主权权力和国民利益的前提下，允许承认他国法律在本国境内的效力。

该原则源于17世纪荷兰学者优利克·胡伯提出的礼让三原则：①任何主权国家的法律必须在本国境内行使，且必须约束本国国民，在本国境外则无效。②任何居住在本国境内，包括临时与长期居住的人，均可

---

① 马敏.过度司法管辖权的间接限缩：以美国为例[J].太原学院学报（社会科学版），2016，17（4）：37-42.

视为该主权国家的国民。③根据国际礼让原则，若一国法律已在其本国境内实施，行使主权权利者也应确保它们在本国境内保持效力，以避免自己及其国民的权利或利益遭到损害。

该原则被广泛视为国际冲突法的基石，但是在近些年以美国法院判例为首的一系列具有影响力的司法判例中，此项原则的适用受到越来越多的限制。

（三）美国"长臂管辖"的国际法化

美国"长臂管辖"的国际法化，是指"长臂管辖"由适用于州际案件向适用于国际案件扩张，由司法管辖权向立法、执法管辖权扩张的效果。一方面，美国的长臂管辖权由域内逐渐向域外扩张。最初，美国的长臂管辖权是以解决一州法院对他州居民或法人行使管辖权的问题，之后由于特殊的美国联邦体制，美国宪法认可各州拥有部分主权权力，长臂管辖权则拓展适用于国际的案件当中。另一方面，长臂管辖权也由司法领域向立法、执法领域扩张。基于长臂管辖判例的影响，美国各个州也制定了本州的长臂管辖法规以确立其立法管辖权。虽然美国联邦法院没有专门出台长臂法规，但是联邦法院可以依据各州制定的长臂法规来扩大美国域外立法管辖权①。此外，美国在近年来越来越多地通过负责知识产权、经济制裁以及出口管制等事务的行政部门来实施行政或民事处罚以实现域外执法的目的。

美国"长臂管辖"的国际法化具备两大基础，即法理基础与道德基础。首先是法理基础。长臂管辖权是属人管辖权发展的结果，是管辖权从"存在"变为"联系"的产物，原告可以在存在相关"联系"的法院地提起法律诉讼，在有管辖权的法院中进行挑选，从而实现个人寻求法律救济的自由。"长臂管辖"的适用并非没有限制条件，需要满足合理性要求。美国宪法第十四条修正案的正当程序条款、不方便法院原则等也对法院行使长臂管辖权构成了约束。其次是道德基础。美国凭借其优越的舆论引导能力和"理

①肖永平."长臂管辖权"的法理分析与对策研究[J].中国法学，2019（6）：39-65.

论"创新能力，创设了诸多重大国际议题，使"长臂管辖"具有欺骗性、道义性以及虚假的合法性，并吸引了无数的追随者。美国擅长从道德上对敌对国家进行打压，威胁美国利益的国家一般会被美国贴上"核扩散""缺乏人权""独裁专政""支持恐怖主义"的标签并加以丑化，在政治道义和国际舆论中被沦为"贱民"，并成为美国"长臂管辖"的对象，甚至最终使其"政权更迭"①。

（四）美国"长臂管辖"的政治化

所谓美国"长臂管辖"的政治化，是指其由法律规则演变为国际政治霸权工具的过程。"长臂管辖"本为美国司法领域的一个概念，运用在民事诉讼中，但近年来，美国发动"长臂管辖"的目的逐渐"泛化"，其范围不仅包括国家安全、地缘政治博弈等传统因素，还包括反腐败、环境保护、民主与人权、打击有组织犯罪以及防止大规模杀伤性武器扩散等非传统因素。随着"长臂管辖"内涵和适用领域的不断扩大，目前"长臂管辖"已经成为美国维护其国际霸主地位，掌握大国战略博弈主导权，维持其在全球范围内科技、金融、军事等领域绝对优势的重要手段。但凡有国家触及美国的政治利益，美国便可运用"长臂管辖"对其实施打击。

美国"长臂管辖"政治化具备两大基础，即经济实力基础与科技实力基础。一是发达的经济实力以及金融实力。美国从第二次世界大战结束至今先后领导了三次科技革命，并通过雄厚的科技实力与产业结构升级，不断为国家经济提供增长动力。鉴于目前美国先进的科技水平、合理的人口结构以及丰富的资源，其未来经济的可持续增长仍然具有强劲动力。美国的金融霸权亦给"长臂管辖"的实施提供了条件，布雷顿森林体系确立了美元在全球基准货币中的地位，并使其享有对世界上任何国家的优势，美国巨大的金融市场，吸引了大批全世界优秀的企业赴美进行上市融资并接受其金融机构的监

---

① 王震.对新形势下美国对华"长臂管辖"政策的再认识[J].上海对外经贸大学学报，2020，27（6）：91-104.

管。由于美国掌控着全球使用度最高的国际支付结算系统，其可以轻易地通过经济和金融手段阻断被制裁对象的国际贸易。二是高科技领域的垄断地位。互联网是国际经济稳定且有序运行的关键场所与媒介，美国依靠对互联网与信息科学技术的先天优势，在该领域享有绝对的垄断地位。由此，美国的霸权主义由现实空间拓展到了虚拟空间，将现实世界的"长臂管辖"延伸到网络世界。在其他的高科技领域，尤其是与第三代信息科技革命有关的领域，美国也保持着全球最领先的地位[1]。

综上，美国"长臂管辖"产生的出发点是为了填补司法管辖的漏洞，规范商业行为，维护美国国内市场的运行和公平竞争。然而，由于美国"长臂管辖"自产生起就没有准确的定义，再加上"最低限度联系原则"的模糊性、灵活性和较强的主观色彩，在实践中，"长臂管辖"的内涵和外延被不断放大，从美国国内向国外延伸，从经济目的向政治、外交目的的延伸。正如2023年中国外交部发布的《美国滥施"长臂管辖"及其危害》一文所言，"美国还不断扩大'长臂管辖'范围，对域外人员或实体滥施过分的、不合理的管辖""从本质上看，美国'长臂管辖'是美政府以美综合实力和金融霸权为后盾，根据本国法律，对他国实体和个人滥施'域外管辖'的蛮横司法实践"。

---

[1] 戚凯.美国"长臂管辖"与中美经贸摩擦[J].外交评论（外交学院学报），2020，37（2）：5-6，23-50.

第二章 >>>

美国"长臂管辖"的基础与适用

近年来，美国凭借其强大的经济、科技和军事实力，依托法律和道德基础，通过管理类手段和处罚类手段，不断拓展"长臂管辖"的适用边界，使"长臂管辖"成为在经济制裁、出口管制、反海外腐败、反洗钱等领域输出美国影响力的重要手段。

一、美国"长臂管辖"的实施基础

第二次世界大战后，国际政治经济格局经历了长期、剧烈的变动。美国凭借其所建立的道义和法律基础，以及在经济、科技和军事领域的霸权地位，拥有了在经济制裁、出口管制等多个领域肆意扩张"长臂管辖"的实力，美国也因此得以在这些领域实施"长臂管辖"。具体而言，美国"长臂管辖"的实施基础主要来自5个方面：道义基础、法律基础、经济实力基础、科技实力基础和军事实力基础。

（一）道义基础

道义基础是指美国通过其强大的媒体和舆论的影响力来为自身实施"长臂管辖"的行为披上道德的外衣。美国的通常做法是首先创造一个看似合理的借口，随后利用美国媒体和舆论在全球范围内较大的影响力，通过新闻报道、时事评论和分析等方式，不断向全球公众传递美国的观点和立场。特别是在实施"长臂管辖"时，美国更可以利用这种影响力来宣传其行为的正当性，并争取国际社会的支持。总体而言，美国实施"长臂管辖"的道义基础有以下特点：

1.道德层面借口名目众多

美国作为对外实施"长臂管辖"最为广泛的国家之一，所使用过的道德层面的借口名目众多。虽然这些借口在某些情况下较为公正合理，但其中不乏以美国自身利益和地缘政治目标为出发点的存在。例如，美国宣称为了防止恐怖分子获得资金，打击恐怖主义而在反洗钱领域实施"长臂管辖"，但却频频以此为由打击外国金融机构并从中牟利。又如，美国宣称为了促进公平竞争，减少商业腐败而在反海外腐败领域实施"长臂管辖"，但却以此为名对全球企业展开调查，获取商业机密。如此案例数不胜数，美国实施"长臂管辖"名目众多的借口可见一斑。

2.媒体和舆论控制能力强

美国实施"长臂管辖"的道义基础的重要组成部分包括美国影响力、丰富的媒体和强大的舆论控制能力。一方面，美国媒体不断强化其在国际舞台上实施"长臂管辖"的道义出发点，将"长臂管辖"行为与人权、法治、安全等基本价值观进行联系。另一方面，美国政府也积极配合，通过发表声明、演讲等方式强调其"长臂管辖"行为的必要性和合理性，同时在国际社会中吸引支持者。

3.以保护自身利益为目的

随着世界政治格局的变化和美国经济、科技的不断发展，美国实施"长臂管辖"的道义基础也在不断发生改变，但究其本质还是以保护自身利益为目的。在20世纪50年代至90年代的美苏冷战期间，美国将捍卫和保障自由世界、保护民主和人权作为其对外实施"长臂管辖"的道义基础。"9·11"事件后，美国对外实施"长臂管辖"的道义基础发生变化，主要包含打击跨国犯罪、反恐、防止大规模杀伤性武器扩散等。近年来，随着全球化程度的不断加深和新兴技术的不断发展，美国又以环境保护、网络安全、保护知识产权等为借口，进一步扩展对外实施"长臂管辖"的道义基础，并且呈现出借口不断增加、涉及领域不断扩大的趋势。

（二）法律基础

法律是美国实施"长臂管辖"的重要基础，也是美国在经济制裁、出口管制、反海外腐败、反洗钱等领域对外实施"长臂管辖"的主要依据。经过多年的发展，美国在多领域对外实施"长臂管辖"的过程中逐渐建立起庞大且完备的法律体系。从立法、司法和执法三个层面来看，美国实施"长臂管辖"的法律基础有以下特点：

1.立法数量庞大

在大国博弈的背景下，能够帮助实现美国政治外交目的的"长臂管辖"，主要集中体现在经济制裁、出口管制、反海外腐败、反洗钱四个领域，且随着大数据时代的到来，美国还将"长臂管辖"的触角延伸到跨境数据流动规制领域。为此，美国出台了一系列法律，为美国在这些领域实施"长臂管辖"提供了有力依据（见表2-1）。

表2-1　1949—2018年美国涉及"长臂管辖"的部分立法

实施领域	法案	年份	主要内容
经济制裁	《1974年贸易法》第301条	1974	在美国法院享有长臂管辖权的前提下，美国贸易代表可以对任意国家、任意领域的企业或国家行为进行审查和评估，并实施报复性措施
	《国际紧急经济权力法》	1977	美国经济制裁的主要法律依据，授权总统行使外汇管制、阻止外国投资等各项权力
	"赫尔姆斯－伯顿法"	1996	古巴革命后部分美国个人和企业的财产被古巴政府"没收"，美国企业和公民可以在美国法院向使用这些财产的实体或与其有贸易往来的外国实体提起诉讼
	"达马托法案"	1996	惩罚向伊朗和利比亚投资4 000万美元以上的外国公司
	《伊朗、朝鲜和叙利亚防扩散法案》	2000	针对存在与伊朗等国开展违反制裁内容的经贸活动或技术转让的实体或个人开展制裁
出口管制	《出口管制法》（已失效）	1949	对军用、民用、军民两用领域敏感技术保留对全球一切违反者的追究权力
	《武器出口管制法》	1976	有关出口、再出口或转移军品，将军事技术数据发布给外国人，国防服务活动，以及涉及禁止国家和不合格主体的活动都需受到管制
	《出口管制条例》	1979	规定了针对受管制的物项、行为和主体进行"长臂管辖"
反海外腐败	《反海外腐败法》	1977	最初仅规定美国公司不得在商业活动中向外国官员行贿，经过修订后大幅扩大了美国的长臂管辖权，使其可以管辖外国公司和个人的商业贿赂行为
反洗钱	《爱国者法案》	2001	涉及反洗钱条款，加强美国对跨国金融活动的长臂管辖权
	《海外账户税收合规法案》	2010	要求全球金融机构与美国国税局签订合规协议，建立合规机制

实施领域	法案	年份	主要内容
数据跨境流动	《澄清域外合法使用数据法案》	2018	要求信息服务提供者对其拥有或控制的数据信息履行保存和披露等义务，不论该数据信息保存在美国境内与否

资料来源：高伟.美国"长臂管辖"[M].北京：中国财政经济出版社，2021：144.笔者予以调整。

总体而言，美国涉及"长臂管辖"的法律名目繁多，从立法层面为美国在多个领域对外实施"长臂管辖"打下了基础。从立法层级来看，美国"长臂管辖"的成文法既有联邦层面的立法，也有州层面的立法。联邦层面法律还可以分为一般性法律、专门性法律和其他法律。一般性法律是指与对外政策和国家安全相关的授权性立法，为在各领域实施"长臂管辖"提供基本原则和法理依据。这类法律不直接规定"长臂管辖"对象和范围，而是将实施的权力授予美国总统，主要包括《与敌国贸易法》《国际紧急经济权力法》《反海外腐败法》《外国投资风险评估现代化法案》《爱国者法案》等。专门性法律是指包含"长臂管辖"相关内容的立法，主要包括"赫尔姆斯－伯顿法""达马托法案"《伊朗综合制裁、问责和撤资法》《反对美国敌对国家制裁法案》。其他法律是指除上述各种类型的法律，还有一些相关条款散见于某些单行立法中，如《出口管理法》，也构成"长臂管辖"的法律依据。

2. 司法体系复杂

根据美国宪法的定义，司法权指的是审判案件与争论的权力。在美国实施"长臂管辖"的各个领域中，美国司法部、最高法院及次级法院、司法部的检察官等各方均起到举足轻重的作用，复杂的司法体系往往令遭受美国"长臂管辖"的实体难以全面应对。同时，美国司法程序十分复杂，除审理前复杂的准备过程外，庭审要延续很长时间，从连续审理2天到2周不等。对各方来讲，专业化程度的要求都很高，以致没有律师代理或辩护，诉讼是难以进行的。法官、陪审团、当事人、律师、证人、专家证人、法庭工作人员等众多的角色，不厌其多。陪审团宣誓、当事人作证宣誓、证人宣誓、对陪审团的指示、陪审团裁定、法官裁判、复杂的证据规则的适用等复杂的诉讼程序，不厌其烦。也正是因此，许多遭到美国"长臂管辖"的企业选择避开费时费力的司法程序，采取达成和解协议，以避免高额的时间成本。

3. 执法效率较高

美国较高的执法效率也是其实施"长臂管辖"的重要法律基础之一。近年来，美国不断开展国际合作，通过遍布全球的情报网络提升执法效率。例如在反洗钱执法中，美国利用《海外账户税收合规法案》《多德–弗兰克华尔街改革与消费者保护法》等立法基础，将美国境外金融机构列入合规对象，要求其定期提供所掌握的与美国账户有关信息，极大提升了自身的执法效率。同时，美国还与时俱进，将"长臂管辖"拓展至数据信息领域。根据2018年生效的美国《澄清域外合法使用数据法案》，在执法机构和情报部门收集通信、记录等数据信息时，相关运营商公司不论是否在美国注册或将数据储存在美国境内，只要与美国发生的"联系"足够，便属于美国"长臂管辖"的范围，无权拒绝提供其用户的相关数据，极大地提升了情报信息收集的效率。最后，"9·11"事件后美国出台了《爱国者法案》，打破了美国司法部、财政部、中央情报局等情报机构之前的信息封锁，各机构之间可以进行情报信息共享。美国在实施"长臂管辖"时，这种共享机制也极大提升了其执法效率。

（三）经济实力基础

如果说法律基础是美国实施"长臂管辖"的重要依据，那么经济实力基础、科技实力基础和军事实力基础就是美国实施"长臂管辖"的强大后盾。2022年，美国GDP总量位居世界第一，达到25.46万亿美元，同时，美国还拥有全球领先的经济总量、投资规模和科技水平。具体而言，强大的经济外交能力、美元的霸权地位和国际金融体系的控制能力共同构成了美国"长臂管辖"的经济实力基础。

1. 强大的经济外交能力

美国强大的经济实力令其在国际多边组织中掌握话语权，引导国际规则的形成，被默认是全球经济治理的主导者，为其实施经济制裁等多领域的"长臂管辖"打下了基础。

美国是开拓和践行经济外交的主要国家之一，其经济外交极大地塑造和维护了美国的国际政治经济的主导权，同时在美国谋求和维护全球经济治理的制度性权力的过程中起到了关键的作用。

第一，布雷顿森林会议确立了以美元为核心的国际货币体系，有效推动美国谋求全球经济治理的制度性权力。第二次世界大战（以下简称二战）后，44个国家在美国新罕布什尔州布雷顿森林召开了联合国国际货币金融会议，通过了"布雷顿森林协定"，建立了美元与黄金挂钩、其他国家货币与美元挂钩的"双挂钩"体系，确立了美元在国际货币体系中的核心地位，使美元成为全球重要的储备货币。即使该体系日后崩溃，也为建立以规则为基础的全球经济治理基本范式打下了基础。

第二，美国主导的全球经济治理制度已经形成且正在有效运行。历史上，美国利用经济外交政策，不断推进和完善以自身利益为主导的全球经济治理体系。二战后，美国出台了著名的经济外交政策——"马歇尔计划"，对二战中遭受打击的西欧国家进行经济援助。这不仅有力地支持了西欧国家的重建进程，阻止了以苏联为代表的共产主义在西欧的扩张，还进一步提升了美国在国际社会的影响力，推动了欧洲一体化进程。战后确立的布雷顿森林体系通过将美元与黄金挂钩，确立了美元的霸权地位，在经济领域强化了美国的全球治理能力。在布雷顿森林体系崩溃后，美国又积极推动美元与重要能源资源石油挂钩，继续强化美元作为主要货币在全球的使用。同时美国联合主要资本主义发达国家构建七国集团机制，继续在全球范围内强化和推广以美国为主导的国际政治经济制度体系。

第三，美国力图构建涵盖范围更广的全球经济治理新模式，不断巩固其在全球治理体系中的领导地位。近年来，世界处于百年未有之大变局，国际环境发生深刻变化，全球治理体系和模式加速变革，主要体现在：一是治理主体不断丰富，发展中国家参与全球经济治理的意愿不断提高；二是治理手段不断完善，区域经济组织不断发挥重要作用；三是治理理念存在差异，西方发达国家与新兴发展中国家之间的博弈长期存在。以美国为代表的西方国家通过签署多双边贸易投资协定，推动企业对外投资，不断扩张其在主要经济体中的影响力。

2. 美元的全球货币霸权

美元的全球货币霸权使其拥有了控制国际贸易的能力，即 "长臂管辖" 的关键抓手。二战期间，美国由于地理位置远离欧洲战场而成功避免了卷入战火，转而向参战各国大量出口战争所必需的物资，极大地促进了本国工业的发展和财富的累积，到战争结束时，美国的黄金储备已超过全球储备的70%。二战结束后，美国成功替代英国成为世界霸主，主导建立了布雷顿森林体系，促使世界各国在国际贸易、债务清偿和外汇储备中普遍以美元进行结算，美元也因此成功取代英镑成为全球主要货币。

20世纪70年代，由于美元的发行量已远超黄金储备总量，布雷顿森林体系崩溃，美国转而将美元与重要的能源石油挂钩，保持了世界范围内对美元的需求，巩固了美元作为世界主要货币的地位，强化了美元的全球货币霸权。这主要表现在美国通过调整自身货币政策，间接影响国际商品市场和各国金融市场，转移本国负债压力，影响世界其他国家经济运行。

美元作为国际主导货币，为美国积累了巨额财富。根据国际货币基金组织的官方外汇储备货币构成数据，美元在全球外汇储备中的份额在2021年最后一个季度跌至59%以下，延续20年高位回落趋势，但它的使用量仍然超过所有其他货币的总和。同期，欧元在全球外汇储备中的份额为21%，日元占比6%，英镑占比5%，其他主要货币占比10%。可以说，美元在国际经济领域的霸权地位依然是难以撼动的。

美元在世界经济体系中的霸权决定了美元在全球市场中的普遍使用，这也使美国能更好地掌握世界各经济体的跨国经济活动，为美国实施 "长臂管辖"提供更有利的条件。

3. 对国际金融体系的控制

在二战后，国际经济交往密切程度迅速上升，国际金融市场开始扮演日益重要的角色，成为金融霸权的重要组成部分。除了建立起强大的美元货币霸权外，美国还建立了完善的金融市场体系，具体体现在以下方面：种类上，美国建立的金融市场体系包含证券、保险、信贷等多个子市场；内容上，包含交易的各个环节以及咨询、法律、会计等多个配套产业。特别地，美国还掌控了全球跨境支付体系，目前该体系主要由全球最大的支付清算系统CHIPS（纽约清算所银行同业支付系统）和金融电文交换服务提供者SWIFT（环球银行金融电信协会）两个系统构成。美国通过对该体系施加影响，可以将某个特定国家排除在外，从而切断该国与全球金融市场的联系。因此，美国对全球跨境支付体系的掌控是其实施经济领域"长臂管辖"的重要工具和有力保障。

因此，美国在经济制裁领域实施"长臂管辖"、施加金融制裁措施上具有得天独厚的条件，其可以将"封锁个人财产"和"禁止部分交易"作为其最常使用的金融制裁手段。当实体或法人成为制裁对象时，封锁财产并禁止交易的主体也会扩展到相关的实体与法人；当一国政府成为制裁目标时，美国甚至会将该国政府作为被财产封锁并禁止交易的主体。另外，美国也会针对某些国家进行全面的金融制裁，包括禁止美国人交易或持有该国政府债券、债务、抵押品等资产或政府控制下的企业债券、债务、抵押品等资产，也禁止美国人为该国提供任何形式的融资，同时禁止任何人在美国境内展开相关业务。在近几年数字货币出现之后，美国金融制裁的方式还会延伸到限制目标方与美国人或在美国境内的数字货币交易。美国作为可进行金融制裁的唯一主体，在制裁手段上不仅有选择制裁对象的灵活性，也有选择制裁手段的多样性和制裁范围的可控性，还有与时俱进的能力。无论是个人、法人还是政党、国家，都可以成为美国金融制裁的对象，且针对不同的对象，美国可以采取极具针对性和有效性的制裁手段，给予制裁对象精准创伤，甚至是致命一击。

（四）科技实力基础

科技实力也是美国实施"长臂管辖"的重要基础之一，凭借其在互联网、半导体等领域近乎垄断的高技术地位，美国得以在全球肆无忌惮地实施"长臂管辖"。总体而言，美国实施"长臂管辖"的科技实力基础主要体现在以下几个方面：

1. 互联网领域的绝对地位

互联网自在美国诞生以来，伴随着全球化浪潮，已成为世界各国在经济、科技、民生等多领域的重要组成部分，对国家安全和社会稳定有重要影响。美国在互联网领域有得天独厚的优势，得以将"长臂管辖"的霸权从现实世界延伸至网络空间，声称对那些利用美国网络空间开展的活动拥有长臂管辖权。

除了在互联网领域拥有优势，美国企业在计算机软件服务领域也占据主导地位。例如在计算机操作系统领域，目前主要由微软、苹果和谷歌3家美国公司垄断；在云计算、人工智能等高科技领域，苹果、谷歌、亚马逊、Facebook为首的高科技企业占据主导地位。特别是谷歌公司，其旗下的电子邮件业务遍布全球各个国家，市场占有率极高，美国政府也基于此宣称，由于谷歌公司电子邮件系统的总服务器置于美国境内，所以凡是通过谷歌公司电子邮件系统从事了违反美国法律的活动，美国政府就天然地对一切相关活动及相关法律主体拥有管辖权力。同时，美国前总统特朗普2018年签署的"CLOUD法案"，规定受美国管辖的网络服务商需响应美国执法机构的调查要求，披露相关数据，无论该数据被储存在何处。

2. 半导体领域的巨大优势

近年来，随着人工智能、机器学习等技术的不断发展，半导体行业的高端芯片越发成为高科技领域不可或缺的组成部分。美国半导体产业在全球市场占据领导地位，以每年近50%的全球市场份额成为全球销售市场的领导者。同时在多个细分领域市场，美国企业也占据主要份额。在智能手机芯片领域，高通（Qualcomm）是市场的领导者，英伟达（NVIDIA）主导显卡市场，英特尔（Intel）则主导台式机和笔记本电脑中央处理器市场。

凭借着自身在半导体领域的巨大优势，美国肆意实施"长臂管辖"，在自身出口管制制度中加入"长臂管辖"条款，规定对非美国境内生产的产品，如果其在生产过程中利用了"美国技术"或"美国软件"，则这些产品同样将受到其出口管制法律的管辖。而美国自身手握多项半导体核心技术，在半导体全产业链形成了巨大优势，美国的"长臂管辖"也因此得以实施并有效地覆盖半导体全产业链。

3. 在其他高科技领域保持领先地位

除了在互联网和半导体领域掌握垄断地位以外，美国在其他高科技领域，特别是新兴技术产业领域，实际上也依然保持着全球最强的地位。近年来，美国加大了对人工智能、量子计算、生物技术等新兴技术产业领域的重视程度。对内出台了《关键和新兴技术国家战略》，旨在界定"关键和新兴技术"的范围，促进国家安全创新基础，保护美国的技术优势。对外则通过在多边机制下对新兴技术实施出口管制、建立对有关领域的投资安全审查机制等手段，维持其在这些领域的国际主导地位，强化其实施"长臂管辖"的科技基础。

（五）军事实力基础

美国"长臂管辖"的军事实力基础主要基于其强大的军事实力和情报收集能力，主要体现在美国遍布全球的军事基地和完善的情报系统等方面。

1. 强大的军事实力

美国作为军事强国，其强大的军事实力毋庸置疑。2022年，美国的军费支出达到7 666亿美元，排名全球第一，占全球总军费的比例高达39%，是第二名中国和第三名俄罗斯军费支出总和的2.3倍。同时，美国在全球部署了大量的军事基地，集中在欧洲、中东、北非等地区，美军的战略部署保证了对马六甲海峡、直布罗陀海峡等重要地理位置的控制。

同时，美国频繁地在世界范围内使用军事干预手段。研究报告表明，自美国建国以来，在1776年至2019年，美国在全球进行了近400次军事干预，冷战结束后，美国的海外军事干预行动不减反增，超过1/4的军事干预发生在这一时期。频繁的军事干预无形中迫使受美国 "长臂管辖" 的对象遵守美国的相关要求，否则可能面临美国的武力打击。

2. 完善的情报系统

美国在全球范围内 "长臂管辖" 的实施，离不开对相关情报的收集和分析。美国早在2007年就开始建立全球情报链条，并不断发展壮大其规模。根据《华盛顿邮报》2017年发布的报道，美国情报体系在全球拥有约2 000个私营公司。强大的情报网络使得美国能够快速收集和分析世界范围内的重要情报，并基于此实施 "长臂管辖"。

二、美国 "长臂管辖" 适用的主要领域

近年来，美国不断拓展 "长臂管辖" 的适用边界，经过数轮扩充，美国 "长臂管辖" 所适用的领域不断扩大，现已包括经济制裁、出口管制、反海外腐败、反洗钱、反垄断、上市公司内部控制、跨境数据流动规制等领域。

（一）经济制裁

美国实施经济制裁的历史可以追溯到第一次世界大战时期通过的《与敌国贸易法》，该法案授权美国与其他国家共同对德国实施贸易封锁。随后，这一权利被授予美国总统并逐渐拓展固化为总统权力的一部分，即使在非战争时期，美国总统也有权在宣布国家紧急状态的情况下对外国采取经济制裁。在实践中，美国经济制裁的执行所涉及的主要机构包括美国国务院、商务部、财政部等部门，主要的实施手段包括资产冻结和没收、禁止交易、禁止入境等。

针对经济制裁，不同学者的理解不尽相同。通过综合比较既有观点，本

书认为，经济制裁是指一国（或多国）（在本书中统称为发起方）通过限制或切断与另一国（在本书中统称为目标方）正常的国家间经济往来，以实现特定对外政治目标的政策或行为。这一概念包括以下几个特征：第一，经济制裁是以经济为手段、以政治为目的的行为。除非具有明显、直接的政治或安全目的，一般的贸易、金融、货币摩擦不在经济制裁探讨范围内。第二，经济制裁的对象可以是整个国家或地区，也可以是国家或地区的个人或实体。依据特定制裁法案，对特定国家或地区的实体实施的制裁行为属于经济制裁的范畴。但针对单独的个体或实体的违规行为，与国际和地区的政治关联度不大，则不属于经济制裁的范畴。第三，经济制裁的政治目的性强。经济制裁的实施，其目的往往超出单纯的经济范畴，即经济制裁的实施常常是将政治获益凌驾于经济获益之上。

美国经济制裁的"长臂管辖"指的是美国依据本国法律对被制裁方采取经济限制手段的同时，要求第三方国家和地区的实体必须遵照美国国内法律的要求履行相应的义务，从而导致其被美国"管辖"的问题。这既包括针对外国个人和实体在没有任何美国连接点的情况下适用的次级制裁，即针对第三方实体进行的旨在阻止其与目标方经贸往来的制裁活动，也包括在初级制裁中对美国连接点的扩大解释和适用。其中，最主要的情形是当资金经过美元清算系统以及在某些情况下涉及美国产品或技术时，该项交易的外国参与方可能会受到美国的一级制裁。

美国经济制裁的"长臂管辖"具有以下主要特征：第一，美国经济制裁的"长臂管辖"的本质是域外管辖，可以被理解为"次级制裁"，是将其管辖权凌驾于他国管辖权之上的滥用。第二，美国经济制裁的"长臂管辖"通常利用"最低限度联系"，将第三方国家和地区的实体广泛纳入管辖，以便实施经济制裁。第三，美国经济制裁的"长臂管辖"的使用常作为压制美国和美国企业竞争对手，以保持自身领先地位的工具，而并非真正意义上的遵法而行。第四，美国经济制裁的"长臂管辖"看似有法可依，实则经常作为美国与企业、与他国政府的谈判筹码。

（二）出口管制

美国出口管制可以追溯至美国独立战争时期召开的第一届大陆会议，在该会议上美国决定断绝与英国的一切贸易往来。随后，美国不断拓展出口管制的制度框架，从受管制物项、受管制行为、受管制行为主体三条路径不断扩张美国出口管制制度的作用范围，成为当今世界上执行出口管制最严格的国家。

"出口管制"从字面上理解为"对出口环节进行管制"，是一国在政治、经济、军事和对外政策等方面的需要，针对特定商品的出口制定法律法规，对出口国别和出口商品实行控制。在我国及国际上的许多国家和地区中，出口管制是指对两用物项、军品、核以及其他与维护国家安全和利益、履行防扩散等国际义务相关的货物、技术、服务等物项出口，采取禁止或者限制性措施。而在美国，出口管制是对外政策的重要手段，是实施国家主权的重要工具，其主要目标是维护其国家安全、外交和经济利益，包括维持其在科技、工业领域的领导地位等。对于违反出口管制的行为，美国主要采取取消出口资格、没收相关资产、将外国实体列入出口管制"黑名单"等措施进行制裁。特别是最后一项措施，目前已成为美国维护自身利益、打击遏制其他国家的重要手段之一。

美国的出口管制制度强化了对他国进口商的限制性规定，对商品的最终用途、最终用户等都有法律要求。随着美国出口管制制度的不断发展，美国还基于产品或技术的国籍、企业的控制关系以及保护原则，不断扩张其管辖。其中，美国对他国生产但含有一定比例美国成分（包括产品和技术）的产品也主张管辖权。若被美国认定违反了其规定，整个生产交易链上的企业都可能面临处罚。例如，美国2019年对部分中国机构实行的罚金、禁运、列入"实体清单"等措施，部分是基于出口管制的"长臂管辖"。

美国出口管制"长臂管辖"具有以下主要特征：一是美国实施的出口管制"长臂管辖"普遍存在过度管辖的情况。针对受管制的对象，多为不具有美国国籍的境外实体;针对受管制的行为,多为本质上未发生的且发生在美国境外的行为;针对出口管制"长臂管辖"的行使门槛,通常相对一般域外管辖的行使门槛更低。二是美国出口管制"长臂管辖"通常依托其强大的执法网络来实施。在全球范围内,美国出口管制相关机构通过建立海外办公室和战略点、设立法律顾问、签订引渡协议等方式保证出口管制"长臂管辖"的实施效果。三是美国出口管制"长臂管辖"与其他机制联动扩大实施效果,如与经济制裁、外资安全审查等制度进行联动。

(三)反海外腐败

随着经济全球化程度的不断加深,跨国、跨地区的腐败现象也逐步出现,催生了诸如资产转移、行贿受贿、不正当竞争等问题。对此,世界各国逐步出台反海外腐败相关的法律,但对于海外腐败的界定不尽相同。本书中借鉴了石玉英(2020)提出的概念,将海外腐败定义为"在国际商事交往中,行为主体以获得或保有某种不正当利益为目的,自行或通过他人向非本国公职人员提供或承诺提供某种好处,以使其故意作为或不作为的行为"[①]。

1977年美国制定出台了第一部《反海外腐败法》(Foreign Corrupt Practices Act,FCPA),最初,美国《反海外腐败法》所针对的对象仅为美国公司,但美国一直将该法案的管辖权作扩大解释。1998年针对《反海外腐败法》的修正案将美国反海外腐败的管辖范围扩大,使其具有域外效力,适用于外国公司,名正言顺地将其"长臂管辖"伸向了世界各国。

近年来,反海外腐败逐渐演变为美国维护自身利益、打击遏制竞争对手的有效工具,加强反海外腐败执法已成为美国政府达到调查与制裁双管并重的手段之一。例如,美国司法部于2018年启动了不加掩饰的"中国行动计划",该计划的目标之一即"查明涉及与美国企业竞争的中国公司的反海外腐败案件"。美国反海外腐败"长臂管辖"呈现出以下特征:一是泛化和滥用"最低限度联系原则",扩大其域外管辖范围。受贿行为只要使用了美国

---

① 石玉英.反海外腐败国家立法研究[D].长沙:湖南大学,2022.

的邮件系统、支付系统等，便会落入美国的司法管辖范围内。二是扩大母公司的连带责任，以实现对外国公司母公司的打击。三是在反海外腐败调查过程中，通过各种手段进行执法和取证，提升执法效率。四是更加突出反海外腐败的政治目的。

（四）反洗钱

"洗钱"通常是指犯罪分子，包括恐怖组织，企图掩盖其非法活动的收益、来源或性质的金融交易。美国很早便将洗钱定义为犯罪行为并立法进行监管，建立起了成熟完善的反洗钱法律体系。1970年颁布的《银行保密法》规定了金融机构有义务为反洗钱调查提供信息支持，对大额交易进行汇报。随后1986年颁布的《洗钱控制法》将"洗钱"定罪，并规定了相应的处罚措施。1994年颁布的《洗钱抑制法》将金融服务业务纳入反洗钱法的规制中。

随着美国近年来积极推行单边主义，在反洗钱领域的立法上，也呈现出延伸其"长臂管辖"的趋势。2001年"9·11"事件后通过的《爱国者法案》将"长臂管辖权"引入反洗钱调查中，其第317条规定："如果外国人或外国金融机构参与了洗钱活动，涉及的资金交易全部或部分发生在美国，或是在美国开设了银行账户，美国法院就可以行使长臂司法管辖。"同时，在执法领域，《爱国者法案》还对信息、通信、隐私方面的法律作了大幅修改，其中强化了反洗钱以及其执法机构在全球范围内收集相关信息情报的权力，美国的执法机构可以随心所欲地在全球收集各种信息和证据。例如，美国有权要求在美开立代理账户的外国银行提供与此类代理账户有关的信息，即使这些信息不在美国境内。银行若不合作，则面临罚金甚至被切断与美国金融体系的联系等处罚。

（五）其他

除以上领域外，反垄断、上市公司内部控制、跨境数据流动规制等也是美国"长臂管辖"使用的领域。其中，反垄断的"长臂管辖"指的是如果发生在美国境外的商业行为对美国产生了负面的影响，则美国拥有对其的管辖权。上市公司内部控制的"长臂管辖"指的是美国根据《萨班斯法案》中对上市公司内部控制的要求，对在美国上市的外国公司实施"长臂管辖"。跨境数据流动规制的"长臂管辖"指的是美国根据《澄清域外合法使用数据法案》，要求电子信息服务商保留、备份和公开电子通信内容、记录以及其他与消费者相关的信息，无论该信息是在美国境内还是境外。

三、美国"长臂管辖"的实施手段

美国实施"长臂管辖"的手段呈现多样化、力度强的特点，既有行政手段，也有刑事手段；既包括贸易限制手段，也包括投资、金融手段。借助美国强大的金融、科技、政治、军事实力基础，美国可以最大限度地进行"长臂管辖"执法，对相关主体形成巨大的威慑效应。美国的"长臂管辖"手段大致分为两类：一类是管理类手段，指的是美国法律不只约束美国人，其他受到美国"长臂管辖"的主体也要遵守美国法律，例如美国的次级制裁可禁止第三国与被制裁国之间的贸易、投资、金融交易等；另一类则是处罚类手段，指的是一旦相关主体不遵守美国法律，美国也可对其进行"长臂管辖"，使其承担美国法下的责任。

（一）管理类手段

美国的"长臂管辖"使其可以约束非美国人在美国以外的行为，迫使非美国人在美国境外也要遵守美国的法律。

1.限制、禁止贸易

限制、禁止贸易是美国实施"长臂管辖"的重要手段之一，特别是限制、禁止某些特殊产品的贸易。例如在出口管制领域，"再出口"规则是美国"长臂管辖"在出口管制领域的重要体现。对于从美国出口至进口国的管制物项，美国可以对从进口国再次出口至第三国的行为进行管控，从而实现对非美国主体的管辖。我国中兴公司、华为公司都曾因违反美国的"再出口"规则而受到严厉处罚。而在华为被列入"实体清单"（Entity List）后，美国商务部还发布通知，有美国技术成分的公司只要美国技术达到一定比例就不许与华为公司合作。

专栏2-1 美限制贸易的主要工具——"实体清单"（Entity List）

"实体清单"是最终用户清单之一，主要针对"有违美国国家安全或美国外交政策利益"的实体。

1. 法律依据

根据美国《出口管制条例》第744节第11条（b）款的规定，如果基于明确的事实，可以判定一个实体曾经、正在或有可能违背美国国家安全或外交政策利益，则可以将其列入"实体清单"，包括但不限于支持从事恐怖主义行为的人；以违反美国国家安全或外交政策利益的方式转让、开发、维修、修理或生产常规武器，或者通过提供零件、组件、技术，或为此类活动筹集资金；阻止产业安全局（Bureau of Industry and Security，BIS）的最终用途审查等。第744节第16条规定了"实体清单"相关问题，并在第744节附件4中列出了"实体清单"。

2. 采取措施

当"实体清单"中列出的实体是交易的当事方时，在"实体清单"指定的范围内，需要许可证才能出口、再出口或国内转让。"实体清单"内的实体不适用许可证例外，且要适用"推定拒绝"（presumption of denial）的许可证审查政策。

3. 主要影响

"实体清单"类似于"黑名单"，此清单实际是剥夺了相关企业在美国的贸易机会，并对其进行技术封锁和国际供应链隔离。虽说企业有正常申诉程序可走，也有脱离清单的可能，但前提是契合美国的国家安全利益和外交政策需求。由于欧盟、日本等往往与美国的出口管制步调保持一致，所以清单内企业在国际上的信誉也会受到较大的冲击。

2. 禁止金融交易

美国凭借其金融霸权，可将"长臂管辖"应用于金融领域，限制非美国金融机构与被制裁者在美国境外进行金融交易或者向其提供金融服务，并对违反此项禁止性规定的非美国金融机构实施制裁。美国财政部于2010年8月发布的《伊朗金融制裁条例》（Iranian Financial Sanctions Regulations）规定：如果外国机构明知有关活动将有助于伊朗政府购买和发展大规模杀伤性武器而与其进行金融交易或者为其提供金融服务，财政部副部长将有权对该国金融机构采取制裁措施，即便相关的金融交易或者金融服务是在美国境外进行的。2012年，昆仑银行就曾因其向包括被列入特别指定国民清单（SDN清单）的伊朗商业银行（Bank Tejarat）在内的至少6家伊朗银行提供了重大金融服务，包括开设及维护账户、资金转账和信用证服务，涉及金额约合数亿美元，而被列入外国金融机构第561条款名单（The List of Foreign Financial Institutions Subject to Part 561 List），因而被禁止在美国开设或维持代理行账户（correspondent account）或通汇账户（payable-through account）。

专栏2-2　美限制金融的主要工具——特别指定国民清单（List of Specially Designated Nationals，简称"SDN清单"）

"SDN清单"公布了基于国别实施的制裁项目下，由目标国家拥有或控制，或代表目标国家行事的个人和公司的名单，以及其他非国别制裁项目指定的个人、团体以及实体，例如恐怖分子和毒品贩运者。这些个人和公司被统称为"特别指定国民"（SDNs）。被列入"SDN清单"的外国个人/实体所持有的资产也将被"隔离"（blocked），其进行的美元币种交易也会被切断，并且在该情况下，受美国法律管辖的各方将不得在世界上任何地方与该被列入"SDN清单"的个人/实体进行交易。

1. 制定依据

"SDN清单"主要是根据《与敌国贸易法》（Trading With the Enemy

Act）、《国际紧急经济权力法》（International Emergency Economic Powers Act）、《反恐怖主义和有效死刑法》（Anti-Terrorism and Effective Death Penalty Act）和《外国麻醉品主要指定法》（Foreign Narcotics Kingpin Designation Act）的授权制定的。

2. 主要内容

在"SDN清单"中列有关于被隔离人员（blocked persons）、特别指定国民（specially designated nationals）、特别指定恐怖分子（specially designated terrorists）、特别指定全球恐怖分子（specially designated global terrorists）、外国恐怖组织（foreign terrorist organizations）、特别指定毒品贩运者（specially designated narcotics traffickers）和被隔离船舶（blocked vessels）的下列信息：

被隔离个人：姓名（已知别名）和职务；地址；其他身份信息，例如出生日期、出生地、国籍和护照或国民身份证号码；标注"（个人）"；该被隔离人员的制裁依据。

被隔离实体：名称（已知的曾用名或替代名）；地址；其他识别信息，例如国家税务识别号；该被隔离实体的制裁依据。

被隔离船舶：名称（已知的曾用名或替代名）；其他识别信息，如国际海事组织编号、注册国或船旗国、船舶类型、载重量和/或总吨位尺寸、呼号、船东；批注"（船舶）"；该被隔离船舶的制裁依据。

3. 触发规则

进入"SDN清单"的触发规则并不单一，"SDN清单"中涉及的制裁项目非常多，不同的制裁项目依据不同的法规或是总统行政命令实施制裁，因此触发标准并不相同。为了便于识别SDNs进入清单的原因，美国财政部的海外资产管理办公室（The Office of Foreign Assets Control of the US Department of the Treasury, OFAC）给每个名单对象都加注了标识（tag），用于识别所涉及的制裁项目。制裁项目大致可以分为三大类：一是与国家或地区相关的制裁项目。主要为巴尔干地区、白俄罗斯、布隆迪、中非共和国、刚果民主共和国、伊拉克、伊朗、古巴、尼加瓜拉、达尔富尔地区、马里、朝鲜、黎巴嫩、利比亚、索马里等。其中，制裁项目下"SDN清单"制裁对象数量较多的主要是伊朗、叙利亚、朝鲜、乌克兰/俄罗斯和委内瑞拉。二是与打击行为相关的制裁项目。主要包括打击毒品运输、网络犯罪、反武器扩散、打击恐怖主义、跨国犯罪组织、严重侵犯人权、外国规避制裁、外国干涉美国选举、马格尼茨基和全球马格尼茨基等项目。其中，毒品运输和恐怖主义项目下所列制裁对象最多。三是与特定法案相关的制裁项目，即《以制裁反击美国敌人法》(Countering America's Adversaries Through Sanctions Act, CAATSA)。该制裁项目下所列制裁对象较少。

4. 被列入"SDN清单"的主要影响

无论这些被列在"SDN清单"的个人/实体位于哪里，清单中的个人/实体，以及一个或多个被隔离个人/实体直接或间接合计持有50%以上权益的实体，无论该等实体是否在"SDN清单"中单独列出其名称，都将面临：①受到OFAC管辖的主体（大多数情况下为美国个人/实体，但在某些特定情况下也包括外国公司）被禁止在任何地方与该等主体进行交易；②该等被列个人/实体的资产被"隔离"，意味着在未经OFAC授权的前提下，该等个人/实体所持有的资产所有权必须留在该等个人/实体手中，全面禁止任何形式的资产转让或交易。

3. 限制、禁止投资

在投资领域，美国的"长臂管辖"体现为限制、禁止第三方国家或者企业对某些被制裁国家的投资。例如，《对伊朗和利比亚制裁法案》（"达马托法案"）规定，所有在利比亚和伊朗进行石油项目投资且每年投资额超过4 000万美元的外国公司均将受到美国的次级制裁。

专栏2-3　美限制投资的主要工具——非SDN中国军事公司清单（NS-CCMC List）

2020年12月28日，美国财政部新增中国军事公司的制裁项目，并发布新清单，针对35家所谓中国军事公司适用"非SDN清单"。NS-CCMC制裁项目目前只针对所谓中国涉军的35家企业及子公司，且只涉及投资的制裁措施，其法律依据为《国际紧急经济权力法》《国家紧急状态法》以及特朗普于2020年11月12日签署的第13959号行政命令。新清单将中国军事公司子公司纳入后，禁止投资于中国军事公司及其任何子公司。其中，中国军事公司子公司的认定标准是：①由一个或多个中国军事公司拥有其50%财产或财产收益的公司，符合OFAC 50%原则的公司；②由第13959号行政命令确定的一个或多个中国军事公司控制的公司。

4. 调取证据

根据《爱国者法案》的规定，美国政府可以要求在美国设有代理行账户的外国银行向其提供与该代理行账户有关的记录，包括保存在美国以外的、向该外国银行存放资金的记录。《2020年反洗钱法案》出台后，美国政府还可以调取在美拥有代理账户的银行的任何记录。2017年12月，美国哥伦比亚特区州检察官给3家中国银行发送了传票，要求这3家银行协助一项经济制裁调查，提供涉案香港明正公司的账户信息和相关交易信息，美国认为该公司的实际运营者是朝鲜政府，该公司通过中国3家银行进行了10亿美元的交易，违反了美国的对朝鲜制裁法律。2019年4月，美国哥伦比亚特区法院认定3家中国银行因未按法院命令提供美国检方要求的银行记录，构成藐视法庭，对每家银行处以每天5万美元的藐视罚款，直到这些银行履行法院命令为止。

（二）处罚类手段

一旦受美国"长臂管辖"的主体违反了美国法律，美国便可对其实施处罚措施，其中既包括行政处罚，也包括刑事处罚，还包括贸易限制、金融限制等措施。

1. 罚款

在经济制裁、出口管制、反洗钱等"长臂管辖"涉及的各个领域，罚款都是一种实施"长臂管辖"的重要和常见手段。例如，在出口管制领域，当美国出口管制执法办公室认为明显存在违反出口管制的行为，可根据案件性质严重与否、情节是否恶劣，确定"基准罚款金额"（base penalty amount）。对于故意或过失违法（willful or reckless violation）、被调查人知情（awareness of conduct at issue）、损害出口管制的目标和宗旨（harm to regulatory program objectives）等情形，美国出口管制执法办公室还可进行从重处罚。中兴公司就曾因违反美国的出口管制法而缴纳了天价罚金。2016年，中兴公司被美国认为违反出口管制条例向包括伊朗、朝鲜在内的受制裁国家再出口美国受管制产品，因此被美国列入"实体清单"。2017年3月，中兴公司与美国政府达成和解协议，就其违反美国出口管制法规等行为支付11.9亿美元罚金（其中部分暂缓缴纳），美国政府在中兴公司符合和解条件的前提下，暂缓实施不允许中兴公司采购美国产品和技术的禁令。此后，由于中兴公司在和解协议履行期间存在虚假陈述的行为，美国又重启了禁令。2018年，经多方谈判，中兴公司再次与美国政府达成替代和解协议，同意在已支付的8.92亿美元罚金之外，再支付14亿美元罚金。虽然中兴公司与美国政府达成和解，但却缴纳了约22.9亿美元的巨额罚款。在经济制裁领域，很多国际性金融机构因违反美国实施的禁止与被制裁国进行贸易和金融交易等经济制裁措施而缴纳了巨额罚金。例如，2012年8月，纽约州银行监管机构发布监管指控报告，称渣打银行为伊朗客户隐瞒了超过60 000起非法金融交易，总金额达2 500亿美元，此举违反了美国制裁伊朗的措施。美国监管机构表示将吊销渣打银行的营业执照，并开出巨额罚单。2012年12月10日，美国联邦监管机构宣布渣打银行已与其达成和解，将支付6.67亿美元的和解金。

2. 冻结、扣押、没收在美资产

冻结资产是指美国对被制裁方（包括政府、企业及个人）在美国银行的资产进行控制，包括禁止对其实行提取、转让、支付、交易或者其他任何形式的处置。在经济制裁领域，若第三国因违反美国法律受到次级制裁，则有可能被列入"SDN清单"。"SDN清单"实体的任何资产若在美国境内或为美国人所有或控制，都将被自动冻结，该冻结的主体范围还扩展到由一个或多个"SDN清单"实体单独或合计、直接或间接拥有50%以上控制权的实体。在反洗钱领域，《爱国者法案》规定，如果有关资金存放在某一境外的外国银行账户中并且该外国银行在美国境内的金融机构中设有银行账户，该资金可以被视为存放在后一个账户中，美国主管机关可以直接针对该账户采取冻结、扣押和没收措施，美国监管当局不需要出示任何证明文件资料。例如，2003年3月，时任美国总统布什根据该法案签署命令，宣布没收伊拉克政府和伊拉克中央银行等官方机构存放在美金融机构中的19亿美元，并归美国财政部所有，随后美国政府又将没收资产中的17亿美元拨付给伊拉克"临时联合权力机构"，以此作为美国对伊拉克重建的经济援助。

3. 禁止适用美元结算系统

美国凭借美元的霸权地位以及自身的金融实力，可将违反美国法律的主体驱逐出美元结算系统，使其无法使用美元转账、支付、结算等。只要该主体使用了美元结算系统，美国便可以此为连接点实施"长臂管辖"。2017年，金融犯罪执法网络（Financial Crimes Enforcement Network，FinCEN）怀疑丹东银行为参与朝鲜大规模杀伤性武器和弹道导弹计划的公司提供数百万美元的交易便利，构成初步洗钱担忧（primary money laundering concern），因此作出禁止美国金融机构为丹东银行或代表丹东银行开立或持有代理账户的处罚决定。

4. 限制、禁止贸易

限制、禁止贸易也是美国"长臂管辖"的常见处罚手段。美国可对违反美国制裁法律的第三国对象实施"长臂管辖"，对其进行次级制裁，并将其列入"SDN清单"。除非美国财政部海外资产管理办公室（OFAC）授权，否则任何美国人不得与"SDN清单"实体进行任何交易。在出口管制领域，若有实体违反美国出口管制法律中的"再出口"规则，也有可能被列入"实体清单"。2019年，美国以华为违反对伊朗的制裁令为由将华为列入"实体清单"，美国工业与安全局（BIS）公告称："华为已经收到美国纽约东区地方法院发出的13项诉讼，缘由是明知并故意直接和间接向伊朗和伊朗政府出口、再出口、销售和供应美国货物、技术和服务（银行和其他金融服务），但并未获得财政部OFAC的许可；华为及伊朗子公司与他人一起明知并故意通过欺骗和不诚实的方式妨碍、损害、阻挠和回击OFAC的合法政府行为。"

5. 刑事处罚

对于违反美国的出口管制、经济制裁、反腐败、反洗钱等法律的自然人，美国也可对其实施"长臂管辖"，施加刑事处罚。在法国阿尔斯通（Alstom）腐败案中，阿尔斯通被美国司法部处以巨额罚款、最终将核心资产出售给美国通用。自2010年起，美国司法部以阿尔斯通部分行贿款通过美国子公司支付和部分融资在美国完成作为对其管辖的理由，对其展开反腐败调查。在此过程中，美国便强行逮捕了阿尔斯通的高管皮耶鲁齐（Frédéric Pierucci），指控他在2003年向印度尼西亚的官员行贿，违反了FCPA，强行逼迫皮耶鲁齐"部分认罪"。

6. 禁止入境

美国"长臂管辖"的处罚类实施手段还包括禁止某些个人或实体入境美国。具体而言，一是签证限制，美国政府可以通过颁布行政令或立法的方式限制某些个人或实体的签证申请，并拒绝他们已签发的签证。二是禁止入境令，美国总统可以通过行政命令签署禁止入境令，以限制某些个人或实体入境美国。例如，根据美国《以制裁反击美国敌人法》，美国可以制裁任何与俄罗斯等被认为是"敌对国家"的实体和个人进行交易的个人或实体，制裁手段中就包括禁止这些个人或实体入境美国。

第三章 >>>

美国"长臂管辖"与经济制裁

二战后，经济制裁作为一种替代军事制裁的方法被越来越多的国家以及国家间组织越发频繁地使用，美国是使用经济制裁推行自身外交政策、维护自身国家安全的典型国家。在传统经济制裁理论中，经济制裁的广泛实施被认为能够施加更大的经济压力从而胁迫被制裁国改变本国行为，而美国施行的经济制裁很大一部分是单边制裁，因此美国在经济制裁实践中通过设定特定的美国管辖元素，提升经济制裁的覆盖范围，对被制裁国施加更大的经济压力，从而提升本国经济制裁的有效性，由此形成了经济制裁的"长臂管辖"。美国经济制裁的"长臂管辖"模糊了经济制裁的可能覆盖范围，增强了经济制裁的不确定性和不可预期性，主权国家以及相应的企业应当着重关注。

一、经济制裁及其"长臂管辖"的基本特征

明确经济制裁及其"长臂管辖"的范畴与特征是分析美国对外政策域外管辖广泛性和多样性的关键。

（一）经济制裁的范畴

多数学者将经济制裁定义为"对一个或多个国家（个人或实体）采取强制性经济措施，以强制改变政策，或者至少表示一方对另一方政策的态度"，然而在实践中对经济制裁内涵的理解存在较大争议。

1. 经济制裁内涵的争论

从国内外已有研究来看，出于分析角度的不同，对于经济制裁的内涵理解存在分歧，其核心区别在于如何认识实施经济制裁的目的，目前主流观点分为广义目的说、超经济目的说。

持经济制裁广义目的说观点的学者认为，对外国实体采取的限制性经济手段都属于经济制裁。美国普林斯顿大学教授David Baldwin是经济制裁广义目的说观点的代表，他主张扩展传统经济制裁的内涵，把出于政治目的采取的限制性经济措施和出于经济目的采取的贸易战都视为经济制裁。David Baldwin在其经典著作《经济治国方略》[1]中，直接把经济制裁等同于经济治国方略，认为它既包括一般意义上的经济制裁，也包括经济援助。国内学者周永生和李琳（2004）则主张只要是经济主体影响、破坏甚至削弱对方的国家利益，企图达到预估效果的政治活动，不管它的原因、范围、影响对象怎样，均应归为经济制裁[2]。

超经济目的说在国内外研究中更具主流地位，持该观点的学者主张经济制裁作为一种外交政策工具，是通过经济压力来实现超经济目的，即强调经济制裁目的的政治性。持有该观点的学者芝加哥大学教授Robert Pape

---

[1] Baldwin D A. Economic statecraft: New edition[M]. Princeton: Princeton University Press, 2020.
[2] 周永生，李琳. 经济制裁的政策目标[J]. 华中科技大学学报，2004（1）：35-38.

（1997）①认为，一国通过减少与目标方的经济往来，降低其总体经济福利，来迫使该国政府改变其政治行为。经济制裁不同于贸易战，首先，经济制裁目标是政治让步或推翻政权，而贸易战的目标则比较直接，即获取经济利益。因此，面对经济制裁和贸易纠纷，目标国（经济制裁或者贸易争端被发起国）进行决策的逻辑完全不同。参与贸易争端的国家决定是否作出让步，取决于他们期望哪种选择能使他们的财富最大化。对于经济制裁的目标国来说，向制裁发起国让步通常意味着他们经济状况会更好，然而经济制裁目标国的决策基础是评估牺牲经济成本是否值得坚持政治目标。其次，将贸易战和经济制裁混同，将使经济制裁与军事制裁之间的关系更加模糊。将贸易战划入经济制裁的范围将消除经济制裁可能替代使用武力的目的，与那些永远不会考虑使用武力的目的之间的区别。贸易战通常包括所有类型的经济谈判，在这些谈判中使用武力的可能性极低。区别于此，经济制裁既可以是军事制裁的替代，也可能是军事制裁的前奏。如果认为经济制裁的目的也可以是经济性的，就混淆了经济制裁和贸易战与武力关系方面的区别。最后，如果不区分是出于政治目的还是出于经济目的的经济限制措施，那么数量庞大的国际经济争端和与之伴随的谈判也会被纳入经济制裁的范畴，那么研究范围将被大规模地拓宽，不利于有针对性地研究和解决问题。

　　类似地，美国国务院政策规划主任Richard Hass（1998）也主张对经济制裁与贸易战进行区分，认为出于经济目的的报复行为一般有相应的规则可遵循，而出于政治目的的经济制裁一般没有基于双方同意的政治或法律框架。经济报复通常只有在被认为违反贸易规则的条件下才对具体国家实施，而且，其目的不在于破坏国际贸易体系，而在于校正由于违反规则而导致的贸易扭曲。与之相似，我国学者张曙光（2010）②认为经济制裁是指一个或多个民族国家出于对外政策的目的，对一个或多个民族国家采取的强制性经

①　Robert A. Pape. Why economic sanctions do not work[J]. International Security，1997，22（2）：90-136.

②　张曙光.经济制裁研究[M].上海：上海人民出版社，2010.

济措施。他们一方面排除了任何由私人和非政府实体发动的强制性经济措施；另一方面把经济制裁当作外交或防御政策工具的组成部分，把出于经济贸易目的而实施的强制性经济措施排除在外。

2. 本书的界定

通过比较分析既有观点，结合国际社会的一般用法，本书认为，经济制裁是指一个或多个国家（在本书中统称为发起方）通过限制或切断与一个或多个国家（在本书中统称为目标方）正常的国际经贸往来，以实现特定对外政治目标的政策或行为。这一概念包括以下几个特征：

第一，经济制裁是以经济为手段、以政治为目的的政策或行为。除非具有明显、直接的政治或安全目的，一般的贸易、金融、货币摩擦不在经济制裁探讨范围。当然，在现实中，把经济目的与政治目的严格区别十分困难，难免带有一定主观成分。通常而言，可以用钱（如交罚款、多缴税）来解决的问题，通过企业和个体的行为"合规"纠正就能取消的制裁，就不是经济制裁。此外，经济制裁依政治目的的不同，既可以表现为国际主体为了维护国际秩序而行使的执法工具，也可以表现为某国为了谋取本国利益而使用的政策手段。

第二，经济制裁的对象可以是整个国家或地区，也可以是特定国家或地区的个人或实体，甚至是与特定国家或地区的个人或实体有经济往来的个人或实体。针对特定实体的执法行为可以分为三类：第一类属于明确的经济制裁，即依据对特定国家或地区的制裁法案而对该国家或地区的实体实施的制裁行为，包括贸易限制、金融制裁等，属于经济制裁中的定向制裁；第二类是依据对特定国家或地区的制裁法案，对与特定国家或地区的个人或实体有经济往来的个人或实体施行的制裁，即通常所说的次级制裁；第三类就是针对单独的个体或实体的违规行为，与国际和地区的政治关联度不大，不属于经济制裁的范畴。这三类执法行为虽可以使用类似的手段，但在法律依据上有明显区别，在应对上也有较大差异。

第三，经济制裁的政治目的性强。经济制裁的目的集中在国家政府层面，常常打着威胁"国家安全"的旗号，以维护民主、人权和地区安全为名，其根本目标是改变政府决策或撼动政权，即便实质作用在个人或实体上，其行为纠正也无济于事。也就是说，没有迫使制裁目标国采取政治让步，经济制裁就没有达到目的，也就难以被取消。经济制裁的实施，其目的往往超出单纯的经济范畴，即经济制裁的相关决策考量常常是将潜在的政治收益凌驾于可能的经济收益之上的。换言之，制裁发起国在决定是否实施经济制裁时主要考虑的目标都是政治性的，而不是单纯的经济利益得失。制裁发起国是否发起经济制裁往往取决于能否通过经济制裁获取相对收益，即政治收益与其经济损失之差。简单来说，只要发起方认为实现政治目标是必要的甚至是必须的，即使损失一定的经济利益（损失的经济利益需在可控范围内，即不伤国本）也会决定实施经济制裁。当今美国对古巴、伊朗、朝鲜和苏丹等国的制裁均属于此类。

（二）经济制裁"长臂管辖"的基本特征

本书认为美国经济制裁的"长臂管辖"，是指美国依据本国法律对被制裁方采取经济限制手段的同时将其国内法的管辖范围扩展至第三方国家和地区，要求第三方国家和地区的个人或实体必须遵照美国国内法相关要求履行相应义务的情况。美国经济制裁"长臂管辖"有以下几个特征：

第一，美国经济制裁"长臂管辖"的本质是域外管辖，通常表现为"次级制裁"。所谓"次级制裁"，是指经济制裁发起方为了对目标方施加更大的经济压力，迫使目标方达成政治妥协，在对目标方进行制裁时，将制裁范围扩展到第三方国家或地区的企业或个人，阻止其与目标方展开经贸活动的制裁政策或行为。次级制裁是范围更广的制裁，即发起方不仅针对目标方本身，还包括第三方国家或地区的个体或实体。次级制裁是经济制裁"长臂管辖"的重要表现形式，主要目的是避免第三方国家或地区的个人或实体与被制裁目标方进行交易，从而增强经济制裁的效果。经济制裁的"长臂管辖"看起来合规合法，而实际上其法律依据本身并不合理，是将其管辖权凌驾于他国管辖权之上的滥用。

第二，美国经济制裁"长臂管辖"通过利用"最低限度联系原则"，将第三方国家和地区的个人或实体广泛纳入管辖，从而扩大经济制裁的广泛性。"最低限度联系原则"起源于美国民事诉讼法，最早用于裁定一个州的法院何时适合对另一州的被告行使属人管辖权。对此，美国联邦最高法院虽然已裁定了一系列案件[①]以确定一州法院何时对另一州居民能够合理行使管辖权，从而确立和完善了"最低限度联系原则"。但是，美国联邦最高法院对该原则的阐释更多是基于价值衡量的角度给出合理性评判标准，究竟什么是"最低限度联系"，联邦最高法院从来没有下过确切的定义。

第三，美国经济制裁"长臂管辖"的不可预见性与针对性。美国经济制裁"长臂管辖"的使用常作为压制美国和美国企业的竞争对手、以保持自身领先地位的工具，而并非真正意义上的遵法而行。美国经济制裁的"长臂管辖"使美国可以采取有针对性的经济限制手段，对外国企业的经营和账户信息进行模棱两可的调查，对美国企业的竞争对手进行沉重打击，甚至抢占被制裁主体的市场份额。例如，美国政府在限制所有外国企业与古巴交易的同时，批准美国电话电报公司在古巴开展业务。

第四，美国经济制裁"长臂管辖"受到了政府的操纵和滥用。美国经济制裁的"长臂管辖"看似执法独立、有法可依，实则被用作美国政府与企业、与他国政府的谈判筹码。美国在诸多域外管辖事件中，其执法机构并非法庭，而是美国的行政管理部门，比如孟晚舟事件中逮捕外企高管就是行政管理部门而不是法庭执行的。时任美国最高行政长官的特朗普总统曾称，若华为公司首席财务官孟晚舟在加拿大被拘押一事有助于与中国达成贸易协议，他将对此案进行干预。将外国企业高管人员逮捕扣押，并以此作为与企业或是与他国政府的谈判筹码，是全然违反司法公正的强盗行径。

---

① 参见：International Shoe Co. v. Washington, 326 U.S. 310; McGee v. International Life Insurance Co., 355 U.S. 220; Gray v. American Radiator & Standard Sanitary Corp., N.E.2d.; World-Wide Volkswagen Corp. v. Woodson, 222 U.S. 286; Calder v. Jones, 465 U.S. 783.

二、美国经济制裁及其"长臂管辖"的制度体系

美国经济制裁及其"长臂管辖"制度经过数十年的发展演化，已经形成兼具灵活性和成熟性的立法和执法体系，进而构成美国外交政策工具箱的重要工具。

（一）美国经济制裁立法体系

随着实践的发展，美国对外制裁逐渐建立起一套完善的、多级别的国内法体系，普遍适用于美国对外实施的所有经济制裁项目。目前，美国联邦层面经济制裁相关立法数量繁多且相互联系、关系复杂，基本上形成了以授权型立法为基础，以针对特定国家、特殊情势的特定制裁型立法为主体，并以条款中涉及制裁的其他立法为辅的独特体系。

1.授权型立法

美国经济制裁授权型立法一般不直接规定制裁对象和范围，而是以对外政策和国家安全为主要内容，以原则性、模糊化、简单化的法律文本为载体，将实施制裁的广泛权力授予美国总统，使其在实施制裁时拥有广泛的自由裁量权，在美国境外对美国外交、经济或国家安全构成异常和特殊威胁的情况下，对商业进行监管。美国总统通过行政命令实施新的制裁计划并行使其与制裁有关的权力，然后将具体制裁计划的管理委托给国家机构。行政命令有时会有一个附件，其中除了规定进一步指定的标准外，总统本人还会制裁某特定的个人或实体，行政命令还可以禁止某些活动，例如向某些国家或地区进口或出口。在某些情况下，国会将颁布或编纂某些制裁措施，从而限制总统的自由裁量权。目前，美国经济制裁的授权型立法主要包括以下几部法律。

（1）1917年《与敌国贸易法》

该法于1917年10月6日颁布，最初赋予了美国总统在战争或国家宣布进入紧急状态的情况下监督或限制美国与其敌人之间贸易的权力。1933年，《紧急银行法》对该法进行了修订，以在和平时期扩大总统的权力。1977年，《国际紧急经济权力法》（IEEPA）再次对其进行了修订，以限制该法仅在战

争时期适用，而IEEPA旨在和平时期使用，例外情况是美国对古巴的贸易和金融禁运等制裁计划，这些计划在1977年修订之前就已经存在。由此可见，该法是IEEPA生效前美国经济制裁的主要法律依据，并且目前仍然是战争时期美国经济制裁的主要法律依据。截至2023年，古巴是唯一依据该法制裁的国家。2008年，朝鲜被从该法条款中删除，但是IEEPA授权下的经济制裁仍然有效。

（2）1976年《国家紧急状态法》（NEA）和1977年《国际紧急经济权力法》

1976年《国家紧急状态法》授权美国总统在危机期间行使特别权力，但在行使这些权力时规定了某些程序性手续。1977年《国际紧急经济权力法》则授权美国总统在宣布国家紧急状态后监管国际商业，以应对美国面临的任何异常和特殊威胁。该法属于《国家紧急状态法》的下位法，这意味着根据该法宣布的紧急状态必须每年更新才能继续有效。

根据这两部法律的规定，当美国总统认为某一事件对美国的国家安全、外交政策或经济造成"非同寻常"的威胁时，可根据授权、在咨询国会意见后，宣布进入国家紧急状态。在国家紧急状态下，IEEPA赋予总统的权力采取针对有关外国或外国人的相应制裁措施，包括禁止与其进行外汇交易、禁止任何金融机构向其实行支付或者信贷、没收其在美国辖区内的财产等。但是，不包括直接或间接监管或禁止任何形式的个人通信（包括邮件、电报或电话等方式）的能力，这些通信"不涉及任何有价值的转让""不分格式或传播媒介"（包括但不限于出版物、电影、海报、留声机记录、照片、缩微品、磁带、光盘、CD-ROM、艺术品和新闻通讯，并解释为包括DVD、数字媒体内容和社交媒体等现代媒介），某些"旨在减轻人类痛苦"的捐赠（如食物、衣服和药品），以及任何与旅行有关的交易（包括个人行李的进口、"在任何国家内的维护"，包括支付生活费和购买个人使用的货物或服务以及安排或便利此类旅行，包括不定期的航空、海运或陆运）。

（3）1945年《联合国参与法》

该法是美国国会于1945年通过的一部法律，涉及美国加入新成立的联合国和联合国相关机构的过程。该法案为美国作为联合国组织成员的参与提供了基本权力。特别是，依据该法第5条规定，美国总统有权根据联合国安全理事会根据《联合国宪章》第41条作出的强制性决定，对目标国家或其国民实施经济制裁和其他制裁。就该法对美国经济关系的潜在影响而言，这一授权相当广泛，使得该法与《与敌国贸易法》（TWEA，1917）第5（b）条及其非战时继任者1977年《国际紧急经济权力法》等法令中赋予总统经济制裁的法定权力相当。

（4）2001年《爱国者法案》

《爱国者法案》是2001年在"9·11"事件和炭疽袭击之后颁布的，其既定目标是加强美国国家安全，特别是在与外国恐怖主义有关的情况下。依据该法以及依据该法制定或修改的相关法律法规规定，即便总统没有宣告或者不必宣告国家进入紧急状态，当美国成为武装敌对行动指向对象或者成为外国或外国国民袭击对象时，总统也可以针对局部的或者孤立的敌对事件或者受袭事件对外国人、外国组织或者外国实行金融制裁，包括没收资产。

2.特定型立法

在经济制裁授权型立法的基础上，美国总统以及国会被赋予了经济制裁的权力，然而该权力同样需要依照法定程序和形式来行使，因此针对特定情势或者特定国家和地区所施行的经济制裁，美国总统以及国会通常会通过颁布相应的制裁立法来使其合法化，由此出现了针对特定制裁项目的特定型立法。这些立法明确了具体的制裁对象和手段，目前可分为特定领域制裁项目和特定国别/地区制裁项目两类。

（1）特定领域制裁立法

美国在特定领域的制裁型法律主要涉及人权、反恐、禁毒等方面。以人权制裁为例，美国通常以对涉嫌侵犯人权或参与其他严重人权违反行为的实体或个人进行惩罚和施压为由进行针对性立法，如《全球马格尼茨基人权问责法》授权美国政府制裁外国官员、个人和实体，如果他们涉嫌侵犯人权、从事腐败、参与跨国有组织犯罪等行为，制裁措施可以包括资产冻结、旅行禁令以及限制与制裁对象进行贸易和金融交易。

（2）特定国别/地区制裁立法

美国通过专门立法直接制裁的国家或地区包括古巴、伊朗、叙利亚、朝鲜、俄罗斯等。例如授权美国对外实施次级经济制裁的"赫尔姆斯-伯顿法"，核心条款就是授予美国人对"非法使用"被古巴政府没收的资产的第三国企业进行追偿的权利。又如针对近年的俄乌局势，美国陆续颁布了2014年《乌克兰自由支持法》和2014年《支持乌克兰主权、统一、民主与经济稳定法》，规定了对俄罗斯国防与能源行业及俄罗斯金融机构的具体制裁措施，以及针对俄罗斯政府人员等的制裁措施。

3.其他立法

为保障上述立法所规定的经济制裁措施得以有效实施，美国在其他有关贸易、国防等领域的部门法中同样规定了与经济制裁相关的条款和内容，如下文所述。

（1）《出口管制改革法案》（ECRA）

2018年美国颁布了《出口管制改革法案》（Export Control Reform Act, ECRA）取代了1979年的《出口管理法》（EAA），旨在通过改进出口管制系统并使之现代化来加强对美国国家安全的保护，为美国政府规范和控制具有潜在军事或国家安全用途的敏感货物、技术和服务的出口、再出口和转让提供了法律框架。

《国际紧急经济权力法》是《出口管制改革法案》的上位法之一，《出口管制改革法案》的具体条款为出口管制作为经济制裁的重要手段提供了法律依据。依据《国际紧急经济权力法》的规定，美国政府对向受制裁国家或受限制方出口的货物和技术实施许可要求或限制，这有助于确保敏感技术不会落入对美国国家安全利益构成威胁的实体或个人手中。依据该法，《出口管制改革法案》将出口管制的功能从防扩散、军品、两用物项等传统出口管制领域扩展到了针对特定产品和特定对象（包括特定的国家、社会组织、公司、个人）的出口管制，依据该法及相关法律法规应当被管制的产品或对象需要在取得出口许可证的情况下才能就美国产品进行交易。

该法主要反映了国会对军民两用技术贸易的关注，以及同时对敏感部门的外国投资的关注，并导致美国外国投资审查程序的改革。此外，该法为特朗普政府利用出口管制制度来应对与中国有关的技术问题提供了依据，如对华为公司的新限制，阻止世界范围内 5G 网络采用华为技术，努力打击中国的军民融合计划，终止在出口管制事务中对香港的单独和差别待遇，以及努力限制用于监视和镇压的美国技术[1]。

（2）《国防授权法案》（NDAA）

NDAA 是每一财政年度由参议院军事委员会和众议院军事委员会管辖，确定负责国防的机构，确定建议的资金水平，并制定资金使用政策的法案。该系列法案中部分条款涉及经济制裁，如《2021年国防授权法案》第1241条要求总统在2021年1月31日前对知情参与土耳其从俄罗斯购买S-400防空系统的每个人实施《以制裁反击美国敌人法》（CAATSA）第235条所述的至少5项制裁，第1242条扩大了根据2019年《保护欧洲能源安全法》对北溪2号和 TurkStream 管道项目的现有制裁，第1252条修改了现有的禁止向香港警察局商业出口涵盖弹药的规定，禁止商业出口不仅适用于所涵盖的弹药项目，也适用于犯罪控制项目。

（3）总统行政令

行政令是总统单方面向政府机构下达如何行动的指令，具有法律效力，赋予了总统在制裁中的自由裁量权。美国经济制裁项目一般对应一个或多个行政命令。以伊朗经济制裁项目为例，1995—2022年，美国总统所颁布的关于认定伊朗是国家紧急状态的行政命令就有18个。

在根据《国家紧急状态法》行使权力时，总统一般会发布以下行政命令：①根据《国家紧急状态法》宣布国家紧急状态；②规定法律依据，财政部部长或其他官员（如国务卿）可据此指定受制裁的特定外国人；③规定适

---

① Paul K. Kerr，Christopher A. Casey. The U.S. Export Control System and the Export Control Reform Act of 2018. https://crsreports.congress.gov/product/pdf/R/R46814.

用于指定人员的交易类型或其他禁止措施。例如，与打击"俄罗斯联邦政府的有害外国活动"有关的第14024号行政命令，阻止和禁止被指定的外国人在美国境内或由美国人拥有或控制的财产的交易。财政部部长与国务卿协商后，可根据第14024号行政命令指定个人的理由包括该外国人是"俄罗斯联邦政府的政治分支、机构或工具"，或从事"破坏美国、其盟国或其伙伴的和平、安全、政治稳定或领土完整的活动"。

（二）美国经济制裁执行体系

美国经济制裁积累了大量实践，执法体系成熟完备，本书主要从执行机关、执行措施和救济途径3个方面进行分析。

1.执行机关

美国联邦政府各部门是实施制裁的主力军，其中经济制裁措施主要由美国财政部、国务院、商务部负责实施。

（1）财政部

美国财政部根据其职责发布制裁名单，同时也负责监管、管理和落实制裁内容。其中，海外资产管理办公室（OFAC）是美国财政部的一个金融情报和执行机构，在恐怖主义和金融情报办公室（TFFC）下运作，由主管恐怖主义和金融情报事务的副部长领导负责管理和执行经济与贸易制裁，以支持美国的国家安全和外交政策目标[1]。根据总统的国家紧急权力，海外资产管理办公室针对外国以及被视为威胁美国国家安全的各种其他组织和个人（如恐怖组织）开展行动。该部门成立于1950年，有权对违反其指示的实体征收巨额罚款，包括罚款、冻结资产和禁止各方在美国经营。

海外资产管理办公室的主要职责包括：拟定并定时更新被制裁名单（见表3-1），大多为单边制裁，主要包括"特别指定国民清单"（SDN清单）和各类"综合制裁清单"；审查和批准各类许可申请；监督制裁实施并处罚违

---

[1] Tom C. W. Lin（April 2016）. "Financial Weapons of War"（PDF）. Minnesota Law Review. 100 （4）: 1377-1440.

反制裁规定者。另外，财政部下设的恐怖主义和金融情报办公室，在多部门联合推进的金融制裁行动当中也会负责与部门职责相关的制裁执行与监督任务，如金融反恐。

表3-1 美国财政部制裁清单汇总

清单名称	清单内容
特别指定国民清单（SDN 清单）	（1）根据特定主题事务项目而设立的子清单；（2）针对特定国家和地区的制裁项目。清单内实体在美国的财产权益被冻结，不能与美国实体交易
行业制裁识别清单	依据第 13662 号行政命令识别为在俄罗斯特定行业部门中工作的个人
外国逃避制裁者清单	违反、试图违反或导致违反根据第 13608 号行政命令对叙利亚和伊朗实施的制裁，或者帮助了受美国制裁的个人实施欺诈性交易
巴勒斯坦立法会非 SDN 清单	针对巴勒斯坦立法会及相关实体
伊朗制裁法非 SDN 清单	涉及伊朗的金融制裁
外国金融机构第 561 条款清单	与制裁伊朗相关的外国金融机构。受制裁机构将被制裁机构排除在美元支付体系之外
非 SDN 中国军事公司名单	被纳入 60 ～ 360 天后剥离与其相关的投资
非 SDN 菜单式制裁清单	识别特定被制裁主体的参考工具

资料来源：根据美国财政部OFAC网站相关信息整理。

（2）国务院

美国国务院在制定和实施美国经济制裁法律和政策方面发挥着重要作用，为实施经济制裁提供国际支持，就制裁的实施向财政部和商务部提供外交政策指导，并与国会合作起草立法。国务院有关经济制裁的职责分散并贯穿于国务院各职能局和地区局，如经济和商业事务局下属的经济制裁政策和执行办公室（Office of Economic Sanctions Policy and Implementation，SPI），国际安全和不扩散局（Bureau of International Security and Nonproliferation，ISN），民主、人权和劳工局（Bureau of Democracy, Human Rights, and Labor），国际组织事务局（Bureau of International Organization Affairs），能源资源局（Bureau of Energy Resources），反恐局（Bureau of Counterterrorism）等。因此，2020年，美国国务院重新恢复了制裁协调办公室。

在美国国务院各个部门中，SPI的职责在于规划和执行与外交政策相关的制裁项目；ISN则负责执行有关核不扩散的制裁机制，目前，ISN具体管理有关不扩散方面的个人和实体名单（见表3-2）。此外，国务院还通过军用产品和技术的出口管制机制与财政部相互合作，执行具体制裁措施。

表3-2 美国国务院制裁清单汇总

清单名称	清单内容
防扩散清单	从事核扩散活动的被制裁个人和实体
《武器出口管制法》禁止清单	禁止直接或间接参与国防物品出口的实体和个人，包括技术数据和国防服务

资料来源：根据美国国务院ISN网站相关信息整理。

（3）商务部

美国商务部主要负责执行制裁的部门是工业与安全局（BIS），该局由负责工业和安全事务的商务部副部长领导，负责出口管制的经济制裁措施。BIS为进出口的目的管理独立于OFAC以外的清单，其制裁清单主要有四类（见表3-3）："实体清单"（Entity List）、"被拒绝个人清单"（Denied Persons List）、"未经验证清单"（Unverified List）及"军事最终用户清单"（Military End User List）。

表3-3 美国商务部制裁清单汇总

清单名称	清单内容
实体清单	对列入该清单的实体设置特别的许可证要求，并对大多数申请实施"推定拒绝"
被拒绝个人清单	列入该清单的实体不得以任何方式直接或间接参与涉及从美国出口或将从美国出口的"受控技术"的任何交易或任何其他活动
未经验证清单	对列入该清单的实体出口、再出口或者转让需要额外的尽职调查或许可证要求
军事最终用户清单	主要针对中国、俄罗斯和委内瑞拉的实体，对列入该清单的实体受出口管制措施限制的物项仅限于第744部分附录2的物项范围

资料来源：根据美国商务部BIS网站相关内容整理。

另外，美国其他政府机构根据其本身的职责也相应地承担一部分制裁的工作。比如，司法部可以通过对洗钱或其他金融犯罪的调查，寻求对逃避制裁行为进行起诉。在此类调查中，司法部可能会使用其民事和刑事没收权来扣押被认定为非法行为所得的资产。例如，2022年3月2日，司法部部长梅里克-加兰宣布在司法部成立KleptoCapture特别工作组，以执行美国为应对2022年乌克兰危机而对俄罗斯实施的制裁、出口限制和其他经济反制措施。除了调查违反制裁的行为，该工作组还将调查破坏经济制裁的行为，包括洗钱和逃避"了解你的客户"义务的情况，并有可能扣押被认定为非法行为所得的资产。

2. 执行措施

自20世纪90年代以来，美国实施了世界上2/3的经济制裁[1]。从整体上看，美国实施经济制裁的实践经验丰富，实施经济制裁的措施类型多样，目前主要有以下几种。

（1）资产冻结

资产冻结措施是美国经济制裁的重要手段，主要由美国财政部OFAC负责实施。美国政府实施的资产冻结，针对的是一切位于美国境内的或由美国个人或实体所掌管的财产及财产性利益，禁止对其进行任何形式的处置。美国经济制裁中的资产冻结措施适用范围非常广。从冻结对象来看，囊括各类有形或无形的"财产及财产性利益"，可能包括实物财产、保险单利息、索赔、投资账户、贷款、银行账户、债务工具、货币、支票、信用证等。从冻结对象的管辖因素来看，只要是美国实体和自然人掌管的财产或财产性利益均可能被冻结，具有域外效力。

（2）资产没收

经济制裁一般采取资产冻结而非没收的方法。但在特殊情况下，美国政府也采取资产没收的措施。例如，根据IEEPA的（《美国法典》第50卷第1701节）处罚条款，美国政府有权没收犯罪所得；根据《爱国者法案》，总统

---

[1] Manu Karuka（December 9, 2021）. "Hunger Politics: Sanctions as Siege Warfare". Sanctions as War. BRILL. pp. 51-62.

对于其认定从事了策划、批准、帮助、参与实施针对美国的武装敌对或者攻击行为的外国人、组织或者国家，有权直接没收其在美国管辖范围内的财产。

（3）禁止贸易

禁止贸易也是经济制裁的重要手段之一，指禁止美国实体或个人与被制裁对象进行任何形式的贸易。进出口限制是最常见的贸易制裁类型，禁运是全面禁止贸易中最严厉的贸易制裁，关税和配额也可以用作贸易制裁，但更常见的是保护国内生产商免于外国竞争。在次级制裁的情况下，美国政府也禁止第三方国家和地区的个人或实体与被制裁对象进行某些商业往来。

（4）禁止金融交易

禁止金融交易在实践中有两种做法。其一，禁止美国金融机构与被制裁者进行交易或进行使被制裁者收益的交易。其二，美国政府限制外国金融机构与被制裁者在美国境外进行金融交易或为其提供金融服务。例如，如果一个外国金融机构与伊朗之间的交易量足够大，该外国金融机构就有可能被依法赋予次级制裁权力的机构指定。一旦被指定，次级制裁就可以禁止美国人与该外国金融机构做生意，或要求美国银行限制或约束该外国金融机构在美国的代理账户。

（5）截断美元获得渠道与使用能力

该措施主要依托美元霸权地位以及自身金融力量截断被制裁国家及实体获取美元的渠道，主要通过美元支付和清算系统进行干扰，使其无法使用美元转账、支付、结算等。如2022年，美国通过环球同业银行金融电信协会（SWIFT）对俄罗斯使用了该制裁。

（6）制裁银行体系

制裁银行体系是指美国政府制裁被制裁国家的中央银行和国有银行。如美国对俄罗斯顶级金融机构采取了制裁行动，包括制裁俄罗斯两家最大的银行和全球近90家金融机构的子公司。

（7）进出口管制

进出口管制包括进口管制和出口管制，前者指禁止被制裁对象的所有产品、服务、技术直接或间接进入美国；后者指美国人不能将美国境内的任何产品、服务和技术直接或间接地出口或再出口给被制裁对象。

（8）禁止入境

禁止入境指的是美国政府禁止被制裁对象以一切形式进入美国。

（9）反对国际金融机构贷款

反对国际金融机构贷款指的是美国通过其影响力、投票权等途径反对国际金融机构向被制裁对象贷款。

（10）收集并公布财产信息

收集并公布财产信息主要运用于对俄罗斯的制裁机制中。根据规定，美国财政部应向国会提交俄罗斯高级政治人物和寡头的财产信息。

3.救济途径

美国的经济制裁存在相应的救济程序，允许被制裁个人或实体申请从制裁名单中移除。美国财政部每年都会将很多自然人和企业从制裁名单中移除。这主要是因为美国经济制裁是未来导向的，除了惩罚制裁对象，更主要的是敦促制裁对象的行为改变，因此给被纳入制裁名单的个人和实体留有被移除的机会。制裁名单移除路径大体可以分为行政复议和司法救济两种。

美国财政部明确，被其纳入制裁名单中的自然人和企业可以通过行政复议的方式申请从制裁名单中移除，并明确了行政复议的程序要求。申请人如果希望从制裁名单中移除，需要提供足够的证据予以证明：美国财政部将其纳入制裁名单的依据是不充分的，或者美国财政部将其纳入制裁名单的事实基础已经不存在了。简而言之，申请人要么证明美国政府一开始就错了，要么证明情况有变，原来的制裁理由已经不存在了。被制裁理由不存在了也可分为两种情况，一是外在环境发生变化导致制裁依据的事实基础不存在了；二是被制裁的自然人或企业积极主动作出改变，以证明制裁所依据的事实基础已经不存在了。

司法救济是从美国制裁名单中移除的最后手段。如果被制裁的自然人和企业无法通过行政复议的方式解除制裁，且无法承受被纳入制裁名单所带来的负面影响，就只能选择在美国联邦地区法院起诉美国政府这一种救济途径了。司法救济对于被制裁的自然人和实体的财力与耐心都是极大的挑战，面临极大的不确定性，成功案例数量极少。

（三）美国经济制裁 "长臂管辖" 的逻辑和法律架构

1. 美国经济制裁 "长臂管辖" 的政策逻辑

美国经济制裁的 "长臂管辖" 究其本质是治外法权或者域外管辖权（extraterritorial jurisdiction）的行使，即一国政府在合理管辖边界之外行使经济制裁权力的法律能力。正如利比亚通讯公司的法国记者勒纳德·勒卡德对美国经济制裁的 "长臂管辖" 的描述，"一场司法游击战，目的是强加一种深思熟虑的政治意愿，通过使法律成为外交政策的工具，促进美国的经济利益，从而增强美国的实力"[1]。美国经济制裁的 "长臂管辖" 背后的政策逻辑，是为了维护和促进美国的利益，通过国内立法扩大自身经济制裁权力管辖范围的同时，用国际法管辖原则来为自身的域外管辖权提供合理性解释。

在国际法中，管辖权是国家主权的一个至关重要的核心特征，涉及国家根据国际法对人民、财产和环境进行管制或以其他方式产生影响的权力，反映了国家主权、国家平等和不干涉内政的基本原则，可以通过立法、行政或司法行动来实现[2]。在经典的威斯特伐利亚体系中，管辖权仅限于一国领土，并且任何国家都不应当干预另一国国内法管辖的事务，即一国的管辖权应当遵循属地原则[3]。属地原则的推论禁止各国未经其明确同意在其他国家领土内行使管辖权，除非这种行使可以基于其他管辖权原则，如国籍原则、被动人格原则、保护原则，以及可能的普遍管辖权原则。

---

① Portail de l'IE, Centre de ressources et d'information sur l'intelligence économique et stratégique. https://portail-ie.fr/short/1479/de-lextraterritorialite-des-lois-americaines-une-prise-de-conscience-politique.

② Shaw, M.（2008）. Jurisdiction. In International Law（pp. 645-696）. Cambridge：Cambridge University Press.

③ Ryngaert C. The concept of jurisdiction in international law[M]//Orakhelashvili A. Research handbook on jurisdiction and immunities in international law. Massachusetts: Edward Elgar, 2015：50-75.

美国司法实践对域外管辖权的态度经历了一个从"不承认域外效力"到"承认域外效力并不断扩大其适用范围"的过程。直到20世纪前期，美国信守的国际法管辖原则一直是属地原则（territoriality principle）。但二战后，美国频繁地将领土之外的行为者及其行为纳入管辖范围。这主要是由于二战后经济全球化的加速发展和相互依赖的加深，使经济制裁越来越难以有效限制制裁对象的对外经济交往。对于美国来讲，要想实现经济制裁的效果，不仅需要约束其海外子公司的行为，还需要获得外国政府的合作，使它们都能够配合美国的政策限制与制裁对象的经济交往。当难以获得它们对美国政策目标和方式的认同时，"长臂管辖"就成为美国增强其经济制裁效果的一种"次优"选择。因此，经济制裁"长臂管辖"是在难以获得国际多边合作时所采取的一种强化单边经济制裁效果的重要手段，其主要目的是避免制裁对象通过第三方渠道规避制裁。

然而，美国经济制裁的"长臂管辖"因其本质是域外管辖权的一种，对其他国家的主权造成了威胁，颇受国际社会争议与谴责。因此，为了为美国经济制裁"长臂管辖"提供合法性基础，美国经常援引并从自身利益出发对国际法中的管辖原则进行引申解释。

首先，美国经济制裁"长臂管辖"经常援引国籍原则来为自身合法性作辩护，并对其作宽泛解释。比如，OFAC通常依靠主动国籍原则，对由超过50%（在某些情况下，甚至更少）的美国人拥有或控制的外国公司主张强制执行管辖权。这种所谓控制理论自1942年西奥多·S.罗斯福政府在对抗轴心国的斗争中首次采用以来一直存在争议。后来，这种对美国管辖权的广泛解释在1970年2月国际法院作出的具有里程碑意义的裁决巴塞罗那电车公司案中被否定，该裁决裁定，公司成立地决定公司的国籍，而不是其所有者或股东的国籍。欧洲共同体委员会在1982年8月发给美国国务院的备忘录中强烈重申了这一推理。然而，美国1950年《对外交易控制规则》认为美国公民或居民、任何一个依据美国法律注册的公司以及由美国公民、居民或公司拥有或受其控制的合伙企业、联合企业、有限公司或其他任何形式的组织，不论其在何处建立或经营均应受其约束[①]。此外，国籍原则还被用来对源自美国的产品和技术的再出口控制提供合法性依据。《出口管制法》及其后来的5次修正案明确规定，美国法令适用于所有受美国管辖的人员、商品和技术。美国商务部将其解释为赋予所有源自美国的资产以美国国籍，即使这些资产跨越了国家边界，并在生产过程中被改变，其国籍依然存在[②]。因此，基于国籍原则，含有美国的技术或零部件的产品，都应该受到美国的管辖。

其次，基于属地原则，美国司法衍生出了效果原则（effects doctrine），即客观属地原则（objective territoriality）。效果原则作为一项普遍适用于美国司法管辖的原则，是指美国法院在适用国内法时应当考虑该法律的实际效果和目的，避免出现明显的不合理或矛盾结果。依据该原则，如果直接的、可预见的影响将在美国领土内发生或将影响美国商业，美国可以据此对在其境外发生的活动或行为主张管辖权[③]。

此外，保护性原则和普遍性原则等同样被美国用来为其域外经济制裁进行辩护。如在实际案例中，除了国际法所公认的犯罪行为或根据联合国决议所要限制的行为外，还包括与美国所认定的侵犯"人权"或"财产权"的国家的交往等。如在20世纪80年代美国对南非的经济制裁中，以对南非种族隔离政策负有连带责任为由，美国一些民间组织和州、市地方政府发起了对那些继续在南非进行贸易和投资的公司进行联合抵制的运动。这一理由也成为20世纪90年代美国政府特别是一些州、市地方政府对那些与所谓"侵犯人权"的国家进行贸易和投资的外国公司实施域外制裁的依据。1984年，美国国会授权美国法庭可以审理那些将美国公民的财产国有化而又不及时进行全面充分赔偿的案件。1996—1998年，在古巴投资的一些外国公司之所

---

① David Leyton-Brown. The Utility of International Economic Sanctions, London: Croom Helm, 1987, pp. 256 -257.

② Joseph P. Griffin, Michael R. Calabrese. Coping with Extra-territoriality Disputes, Journal of World Trade, Vol 22, No. 3, 1988, pp. 5-25.

③ American Law Institute, Restatement of the law, the foreign relations law of the United States, American Law Institute Publishers, 1987.

以受到美国"赫尔姆斯-伯顿法"（Helms-Burton Act）的制裁，就是因为美国认为其投资的项目中包含被古巴政府"非法没收"的财产。

2. 美国经济制裁"长臂管辖"的法律依据

在行使"长臂管辖"权的多年中，美国经济制裁逐步形成了一套庞大、相辅相成、环环相扣的经济制裁"长臂管辖"法律体系，并不断降低门槛、扩大自由裁量权，使"长臂管辖"成为美国推进霸权外交、追求经济利益的工具。美国经济制裁"长臂管辖"是通过经济制裁的域外管辖权实现的。结合上文对经济制裁"长臂管辖"的定义，美国经济制裁"长臂管辖"的法律体系主要由经济制裁相关法律中具有"长臂管辖"效果的法律构成。其不仅包括美国国会通过的相关法律，还包括美国总统签发的相关行政命令，以及相关政府机构发布的经济制裁方面的条例。

从立法层级来看，美国经济制裁"长臂管辖"的成文法既有联邦层面的立法，也有州层面的立法。联邦层面法律可以分为一般性法律、专门性法律和其他法律。一般性法律是指与对外政策和国家安全相关的授权性立法，是美国实行经济制裁的基础性法律，同时也为经济制裁的"长臂管辖"提供基本原则和法理依据。这类法律不直接规定制裁对象和范围，而是将实施制裁的权力授予美国总统，主要包括《与敌国贸易法》《国家紧急状态法》《国际紧急经济权力法》《爱国者法案》等。专门性法律是指美国针对特定领域和国别制定的明确了制裁对象和具体手段且包含"长臂管辖"相关内容的直接制裁性立法。以伊朗制裁为例，这些专门法律包括1996年《伊朗制裁法》、2010年《伊朗全面制裁、问责和撤资法》、2012年《伊朗自由与反扩散法》、2012年《减除伊朗危险和叙利亚人权法》以及对伊朗金融制裁的2012年、2013年《国防授权法》等。其他法律是指除上述各种类型的法律，还有一些制裁相关条款散见于某些单行立法中，如《出口管理法》，也构成经济制裁"长臂管辖"的法律依据（表3-4整理了涉及经济制裁"长臂管辖"的部分立法）。

表3-4 美国涉及经济制裁"长臂管辖"的部分立法

法案及制定年份	英文名	主要内容	补充说明
1977年《国际紧急经济权力法》	International Emergency Economic Powers Act	该法主要涉及经济安全，授权总统处理主要或全部来自美国以外的威胁，总统可以根据该法，行使外汇管制、阻止外国投资等各项权力	"9·11"事件以后，国会进一步全面扩大了这部法律的管辖与强制权力
2001年《爱国者法案》	USA Patriot Act	规定即便总统没有宣告或者不必宣告国家进入紧急状态，当美国成为武装敌对行动指向对象或者成为外国或外国国民袭击对象时，总统也可以针对局部的或者孤立的敌对事件或者受袭事件对外国人、外国组织或者外国实行金融制裁	
1969年《出口管理法》	Export Control Act	在军用、军民两用、民用领域控制敏感技术出口，宣称这些技术全程拥有美国国籍，并保留对全球一切违反者的追究权力	
1996年"赫尔姆斯-伯顿法"	Helms-Burton Act	美国公民与企业有权向美国法院起诉全球任何与古巴从事经贸往来的政府、企业和个人	又称《古巴自由和民主声援法》（Cuban Liberty and Democratic Solidarity Act）
2000年《伊朗、朝鲜和叙利亚防扩散法案》	Iran, North Korea, Syria Nonproliferation Act	被美国政府认定与伊朗、朝鲜、叙利亚有违反制裁内容经贸往来或技术转让的其他国家的企业或个人，受美国制裁	该法最早只针对伊朗，2005年叙利亚被加入，2006年朝鲜被加入
2017年《以制裁反击美国敌人法》	Countering America's Adversaries Through Sanctions Act	被美国政府认定与伊朗、朝鲜、俄罗斯有违反制裁内容经贸往来或技术转让的其他国家的企业或个人，受美国制裁	

专栏3-1　美国对伊朗制裁项下的"长臂管辖"规定

在对伊朗制裁项目下，次级制裁效力的法律依据主要来自两部分。

① "实质性协助"：如前述，第13846号等行政令中包含对实质性协助

的规定，例如授权对向伊朗国家石油公司（NIOC），属于伊朗能源、运输或造船行业的实体提供实质性协助、资助，或提供经济、物质或技术支持，或向其提供货物或服务的实体实施制裁，此类实体不局限于美国实体。②"重大交易"：如前述，第13846号行政令授权对一系列与能源相关的"重大交易"实施制裁，对相关实体实施"代理账户或通汇账户"制裁或菜单式制裁，同样不局限于美国实体。

专栏3-2 美国对俄罗斯制裁项下的"长臂管辖"规定

在对俄罗斯制裁项目下，次级制裁效力的法律依据同样来自两部分。①"实质性协助"：第14024、14065、13685、13662、13660号行政令中均有对实质性协助的规定，授权对为下列活动或实体提供实质性协助、资助，或提供经济、物质或技术支持，或提供商品或服务的实体实施制裁：受行政令禁止的任何活动；其财产和财产权益根据行政令被冻结的任何人。②《反对美国敌对国家制裁法》第228条规定，如果总统确定外国人在知情的情况下采取以下行为，总统应对该外国人实施制裁：a）实质性违反（materially violate）、企图违反、共谋违反或导致违反任何根据涉及的行政令、本法案或2014年《乌克兰自由支持法》发布的任何许可证、命令、规定或禁令。b）为或代表以下实体促成重大交易（significant transaction），包括欺骗性或结构性交易：受美国对俄罗斯制裁的任何实体；前项所述个人的子女、配偶、父母或兄弟姐妹。

3. 美国经济制裁"长臂管辖"的实施部门

与美国执行经济制裁的政府部门一致，实施"长臂管辖"的主力军为美国财政部的海外资产管理办公室（OFAC）和美国商务部工业与安全局（BIS）等，并具体负责相关的民事和刑事处罚，同时与美国国务院、国防部、中央情报局、司法部等国家政府部门和州一级执法部门合作，共同落实具体的经济制裁措施。

三、美国经济制裁"长臂管辖"的实践

在美国实施经济制裁的"长臂管辖"实践过程中，掌握权力最庞大、滥权也最为严重的是联邦行政执法部门。因为行政执法部门不仅被国会授予了准立法权，还被充分授予了执法权。各行政部门相互协作，共同推动了美国经济制裁"长臂管辖"的落地实施。

（一）美国经济制裁"长臂管辖"的措施

1.金融制裁

美国金融制裁的"长臂管辖"，指美国政府在金融领域行使管辖权，无论是在美国境内还是境外，对特定国家、实体或个人实施金融制裁措施的能力和范围。美国进行金融制裁的"长臂管辖"主要基础：其一，美国国内法规定，如前文所述，美国政府依法可以主张对境外的特定行为或交易实施管辖，特别是当这些行为或交易与美国的国家安全、外交政策、反恐怖主义或其他重要利益相关时；其二，美国金融系统的全球影响力使美国政府可以通过对美国金融机构的管辖权来影响和约束跨境金融交易，督促这些金融机构来遵守制裁措施，这意味着即使被制裁对象在美国境外进行金融交易，其仍可能受到美国制裁的影响；其三，美元在国际贸易和金融交易中占据重要地位，这使美国政府可以利用其对美元的监管和控制权，对涉及美元的国际金融交易实施制裁管辖。

以对伊朗的制裁项目为例，美国《国防授权法案》规定：禁止外国金融机构与伊朗中央银行或指定的伊朗金融机构进行重大金融交易。美国《伊朗贸易和制裁条例》规定：禁止任何金融机构为伊朗或伊朗政府提供金融服务，包括直接或间接从美国或由美国人向伊朗或伊朗政府转移资金；《伊朗金融制裁条例》对《伊朗全面制裁、问责和撤资法》（Comprehensive Iran Sanctions, Accountability, and Divestment Act, CISADA）中针对伊朗实施的金融制裁措施进行了细化规定。这是典型的美国利用其在全球金融体系中的主导地位对外国金融机构实施的"长臂管辖"，如有违反，将面临包括罚

款、禁止该金融机构在美国开设账户或可支付账号,或者将对该账户施加严格的限制条件等制裁措施,强迫外国金融机构为了避免被隔绝于美国金融系统之外,而终止与伊朗金融机构的业务往来。许多国家的银行受到美国经济制裁"长臂管辖"的金融制裁。欧洲的几大银行——巴克莱银行、渣打银行、苏格兰皇家银行、巴黎银行都曾因为违反美国在该项目下的"长臂管辖"规定而接受罚款。中国昆仑银行因向伊朗银行提供了重要的金融服务而被列入CAPTA清单,被切断了与美国金融系统的联系,并要求任何持有该银行账户的美国金融机构必须在10天之内销户。

2. 贸易制裁

美国贸易制裁的"长臂管辖",是指美国政府在对外贸易领域行使管辖权,无论是在美国境内还是境外,对特定国家、实体或个人实施贸易制裁措施。美国贸易制裁实施"长臂管辖"主要依赖于:首先,美国国内法的授权,如前文所述,美国政府可以依法主张对境外的特定行为或交易实施管辖,特别是当这些行为或交易与美国的国家安全、外交政策、经济利益或其他重要利益相关时;其次,美国作为全球最大的经济体,其贸易政策和制裁措施对国际经济关系具有重要影响。美国政府可以通过其在全球贸易中的地位和影响力,对跨境贸易活动实施管辖。

以伊朗贸易制裁为例,《伊朗贸易和制裁条例》规定:①禁止非美国人在明知或应知该再出口贸易是专门提供给伊朗或伊朗政府,且需要取得出口许可证的情况下,直接或间接向伊朗再出口从美国出口的货物、技术或服务。但该种货物或技术实质上被改造成外国生产的产品,或该种货物或技术被包含在外国产品中且总价值不超过外国产品总价值10%的除外。此外,本条例未禁止的再出口行为,可能需要取得《出口管制条例》(Export Administration Regulations,EAR)或《国际武器贸易条例》(International Traffic in Arms Regulations,ITAR)的授权。②禁止非美国人为伊朗收购美国银行票据或贵金属提供物资、技术、货物、服务等,或提供商品、服务以支持伊朗国家石油公司、Naftiran国际贸易公司及它们拥有、控制或经营的任何实体，以及伊朗中央银行。

此外，除了对于货物进出口进行直接的"长臂管辖"，还有针对为涉制裁国家或地区货物贸易提供运输、保险等服务的管辖。如《伊朗自由与反扩散法》规定，禁止任何人为被制裁实体或被OFAC列入"SDN清单"的实体提供重要的技术支持、服务或货物等。

3. 投资制裁

投资制裁，是指美国限制第三方国家或企业对某些国家投资。例如，1996年8月5日，时任美国总统克林顿签署通过的《对伊朗和利比亚制裁法案》（"达马托法案"）规定，所有在利比亚和伊朗进行石油项目投资且每年投资额超过4 000万美元的外国公司均将受到美国的制裁。

（二）美国经济制裁"长臂管辖"的实施

目前，美国经济制裁"长臂管辖"的实施主要通过次级制裁得以实现。美国次级制裁主要源于对以下法律法规的规定：第13224号行政命令（支持恐怖主义）；第13553号、第13628号和第13606号行政命令（侵犯人权）；第12938号和第13382号行政命令（扩散包括弹道导弹在内的大规模毁灭性武器及其运载工具）；第13572号和第13582号行政命令（支持叙利亚境内参与侵犯人权者或叙利亚政府）；第13611号行政命令（支持威胁也门和平、安全或稳定的人）；2012年《伊朗自由与反扩散法》（IFCA）；2010年《伊朗全面制裁、问责和撤资法》（CISADA）；对伊斯兰革命卫队的制裁。

依据现有美国次级制裁法律，美国经济制裁的"长臂管辖"大致可以分为两种，一种是通过针对具体国家或地区的全面制裁项目进行次级制裁从而扩大制裁的原本范围，如针对伊朗、朝鲜的制裁都有"长臂管辖"条款；另一种则是将具体的个人或实体列入具有"长臂管辖"措施的"黑名单"。通过这两种方式，美国可以实现对特定国家以及特定个人或实体的精准"长臂管辖"制裁，实现效力最大化。

1. 基于制裁特定国家的"长臂管辖"

目前，美国对古巴、伊朗、朝鲜、俄罗斯、叙利亚和委内瑞拉的制裁法案都含有"长臂管辖"的要求。例如，美国通过了《2016年对朝鲜制裁和政策强化法》（North Korea Sanctions and Policy Enhancement Act of 2016），批准美国总统对任何与指定朝鲜人员或实体开展特定交易活动的金融机构、交易或人员进行制裁。

其中，《伊朗全面制裁、问责和撤资法》的实施是美国真正落实经济制裁"长臂管辖"的里程碑。奥巴马政府时期的国务院于2010年首次对伊朗国家石油公司设在瑞士的子公司实施了制裁，并于2011年对设在白俄罗斯的石油公司实施了制裁。2011年美国政府首次对不属于已经被制裁机构（如上述伊朗子公司）的实体实施制裁，包括委内瑞拉石油公司在内的7家在伊朗从事能源行业违禁活动的企业。美国经济制裁的"长臂管辖"的积极使用是从特朗普执政后开始的。在特朗普执政之前，尽管美国经济制裁的"长臂管辖"条款已经存在了数十年，但其实施频率较低，总计约25次。特朗普政府时期，美国政府退出《联合政治协议》，对伊朗态度发生重大变化，开始单边对伊朗进行制裁，实施以代替与国际社会协调的多边制裁。这标志着美国再次积极推行"长臂管辖"，将其所谓单方面对其他国家实施制裁的权力等同于迫使第三国采取类似行动的权力。其具体措施不仅涉及金融、军事、科技、运输等诸多领域，而且将范围扩至高校、行政机关以及个人。根据美国新安全中心（Center for a New American Security，CNAS）在2021年8月进行的已有制裁统计，因违反制裁伊朗法案中的"长臂管辖"要求而被制裁的个人和实体占总数的68%；其次是朝鲜，占总数的22%。特朗普执政时期，仅由其财政部因伊朗问题实施制裁的外国实体数就达到104个。

2. 基于"黑名单"的"长臂管辖"

美国设定了制裁特定国别的"长臂管辖"条款，并通过一系列具有"长臂管辖"效力的"黑名单"，将制裁措施精准化落地。个人或实体一旦被列入这些"黑名单"，就意味着被实施了相对应的限制措施。

不同"黑名单"的效力不同,其中最为严厉的是美国财政部OFAC主导的"SDN清单"。个人或实体一旦被列入该清单,在美国境内的一切资产和资产利益都将受到冻结,美国个人和实体被禁止与其进行任何形式的交易。除了美国个人和实体受到限制,非美国个人和实体也受到限制。非美国个人和实体如与该清单中的个人或实体进行涉及美国连接点的交易,或与该清单中的个人或实体进行"重大交易"或为其提供"实质性协助",同样可能受到处罚或面临制裁。被列入该清单的企业和机构,几乎意味着失去了需进行财务往来的一切合作伙伴,除非这一伙伴彻底放弃与美方开展交易的机会。

除"SDN清单"外,美国财政部OFAC主导的,具有"长臂管辖"效力的"黑名单"还包括:

外国制裁逃避者清单(Foreign Sanctions Evaders List):该清单包含违反、试图违反、共谋违反或导致违反美国对叙利亚或伊朗制裁的外国个人和实体,以及为或代表受美国制裁的实体促成欺骗性交易的外国个人和实体。根据清单限制,禁止美国人或在美国境内进行涉及该清单的个人或实体的交易。

行业制裁识别清单(Sectoral Sanctions Identifications List):该清单是对俄罗斯制裁项下的行业制裁清单,截至目前,大量俄罗斯国防、金融与能源行业的实体被列入了该清单。对于该清单实体,美国人或在美国境内不得提供:①超过特定期限的债权融资;②股权融资,或为该融资交易提供资金、服务,或参与该债权和股权的交易。同时,美国人或在美国境内不得提供任何产品、服务或技术,以支持俄罗斯深水、北极近海及页岩油开采项目。上述限制范围也包括特定的该清单实体在任何地方(不仅限于俄罗斯)拥有33%及以上财产权益或具有多数投票权的可能产出原油的项目。该清单对非美国人也存在限制,如果非美国人以欺骗形式(deceptive)实质性地参与或促成与该清单实体的"重大交易",也可能面临制裁。

非特别指定国民伊朗制裁法清单(Non-SDN Iranian Sanctions Act List,即"NS-ISA清单"):该清单是为执行《1996年伊朗制裁法案》(Iran

Sanctions Act of 1996）第6条项下的制裁措施而设立的。当前，该清单内的实体均已被移除，部分被列入了"特别指定国民清单"（如珠海振戎公司），该清单已无实际效力。

菜单式制裁清单（Non-SDN Menu-Based Sanctions List，即"NS-MBS清单"）：该清单是非冻结制裁清单，该清单内的实体受到的制裁措施需要根据其被列入的法律依据而定，通常包括限制融资等。

美国商务部BIS主导的出口管制"黑名单"，也在出口管制领域具有"长臂管辖"效力。其中，最主要的"黑名单"为"实体清单"（Entity List），被列入清单的可以是企业、政府机构、研究院所或是个人。该清单上的机构和个人在涉及美国产品与技术的出口、转口和转让贸易时必须事先获得有关机构发出的许可证。被列入该清单的企业和机构如果想采购美国生产的或者是包含美国技术的、在美国《出口管制条例》（EAR）内管控的任何产品，必须由相关贸易方向美国相关机构申请许可证，待美国政府审查通过后才可以购买，否则将面临美国政府的制裁。其他国家和地区，如欧盟、日本、澳洲等的企业因为其销售的产品往往包含美国生产的部件或者是使用了部分美国企业的技术，也被要求遵守美国的《出口管制条例》，一旦违反同样会遭受美国政府的惩罚。

目前，美国除在2020年的"香港自治法"中列有"长臂管辖"要求外，并未将中国作为直接制裁国家和"长臂管辖"对象。但美国对中国个人和实体违反美国对他国制裁条款而实施"长臂管辖"制裁执法却是所有国家中最多的。根据CNAS在2021年的统计，2010—2021年，中国实体和个人是美国实施经济制裁"长臂管辖"最频繁的对象。其次是伊朗、俄罗斯和叙利亚。但由于2022年乌克兰危机的爆发，美国针对俄罗斯经济制裁力度的加大，俄罗斯个人和实体已成为美国经济制裁"长臂管辖"的重点对象。

"长臂管辖"已经成为美国提高其经济制裁有效性的最重要的工具。美国利用其巨大的市场规模和美元在全球金融系统和贸易投资结算体系中的垄断地位，使其"长臂管辖"对外国实体造成了前所未有的威胁，迫使第三方失去与被制裁方进行"合法"交易的能力。特别是当美国无法寻求与盟国进行多边制裁，或当美国寻求阻止对手国家之间的合作以逃避制裁时，"长臂管辖"就成为美国政府的第一选择。美国智库机构认为，尽管包括欧盟、中国、俄罗斯在内的国家和地区已经开始建立自己的制裁体系来对抗美国的经济制裁"长臂管辖"，但美国"长臂管辖"的有效性本质上取决于美国经济的实力和吸引力。只要美国仍然是领先的经济大国和全球金融体系的中心，经济"长臂管辖"就会持续成为美国对外政策的有力工具。

四、国际社会对美国经济制裁"长臂管辖"的质疑

美国经济制裁的"长臂管辖"位于国际关系和国际法的灰色边缘地带，美国对外单边经济制裁主要依据国内法，涉嫌违反一系列国际法规则，引发了国际社会的普遍质疑，招致国际社会的强烈反对，国际法学界也批判美国这一做法违反国际法基本原则和国际社会的整体利益，背离国际法生成的内在逻辑，并且严重损害国际法运行的生态环境。

（一）违背国际法中的国家主权平等原则

尽管国际公法对于"主权"并不存在准确的定义[①]，但人们普遍认为主权包括国家要求尊重其领土完整和政治独立的权利[②]。国家主权平等，即国家独立自主地处理其一切内外事务的最高权力，具体表现为国家对内最高权和对外独立权两个方面，是国家的固有属性。《联合国宪章》《国家权利和义务宣言草案》以及区域国际组织的宪章都认为，所有国家在法律上一律平等，仅根据其作为国际法下的个体存在的事实就享有相同的权利和义务。各国在其领土管辖范围内决定本国政治地位和行使永久主权的权力得到广泛承

---

① William S. Dodge, Jurisdictional Reasonableness Under Customary International Law: The Approach of the Restatement (Fourth) of US Foreign Relations Law, 62 QUESTIONS INT'L L. 5, 7, 12; Graves, supra note 9, at 733.

② Matthew Craven, The Decolonization of International Law: State Succession and the Law of Treaties 7-92 (2007).

认①，这一点也得到了美国案例法的承认。在 Schooner Exchange 诉 McFaddon 一案中，美国最高法院首席大法官 John Marshall 认为，"主权国家的完全平等和绝对独立"造成了一类案件，"每个主权国家都被理解为放弃行使其完全专属领土管辖权的一部分，这被认为是每个国家的属性"②。

然而，美国经济制裁的"长臂管辖"，将制裁范围扩大到针对在美国境外合法从事商业交易的非居民的行为，美国侵犯了其他国家允许在其领土上进行某些交易的主权决定③。如德国凯尔公共管理大学法学院院长兼法学教授 Patrick C. R. Terry 通过分析美国政府对土耳其高管 Reza Zarrab④和华为首席财务官孟晚舟⑤，以违反美国制裁相关法律法规进行逮捕的两个案例，指出这两个案例均为非美国公民、均因涉嫌在国外实施合法行为而被起诉，并且与美国的联系都非常微弱，但是美国在这两种情况下对经济制裁行使管辖权的解释均过于广泛，由此质疑美国经济制裁的合法性。

（二）违背国际法上的管辖权原则

为适应全球化浪潮，一国主张域外管辖并不少见，并且已经由传统的反垄断法、证券法等领域拓展至数据保护法、环境法、劳动法等新领域。事实上也没有任何一项国际法规则禁止一国行使域外管辖权。鉴于国际法上的管辖权原则以国家主权平等原则为基础，所以只要这种域外管辖遵循合理限度，满足"真实有效联系"的要求，不损害他国利益，那么一国完全有权这样做。

---

① Schwebel, Stephen M., The Story of the U.N.'s Declaration on Permanent Sovereignty over Natural Resources, 49 A.B.A. J. 463（1963）.

② Simpson, Gerry（2004）. Great Powers and Outlaw States: Unequal Sovereigns in the International Legal Order. Cambridge University Press.

③ Terry P C R. Enforcing US foreign policy by imposing unilateral secondary sanctions: Is might right in public international law?[J]. Wash. Int'l LJ, 2020, 30: 1.

④ 在 Reza Zarrab 案中，美国银行在境外发生的商业交易中充当代理银行的事实被认为足以以违反美国制裁法为由起诉非美国公民。

⑤ 在孟晚舟案中，外国公司（据称）的外国子公司向国外销售原产于美国的产品违反了美国的制裁法。

然而，美国经济制裁的"长臂管辖"对国际法中管辖原则的宽泛解释被诸多国际学者质疑。著名英国国际法学者沃恩·洛（Vaughan Lowe）认为1996年"赫尔姆斯-伯顿法"和"达马托法案"，在"美国与被指控的违法者之间没有联系"的情况下"对违法者实施了处罚"，完全无视"有关国家之间管辖权分配的国际法原则"①。甚至有学者明确指出国际惯例禁止对与立法国没有实质性联系的事项基于国家立法实施域外单边制裁，此类立法侵犯了其他国家的主权，因此是非法的②。

（三）违背国际法上的不干涉内政原则

不干涉内政原则是在国家主权平等原则的基础上，对这种平等状态提出的基本要求。1933年《蒙得维的亚公约》规定"任何国家均无权干涉他国内政或外交"，1945年《联合国宪章》第2条第7款甚至排除了联合国干涉成员国内政的可能性。到了20世纪60年代，国际社会就禁止干涉他国内政达成了广泛共识。1965年，联合国大会通过了《关于各国内政不容干涉及独立与主权之保护宣言》，投票结果为109票对0票，1票弃权。1970年联合国大会未经表决通过的《关于各国依联合国宪章建立友好关系及合作之国际法原则之宣言》（《友好关系决议》）重申了关于干预非法性的广泛共识，确认"任何国家或国家集团都无权以任何理由直接或间接干预任何其他国家的内部或外部事务"。

然而，从上述不干涉原则的国际标准角度来看，美国的经济制裁"长臂管辖"构成了非法干预。同国际法院在尼加拉瓜案中强调的那样，"外交政策的制定"是"根据国家主权原则，允许每个国家自由决定的问题"③。一国自由实施外交政策的能力是其主权的重要组成部分。美国经济制裁通过强

---

① Vaughan Lowe. US Extraterritorial Jurisdiction: The Helms-Burton and D'Amato Acts, 46 INT'L & COMP. L. Q. 378-390（1997）.

② Oliver C. Dziggel, The Reagan Pipeline Sanctions: Implications for U.S. Domestic Policy and the Future of International Law, 50 TOWSON U. J. INT'L AFF. 129, 129-30, 137（2016）.

③ Montevideo Convention on the Rights and Duties of States art. 3, Dec. 26, 1933, 165 L.N.T.S. 19.

迫其他国家的企业和公民遵守其经济制裁从而迫使其违背母国的外交政策，进而又有效地迫使这些国家放弃其外交政策，实则构成了对国家主权的干涉①。对此，英国驻华盛顿特区大使馆一等秘书曾宣称美国经济制裁的"长臂管辖"是"一项不受欢迎且令人反感的尝试，旨在用美国国会的外交和贸易政策取代外国主权政府的外交和贸易政策"②。

---

① Harry L. Clark, Dealing with US Extraterritorial Sanctions and Foreign Countermeasures, 20 U. PA. J. INT'L ECON. L. 61, 87-92, (1999).

② Nicholas Davidson, First Secretary (Trade Policy), British Embassy, Washington D.C., U.S. Secondary Sanctions: the U.K. and EU Response, 27 STETSON L. REV. 1425, 1432(1998).

第四章 >>>

美国"长臂管辖"与出口管制

出口管制"长臂管辖"是美国"长臂管辖"的主要适用领域,"长臂管辖"是美国出口管制制度与生俱来的特点。美国出口管制"长臂管辖"以一整套设计复杂、运作成熟、力度强硬的出口管制措施为基础。特别是相关法律法规中规定了多种多样触发"长臂管辖"的连接点,从受管制物项、受管制的行为、受管制的行为主体三条路径极大地扩张了美国出口管制制度的作用范围。实践中,美国出口管制"长臂管辖"发展出了义务型手段、处罚型手段和限制型手段等主要形式,并与经济制裁、外资安全审查等制度密切联动,进一步推动实现其在全球范围内的实施效果。

一、美国出口管制概述

要阐述美国出口管制"长臂管辖",首先需要对出口管制的范畴及美国出口管制制度的概况加以了解。

(一)出口管制的范畴

"出口管制"从字面上理解为"对出口环节进行管制",是一国在政治、经济、军事和对外政策等方面的需要,针对特定商品的出口制定法律法规,对出口国别和出口商品实行控制。不同于一般的临时性出口限制政策,出口管制制度一般具有长期性和体系化的特点。因此,出口管制制度一定程度上体现着一国的对外贸易管理政策,在不同国家有着不同的政策功能与定位。

在我国及国际上的许多国家和地区中,出口管制是指对两用物项、军品、核以及其他与维护国家安全和利益、履行防扩散等国际义务相关的货物、技术、服务等物项出口,采取禁止或者限制性措施。而在美国,出口管制是对外政策的重要手段,是实施国家主权的重要工具,其主要目标是维护其国家安全、外交和经济利益,包括维持其在科技、工业领域的领导地位等。以此为目标,美国政府通过出口管制制度,对受控物项(实物产品/技术)的贸易施加禁止性规定或特殊许可条件,对其出口、再出口、国内转让等一系列行为进行约束审查,以防止本国限定物项通过各种途径流通至目标国家/对象。

(二)美国出口管制制度的概况

美国是当今全球范围内执行出口管制最严格的国家。其出口管制立法对主管机构、管制清单、许可制度、执法体系等全流程环节作出了明确的规定。具体到执法方面,制度框架也较为完善。美国出口管制制度由对"军事产品"和"民用产品"两部分物项的出口管制组成,针对两部分物项采取"列管物项清单—发放出口许可"的管制思路。军事产品顾名思义是用于军事或防务目的的装备、专用物项和技术；民用产品是指包括军民两用产品在内的商品以及技术。此外，其出口管制还涉及对特定国家的贸易制裁项目。

在立法依据方面。美国对于军品方面的出口管制法律法规主要有《武器出口管制法》（Arms Export Control Act，AECA）和《国际武器贸易条例》（ITAR）。民品方面的出口管制法律法规主要有《出口管理法》（EAA）、《国际紧急经济权力法》（IEEPA）、《出口管制改革法案》（ECRA）和《出口管制条例》（EAR）等。上述法律法规规定了立法原则和目的、适用范围、一般禁止、许可例外、控制政策、最终用户和最终用途管制等一系列内容，并赋予了美国商务部、国务院、国土安全部、司法部、财政部在出口管制调查执法中的相关职权。

在组织机构方面。以两用物项为例，美国商务部工业与安全局（BIS）在《国际紧急经济权力法》的授权下，通过《出口管制条例》对两用物项出口进行管理，并实施执法行为。国土安全部海关和边境保护局（CBP）负责在美国海陆空边境口岸对待出口货物等进行例行检查。司法部负责搜集并分析出口违法行为的相关情报，并对刑事违法行为提起诉讼。财政部主要管理政府采取贸易禁运和经济制裁措施的国家的相关事宜。

在执法职能方面。美国商务部工业与安全局设立了3个具体事务办公室，分别为出口合规办公室、执法分析办公室和出口执法办公室。出口合规办公室的职责主要是依据《出口管制法》和《出口管制条例》，保证与美国有商业往来的公司和个人不会参与上述法律法规和政策禁止的交易活动。执法分析办公室主要负责实施一些预防性质的出口管制执法活动，包括在许可证发放前开展检查，实施发货后核查，评估参与出口交易各相关方面的可靠性，审查签证申请，鉴别在未经授权的情况下向到访美国的外国人进行技术转移出口的可能性，以及对出口数据进行分析等。出口执法办公室（OEE）是美国政府在军民两用品领域最主要的出口管制执法机构，除了设立在华盛顿特区的总部外，其还在波士顿、芝加哥、达拉斯、洛杉矶、迈阿密、纽约、北弗吉尼亚、菲尼克斯和圣何塞设有9个办事处；并向联邦调查局（FBI）驻夏洛特、辛辛那提、底特律、亨茨维尔、拉斯维加斯、孟菲斯、明尼阿波利斯、纽黑文、匹兹堡、萨克拉门托、盐湖城、圣地亚哥、西雅图、坦帕和萨凡纳的15个办事处，位于丹佛和圣安东尼奥的国防刑事调查局（DCIS）办事处，以及位于巴尔的摩的国土安全调查局（HSI）办事处部署了出口管制执法人员。这些执法人员均为经过特殊训练的特工，有权对人员和货物进行逮捕、扣押和调查。此外，出口执法办公室还专门设立了技术专家队伍，以落实对美国境内外的出口违法行为调查行动。对于出口执法活动中发现的涉嫌违法的行为，由相关部门分别提交至工业与安全局总顾问办公室和司法部，由后者对相关违法行为作出处理。

在执法协调方面。如上文所述，美国政府的多个部门都具有对出口违法行为进行调查的权力，而多头执法往往容易导致执法工作缺乏协调和效率低下。为了加强出口管制执法协调工作，奥巴马政府颁布了总统第13558号行政令，组建了挂靠在国土安全部下的出口执法协调中心。该中心主要负责加强出口管制执法和情报部门之间的信息分享和协调，涉及商务部、国防部、能源部、财政部等在内的9个政府部门，还负责数据跟踪能力的建设等。

在执法方式方面。根据美国商务部工业与安全局公布的执法案例、司法部公布的出口执法行动以及《联邦调查局秘密侦查基准》的规定，出口管制执法拥有合法的"钓鱼执法"权力。

在违法制裁方面。美国商务部对违反两用物项出口管制的行为实施行政处罚，处罚方式主要有3种：一是取消出口资格或出口特权，即禁止本国或外国个人或公司出口、再出口或接进口出口管制物项。二是没收资产，主要指没收违法人因违法行为的获益，在没有法定最高限额的情况下，没收资产的价值可能大大超过刑事罚款或民事处罚。三是进入"黑名单"。美国商务部设有3份"黑名单"，即被拒绝清单、实体清单和未经验证清单，主要针对外国公司，一旦进入"黑名单"，就成为受禁止或限制用户。目前，特别是"实体清单"已演变成一种强大的行政执法工具，被列入该清单的外国企业将被禁止与美国企业发生贸易，除非出口商获得许可证，但这种许可证申请可适用拒绝政策。

二、美国出口管制"长臂管辖"的概念及特征

"长臂管辖"在不同语境下的意义有所区别，因此，有必要对出口管制"长臂管辖"的概念予以阐释。同时，美国出口管制"长臂管辖"具有其鲜明的特点，包括存在明显过度管辖情况，依托强大执法网络实现，以及通过工具联动扩大实施效果等。

（一）美国出口管制"长臂管辖"的界定

"长臂管辖"（long-arm jurisdiction）原本是美国民事诉讼中的一个概念，指州法院通过"最低限度联系原则"，将本不属于其管辖范围内的案件纳入管辖。在中国语境下，"长臂管辖"被用以描述美国过分行使"域外管辖权"的做法。

主权国家可以合法地采取行动管制相关人、物和事件，表达国家对内的管理权威，这在国际法上称为"管辖权"。行使管辖权是每个国家的基本权利之一。但是，一国管辖权的行使必须有其边界和依据，否则就会造成各国管辖权范围的冲突。最为传统的管辖依据为属地管辖权，即一国对其领土范围内的一切人、事、物天然享有完全的和排他的管辖权。后来，国际实践又衍生出属人管辖权、保护管辖权和普遍管辖权的概念，这些使一国管制行动的范围超出其领土范围的管辖权来源，都被称为"域外管辖权"。国际社会对于行使域外管辖权，以及行使域外管辖权过程中发生的冲突，大都持审慎和协商处理态度。

美国出口管制制度的管辖范围大大超出了传统的属地管辖，构成域外管辖权的行使。然而，其管辖范围之广、管制态度之强硬，都与国际社会审慎行使域外管辖权的"默契"不符，超出了一般意义上的域外管辖，管辖之"臂"过长，达到"长臂管辖"的程度。

从冷战开始，美国出台了一系列体现"长臂管辖"的出口管制法律法

规，声称其所出口的敏感技术设备"全程拥有美国国籍"，以防止其盟国向社会主义国家出口这些技术设备。可见，美国出口管制制度在制定法律之初便具有与生俱来的治外法权性质。

发展至今，美国出口管制法的"长臂管辖"从"直接控制"境外的美国个人、实体、"具有美国国籍"的商品和技术，逐渐扩张至"间接控制"，即同样管制美国境外的非美国公民、实体、商品和技术。美国出口管制法律法规针对受管制的实体、物项和行为，分别设置了多种多样的"连接点"，只要是通过这些"连接点"与美国出口管制"相关"的境外实体、物项和活动，都被迫受其国内法律的约束。

在中国语境下，出口管制"长臂管辖"即描述了上述美国过分向域外扩张其国内出口管制法效力的行为。因为美国扩张其国内法效力的具体做法，与其国内民事诉讼中行使"长臂管辖"的逻辑类似——即使被管辖对象（人、事、物）原本不属于管辖范围，但只要其中有任何因素与美国达到一定程度的联系，美国就可以以该联系为支点，伸出管辖之长臂。可以说，"长臂管辖"是美国出口管制制度生而具有的一大特点，没有"长臂管辖"，就没有美国出口管制制度在全球范围内的影响力。

（二）美国出口管制"长臂管辖"的基本特征

美国出口管制"长臂管辖"具有鲜明的特征，特别是在以下3个方面：一是存在明显过度管辖情况，二是依托强大执法网络实现，三是工具联动扩大实施效果。

1.存在明显过度管辖情况

美国出口管制"长臂管辖"的行使，远超出一般意义上的域外管辖。如前文所述，一国行使域外管辖权，以保证其国内法的实施效果或履行国际条约义务，这在国际上是可能被接受的。例如，基于属人管辖权，一国有权对位于境外但具有其本国国籍的人实施管辖，这样可以避免本国犯罪分子利用出境来逃避其母国的追责。又如，对于所犯罪行极为严重、危害全人类的罪犯，即使他不具备所在地的国籍，案件和所在地法院也没有任何关系，只要能够实现对该罪犯的惩办，其所在地法院就有权行使普遍管辖权，对该罪犯提出指控并作出裁决。然而，美国在出口管制领域所实施的"长臂管辖"，虽然理论上也是国内法律对外效力范围的扩张，但与上述国际上一般所接受的域外管辖有很大区别。

其一，美国出口管制"长臂管辖"所管制的境外实体，本身不具有美国国籍。如果没有美国法律所纳入和认定的所谓"美国连接点"，这些境外实体与美国本毫无关系，美国法律和政府部门对其不具有天然的管辖权。这些"连接点"往往以所谓"产品/技术是美国国籍"或"存在（美国）控制关系"等为理由建立，而这已完全突破传统的属人原则等域外管辖的权力基础，是基于其科技霸权等思维的产物。

其二，美国出口管制"长臂管辖"所管制的出口、再出口等行为，在行为发生地很可能并不构成违法。国际常见的域外管辖中，"属人管辖"和"普遍管辖"的行使一般基于已经发生的事实——或是在母国境内发生的违法行为，或是危害人类等违反各国法律的罪行。显然，相关行为在发生之时，一般违反了行为发生地的法律，一国行使域外管辖是为了实现对该种违法行为的追责和惩戒。而美国出口管制法依托"长臂管辖"，禁止境外实体将管制物项出口、再出口给禁运对象，这本质上是在防范一种未发生的行为，并且这种行为并不发生在美国境内。既往案例中，许多被美国执法部门严惩的境外"违法出口、再出口"等行为，在行为发生地都只是正常的商业往来或交易行为。因此，对比常见的域外管辖，美国的出口管制"长臂管辖"似乎显得"一厢情愿"，即将本国法中的禁止性义务，单方面推广为行为发生地的法律。

其三，美国出口管制"长臂管辖"的行使门槛，相对一般域外管辖权的行使门槛较低。以域外管辖权中门槛较低的刑法中的"保护管辖"为例进行比较，保护管辖即以保护本国利益或本国公民的法益为出发点，无论是本国人还是外国人，无论犯罪地是域内还是域外，只要上述利益和法益受到侵害，就适用本国刑法。国际上，保护管辖的行使应具有谦抑性，并具有一定门槛。例如，我国《中华人民共和国刑法》（以下简称《刑法》）第8条为行使保护管辖权设定的条件有：①按照本法规定的最低刑为3年以上有期徒刑，可以适用本法；②按照犯罪地的法律不受处罚的除外。倘若去掉"3年有期徒刑"和"按照犯罪地法应受处罚"这两个门槛，将很可能导致我国《刑法》效力范围与他国管辖权的冲突。相较之下，美国出口管制领域"长臂管辖"的行使门槛较低。例如，其限制境外主体对受控物项进行某些交易活动，其规范情形与美国境内主体的义务基本一致。可以说，美国出口管制"长臂管辖"在推行过程中几乎完全不顾及他国法律的立场和态度，超出国际通行实践。

2.依托强大执法网络实现

美国出口管制"长臂管辖"的实现，依托于其在全球范围内强大的执法网络。目前，美国已与超过100个国家和地区签订引渡协议，美国司法部犯罪司在多国设立法律顾问，联邦调查局在多国设立海外办公室。这些跨国合作极大扩张了美国法律的管辖范围，并为保证其"长臂管辖"的强度提供支撑。

美国的出口管制执法部门与以上执法机构的合作非常密切，进一步保障出口管制"长臂管辖"的实施。BIS下设的出口执法办公室的执法内容之一就是检测海外最终用途，既调查美国人违反出口规定的行为，也调查外国人未经授权将受《出口管制条例》管制的物品再出口或转运到被禁止的最终用途、最终用户或目的地的行为。其可以向联邦调查局的外地办事处派遣特别探员，从而更直接地对出口管制违规行为进行调查。许多美国驻外国大使馆还派有专门的出口管制执法专员，通过与东道国的协议获取行动权限，这些执法专员能够实现对海外最终用户和最终用途核查的实地监督。BIS下设的执法分析办公室负责与派驻海外的区域出口管制官员合作，在出口执法办公室与中国香港、新加坡和阿联酋等国家或地区进行出口管制合作与协调的谈判过程中，为其提供支持，加强其能力，防止原产于美国的物项被转移。

BIS还为出口管制"长臂管辖"的实施设置了7个海外战略点,包括中国北京、中国香港、阿联酋迪拜、印度新德里、德国法兰克福、土耳其伊斯坦布尔和新加坡。这些办事机构履行区域责任,辐射范围达50多个国家。2018财年,BIS在50个国家完成了1 042项最终用途检查,其出口执法办公室的哨兵计划巡视、国内的出口执法特工人员及美国大使馆人员都参与到出口管制在海外的最终用途核查中。

3.工具联动扩大实施效果

美国出口管制"长臂管辖"与其他机制相联动,进一步扩大了实施效果。

一方面,美国出口管制制度与经济制裁相联动。美国屡次在联合国的统一行动之外,单方面对伊朗、朝鲜、委内瑞拉、俄罗斯等所谓"美国敌对国家"进行经济制裁,并制定了相关法律,其中将出口管制乃至禁运作为实施制裁的一大手段。美国《出口管制条例》《武器出口管制法》等也包含对被制裁国家的出口限制规定。如果境外实体在交易活动中违反了美国经济制裁的相关法律规定,美国政府可以对该境外实体进行行政处罚与"次级制裁"。由此,美国将出口管制与经济制裁中的金融、投资、担保、旅游、运输、提供服务等多个环节打通,共同扩大了"长臂管辖"在实践中的实施效果。

另一方面,美国出口管制制度与外资安全审查相联动。外资安全审查建立于福特总统时期,由政府跨部门联合机构——外商投资委员会(CFIUS),对可能对美国国家利益产生重大影响的外国投资进行国家安全审查。根据现行法律,如果标的公司在美业务涉及禁止或限制性产品(如《出口管制条例》中特定规别的关键技术和产品),或军用产品、设备或技术出口至特定国家,则安全审查程序和结果会更加严格。自2018年起,美国致力于将出口管制与投资安全审查立法相统一,这将更为彻底地限制目标国家获取美国产品和技术,保证"长臂管辖"对其他国家或实体的影响力。

三、美国出口管制"长臂管辖"的法律框架

美国的出口管制制度历史悠久,发展成熟。"长臂管辖"以其一系列严

密复杂的法律法规为依据，通过受管制物项、受管制行为、受管制主体这三条法律路径，实现管辖权的对外扩张。

（一）法律依据

出口管制属于联邦法，美国联邦法分为法律（act）和法规（regulation）。法律由美国国会制定，一般规定得比较笼统；法规由联邦政府的具体主管部门基于相关的法律制定，一般更为详细，更具有可操作性。关于 "军事产品" 和 "民用产品" 的出口管制法律法规，以及法规中包含的物项清单，都是美国在该领域实施 "长臂管辖" 的法律依据（见表4-1）。

表4-1　美国出口管制法律体系

	法律（act）	法规（regulation）	物项清单
军品出口管制	《武器出口管制法》（AECA）	《国际武器贸易条例》（ITAR）	军品管制清单（USML）
民品出口管制	《出口管制改革法》（ECRA）《出口管理法》（EAA，已失效）	《出口管制条例》（EAR）	商业管制清单（CCL）
其他法律法规	《国际紧急经济权力法》（IEEPA）		

资料来源：根据公开资料整理。

根据表4-1，美国军品出口管制法律体系主要由《武器出口管制法》（AECA）及其施行条例《国际武器贸易条例》（ITAR）构成。ITAR规定，有关出口、再出口或转移军品，将军事技术数据发布给外国人，国防服务活动，以及涉及禁止国家和不合格主体的活动都需受到管制。美国国防部的国防贸易管制局通过军品管制清单（USML）规定具体受管制的军品目录，主要包括航空器、战舰、导弹、枪支等产品。ITAR不仅适用于美国实体，也要求非美国实体不得直接协助或利用美国实体从事违反出口管制的活动，否则将对其进行处罚。

美国民用产品出口管制法律体系非常复杂，主要包括1979年《出口管理法》（Export Administration Act，EAA）、2018年《出口管制改革法》

（Export Control Reform Act，ECRA），以及商务部出台的《出口管制条例》（Export Administration Regulations，EAR）。ECRA出台之前，美国总统根据《国际紧急经济权力法》（The International Emergency Economic Powers Act，IEEPA）授予的权力，一再延续EAA的效力，并颁布了许多关于出口管制与经济制裁的总统令。

ECRA取代EAA成为目前美国出口管制的主要上位法。以ECRA为根据，美国出口管制法的适用范围得到扩大，特别是增加了针对"新兴和基础技术"（emerging and foundational technologies）在出口、再出口和转让方面的控制，谨防相关物项的出口减损美国在全球范围内的竞争优势。ECRA还扩大了出口管制主管部门在境内外的执法权。以上内容为当今美国政府在出口管制领域实施更大范围的"长臂管辖"，提供了更多法律依据。

为有效执行出口管制工作，美国商务部制定了《出口管制条例》，以其作为出口管制和许可的具体实施指南。该条例分为45个部分，主要涉及4个方面的管制：产品、目的国、最终用户和最终用途。围绕这4个方面，EAR规定了民用产品出口的一般禁止、商品控制清单和国家列表、许可条件及例外、最终用户和最终用途管制等要求，并纳入了四个主要多边出口管制机制建立的管制措施，包括澳大利亚集团（AG）、瓦森纳安排（WA）、核供应国集团（NSG）、导弹及技术控制制度（MTCR）。根据美国国家安全、外交政策和经济目标的利益这一目标，美国商务部工业与安全局会随着时事情况的变化对EAR进行修订。

此外，一些专门性的制裁法律中也包含对特定国家或地区的出口管制规定（如《伊朗贸易制裁法案》），这些法律往往具有"长臂管辖"的效果，使相关措施对特定对象的打击更加彻底。

（二）法律扩张路径

美国出口管制制度按照"物项、国家、主体、用途"这四个物项交易要素，对特定物项和活动实施出口管控，并据此采取出口管制措施。其中"长臂管辖"的行使路径与这些管制措施紧密结合，从受管制物项、受管制行为、受管制主体3个方面形成严密网络，有力扩张了美国出口管制的"长臂管辖"范围。

1.针对受管制物项实施"长臂管辖"

根据美国出口管制法律，凡是纳入管制清单的物项、软件或技术的出口都必须向主管部门申请出口许可证。管制清单之外的物项，如果达到一定的管制标准（如可能被用于制造大规模杀伤性武器、危害国家安全等），也应受到出口管制的监管。

美国商务部根据商业管制清单（CCL）列出了受管制的民用产品物项，这些物项被分成10类，由0到9表示：0类是核材料、设施及设备，1类指的是材料、化学品、微生物和毒品，2类指的是材料加工，3类指的是电子，4类指的是计算机，5类指的是电子通信与信息安全技术，6类指的是激光感应器，7类指的是海洋与航空电子设备，8类指的是航海设备与技术，9类指的是空间飞行器与推进系统。每一类又根据产品的性质分为了5组，由A到E表示，A组包括系统、设备和集成，B组包括检测、检查和生产设备，C组包括材料，D组包括软件，E组包括技术。"商业管制清单"还写明了受管制物项的管制项目性质、管制原因、管制理由以及例外情形。

对受控物项类别加以明确的同时，美国出口管制制度通过产品或技术与美国的联系程度，来划定受控物项的物理范围。其不仅对美国原产的受控物项进行全程管辖，还利用美国在全球供应链（特别是高端制造业）中的地位，对所有可能相关的产品进行"长臂管辖"。

根据EAR Part 734.3和Part 734.4的规定，EAR可以基于以下5种理由对特定物项进行管控：①产品在美国境内，包括美国自由贸易区和从美国过境的物项；②原产于美国，无论位于世界何地；③非美国原产但含有一定比例的"美国成分"；④利用美国管辖或原产的技术或软件直接生产；⑤直接生产该物项的工厂成套设备或设备主要组件是使用美国原产的技术或软件直接生产的。以上5种理由中，"在美国境内"（in the United States）的物项受

EAR约束，此条可以视为属地管辖的体现。但后4种对特定物项的"管辖理由"都超出了属地管辖的范畴，也就是说，EAR可以依此对非位于美国境内的产品或技术进行管控。这显然构成"长臂管辖"，上述后4种管辖理由，即为境外产品受到美国出口管制"长臂管辖"的"连接点"。具体分析如下。

（1）"原产于美国"的物项

EAR Part 734.3（a）（2）规定，所有"原产于美国"（U.S. origin）的物项，无论位于何处都受EAR的约束。例如，一台在美国生产的机床在EAR的监管下从美国出口到境外，那么无论何时、无论这台机床的所有权归谁，美国都对它有"管辖权"。此条扭曲化所谓的"原产地原则"和"属人原则"，将美国对所有出口物项的管辖之手径直伸向境外。

（2）最低比例原则

EAR Part 734.3（a）（3）设定了所谓"最低比例原则"，进一步扩大了美国出口管制对境外物项的管辖。根据该原则，即使某产品不在美国境内也不由美国生产，只要该产品中包含美国原产受控物项（US controlled content）的比例超过Part 734.4或 Part 734 Supp. No.2中界定的最低比例限制（De minimis U.S. content），那么就有可能受到EAR的出口管辖。"最低比例限制"在实践中具体分为3类：第一类是不受价值占比约束的产品，主要包括加密技术、特定高性能计算机、军用产品以及财政部海外资产管理办公室禁止运输的产品；第二类是与信息安全相关的产品或软件或在公开市场中使用了美国的加密技术，这类产品如果价值占比超过10%则需要接受管制；第三类是25%价值占比的产品，一般来说，这类产品中如果美国成分价值占比低于25%，则不受该条例管制。2020年修改的EAR针对部分实体清单企业，将特定产品的"最低比例"标准从25%缩至10%，进一步降低了美国根据该条对外国产品进行"长臂管辖"的门槛。

（3）"外国直接产品规则"

EAR Part 734.9规定了"外国直接产品规则"（Foreign Direct Product Rules，以下简称FDP规则），用来将部分外国制造的物项划入美国出口管制规则的范围内，是美国出口管制进行"长臂管辖"运用最频繁的工具之一。根据该规则，当位于美国境外的外国生产的物项属于特定"技术"（technology）、"软件"（software）的直接产品，或者生产该物项的工厂（plant）或工厂的主要设备（major component）属于特定"技术"（technology）、"软件"（software）的直接产品时，该物项就属于美国《出口管制条例》物项管制范围。FDP规则主要包括4类：国家安全FDP规则、9×515 FDP规则、"600系列物项"FDP规则以及实体清单FDP规则。

为了进一步加强对特定企业或特定行业的出口限制效果，同时减小对美国产品出口的影响，近年，美国商务部创设了一种新的管制思路——将实体清单和物项管辖的标准结合起来，对特定企业获取特定物项进行定向限制。2020年5月15日，美国商务部工业与安全局公布对EAR的重大修改。此次修改针对特定实体清单企业调整了直接产品规则的适用步骤，从而扩大了基于"外国直接产品原则"而受美国出口管制物项的范围，实现对特定境外实体（此次仅针对在实体清单上的华为及其非美国关联公司）的精准打击。这一规则迫使台积电等企业在没有得到美国商务部的许可的情况下，无法继续与华为开展芯片商业合作。华为委托第三方测试、研发、设计、代工芯片的供应链模式被彻底封堵，最终导致华为将旗下"荣耀"品牌完全剥离。

专栏4-1 针对华为"定制化"的FDP规则

2020年5月15日，美国商务部工业与安全局（BIS）宣布修改其长期使用的FDP规则和实体清单，更具战略性地针对华为，遏制其获取半导体产品、技术和相关软件。具体而言，这一有针对性的规则修改使以下外国生产的物项受EAR的限制：①华为及其实体清单上的关联公司所设计和生产的半导体等物项，是美国商业管制清单（CCL）上某些软件和技术的直接产品；②根据华为或实体清单上的关联公司的设计规格而生产的芯片组等物项，是由CCL上某些半导体制造设备在美国海外生产的直接产品。当此类外国生产的物项用于再出口、从国外出口或转让（国内）给华为或其实体清单上的任何关联公司时，需要申请美国许可证。

2020年8月17日，BIS出台政策，进一步通过FDP规则限制华为及其在实体清单上的非美国关联公司获得利用美国技术和软件在国内外生产的物品。该政策将管制适用于以下交易：①美国软件或技术是外国生产的项目的基础，该项目将被纳入或用于"生产"或"开发"任何"部件""组件"或"设备"，由实体清单上的任何华为实体生产、购买或订购；②实体清单上的任何华为实体是此类交易的一方，如"购买者""中间收货人""最终收货人"或"最终用户"。该政策意味着进一步限制华为获得由美国软件或技术开发或生产的外国制造的芯片，使其管控程度与美国同类芯片相同；同时，通过扩大所涉交易活动的形式，使得该规则的适用情形得到扩大。

近年来，美国政府对FDP规则的制定和修订频率越来越高，表明其越来越重视通过FDP规则对外国产品的贸易进行干预和限制，以实现对特定国家、特定实体的封堵打击。2022年2月，BIS发布新规，将原本载于附录脚注实体的FDP规则统一整合至EAR的正文部分，并扩大了"主要组件"（major component）的定义范围，推动FDP规则更好地对域外适用。随后，BIS陆续新增俄罗斯/白俄罗斯外国FDP规则、俄罗斯/白俄罗斯军事最终用户外国FDP规则、先进计算外国FDP规则、超级计算机外国FDP规则、实体清单FDP规则以及伊朗FDP规则等，迫使更多非美国原产物项的贸易受到美国政策的限制，大量外国产品非经美国许可不得出口到特定国家或地区。相关产品涉及微电子、传感器、芯片、半导体制造设备、先进计算、电信和信息安全、航空电子、海洋设备、飞机部件等诸多领域，影响范围极广。

2.通过受管制的行为进行"长臂管辖"

出口管制，顾名思义是对物项贸易出口环节的管制。通常意义上，"出口"指"为了销售或使用目的，将货物运送至其他关税区"。然而，在美国出口管制制度下,"出口"的含义被广泛扩大化,为其实施"长臂管辖"提供了国内法依据。

根据《出口管制条例》Part 734.13、734.14和734.16,受其约束的行为包括出口、再出口和境内转让。"出口"这一概念既包括实际的物理转移,也包括"技术"或源代码等物项的披露,后者被称为"视同出口"。EAR列举了视同出口的发生情景,包括外国人实际检查来自美国的设备及设施、口头交流、使用在美国获得的个人知识或技术经验等。"境内转让"则是指在同一外国境内改变物项的最终用途或者最终用户的行为。

涉及"长臂管辖"的是美国政府对物项"再出口"(包括"视同再出口")行为实施的管控。"再出口"指将受管制物项从一国实际运输到第三国,或在美国境外向第三国公民披露技术或软件的行为。EAR Part 734.14(c)规定,出口或再出口条例管制的物品时,经由一国或多国运输,或从一国或多国运输至另一国,或打算再出口到新的国家,均认为是向该国出口。

在对"出口"如此"博大精深"的定义之下,美国出口管制具有了广泛的适用性和域外效力。也就是说,无论从哪里出口、无论经过多少环节,美国监管者只看准其认定的禁运目的地和禁用主体,禁止美国原产产品或技术通过任何流转被该物项的禁运对象使用。即使外国企业拥有受控产品或技术的所有权,也不得违反美国出口管制法,将其出口至美国所规定的禁运对象。这就必然导致境外企业的相关行为也被迫受美国出口管制"管辖"。这种"长臂管辖"扩张路径的出现,是实现对受控物项的最终用户或最终用途(End-user and End-use)进行有效监管的自然结果。

除了扩张解释"出口"外,美国出口管制实践正将更多活动纳入管制范围中。2022年10月,为实现对中国半导体和先进计算的出口管制打击,美国商务部颁布了近年最大规模的EAR修订规则——"出口管制新规"。新规中禁止"美国人"在未经许可的情况下参与特定活动,相关活动包括装运、传输或国内转移相关物项到中国,促进(facilitate)相关运输、传输或国内转移活动,或为位于中国境内的相关不受EAR管辖的物项提供服务,等等。

这使得中国主要半导体制造企业、设备企业的美国员工受到大范围影响，有的美国人员只能被迫离职。对于创始人是美国国籍的制造企业、设备公司，相关措施的影响极大，创始人甚至可能要脱离公司、退出管理层。这说明美国依托管制相关活动进行"长臂管辖"的做法得到了更进一步的扩张。

3.通过受管制的行为主体进行"长臂管辖"

通常，一国国内法仅对其境内的人和商业实体具有约束力，即使在属人管辖原则的行使下，该法也仅对其境外的本国纳税人具有约束力。然而，美国出口管制法律在确定受管制的行为主体方面，采用"控制关系确定法人国籍"的理论，使其所能进行"长臂管辖"的行为主体超出传统管辖范围。

美国出口管制法律明确规定外国人和美国人的相关活动受到条例管制。相关规定中的"美国人"（U.S. persons）被扩大解释为"美国管辖的居民"。该概念不止包括从事出口的美国公民、企业以及团体，位于美国境内的主体，还包括了"由美国控制"的海外公司的员工、企业以及团体等。

根据上述规定，首先，在美国注册及设立的公司及子公司或分支机构，均受美国出口管制法的约束。因此，外国企业设立的美国子公司或分支机构将被视为"美国人"而直接受到其出口管制法的规制。其次，美国公司的外国子公司或分支机构基于母公司对其的"控制"而属于"美国人"，也会受到美国出口管制法的规制。最后，即使没有在美国境内注册，也没有在美国当地开展商业活动的外国公司，只要其从事与受管控的含美国产品和技术在内的产品有关的国际贸易活动，也可能受到美国政府的监管。在这样的制度下，全球范围内具有"美国因素"连接点的实体几乎都受其出口管制制度的约束。

综上，通过物项、行为、行为主体三条路径，美国出口管制法几乎穷尽了能想象的所有连接点，扩大管辖范围，共同组成了其实施"长臂管辖"的国内法依据。

四、美国出口管制"长臂管辖"的具体实践

美国在出口管制领域实施"长臂管辖"由来已久，其实施"长臂管辖"的具体手段和工具不断发展更新。对于境外实体来说，美国实施出口管制"长臂管辖"的手段大体可以分为义务型、处罚型和限制型3类。近些年，国际局势极为动荡摇摆，美国国内贸易保护主义抬头，美国政府对境外实体的出口管制执法活动更为频繁，许多中国实体受到美国出口管制"长臂管辖"的影响。

（一）义务型手段

义务型"长臂管辖"管制手段，即美国出口管制法扩大管辖范围，对境外实体施加其国内法所规定的义务。这一类型的管制手段包括要求境外实体遵守美国出口管制法的各项出口条件，以及对境外实体的合规情况进行监管。

1.管制手段

根据美国出口管制"长臂管辖"所划定的范围，拥有（持有）受管制物项的人员和实体，均不得以违反美国出口管制法的方式，使受管制物项转移至被美国法律禁止获得该物项的地区或对象。据此，境外实体在某些出口活动中也需遵守美国法律的禁止性规定，以符合美国法出口条件的方式进行贸易。为了使其管制效果得到有力实现，美国海关、情报、司法等多个政府部门与主管部门相配合，共同完成对境外实体的最终用户和最终用途核查等监管环节。

（1）要求境外实体遵守出口条件

美国的出口管制制度以控制物项的最终用户和最终用途为主线，以许可机制为基础。以其最终用户和最终用途要求为例，美国商务部在发放两用品出口许可前，会对拟出口物项的最终用户和最终用途进行许可前检查（pre-license checks）。为了使核查工作更为顺畅，BIS列举了一份非穷尽的"红旗指标"（red flag indications），说明应引起合理怀疑交易违反EAR的情况类型，以引起出口商的警惕。全球范围内，所有经营受美国出口管制管辖物项

的企业，以及根据EAR被管辖的境外实体，都应在进行出口、再出口、国内转移相关交易之前，妥善分析上述在出口交易过程中可能遇到的"警示红旗"（Red flags），及时开展相应的尽职调查，以判断交易是否符合美国出口管制最终用户和最终用途管制的要求。

类似地，美国国务院出台了"蓝灯笼计划"（blue lantern program）。出口受控军品的境外实体应根据约20面关键红旗指标，判定拟出口物项的最终用途和最终用户。

（2）对境外实体合规情况进行监管

保证"长臂管辖"实施效果的关键在于美国能够对受管辖的境外实体进行有效监管，督促境外实体依据美国的出口管制法律行事。为此，美国政府通过以下三个途径对境外实体的合规情况进行调查监管。

一是进行海外调查执法。2020年EAR特别作出修订，扩大了美国出口管制执法机构的海外调查权。根据规定，美国执法机构有权对美国境内外的出口、再出口和国内转移所涉物项进行搜查、检查、扣押、查封，并可以检查境外实体的账簿、记录和其他资料。这些措施的落实都需要境外实体的服从和配合。为此，美国政府协调各部门，作出统一部署。例如，BIS下属的出口执法办公室可以向联邦调查局（FBI）的外地办事处，以及国防部下属的国防刑事调查处（Defense Criminal Investigative Service，DCIS）派遣特别探员，更全面地对出口管制违规行为进行调查。BIS还向许多美国驻外国大使馆派有专门的执法专员，通过与东道国的协议获取行动权限，实现对海外最终用户和最终用途核查的实地监督。

二是跟踪受控物项的境外流向。美国出口管制执法机构还采取技术手段和方式，跟踪或调查受控物项的去处。例如，要求拥有受控物项的境外实体，提供整个供应链中各环节相关物项的去向；要求出口商在受控物项（如软件）中嵌入追踪程序等。这使得美国政府可以在其法律管控的产品出口交易中变得"无孔不入"，对任何产品在境外的任何流向做到实时监控和追踪。

三是间接获取境外实体信息。美国在全球市场、金融系统和供应链中具有特殊地位。其执法部门常利用这一点，在美国政府执法权限覆盖范围内，对境外实体进行间接调查。例如，向与被调查境外实体存在业务往来的在美企业发出行政调查令，要求其提供指定用户的相关信息、邮件、数据等。这些调查令通常"保密"进行，被调查的境外实体可能在毫不知情的情况下被美国政府收集出口活动的相关数据。根据美国出口管制法对"美国人"的广泛定义，被要求出具交易方信息的"美国实体"也包括在境外设立但与美国具有一定连接点的实体。实践中甚至还涉及不具有出口管制法所认定的连接点，但实际受到美国政府执法力量约束的其他境外实体。可以说，美国出口管制的监管调查范围极广，遍布全球。

2.实践案例

在要求境外实体遵守出口条件方面，美国对伊朗的管制是一个代表性案例。美国出口管制法禁止第三方国家的企业或个人在一定情况下自美国进口相关物品、技术或服务，然后直接或间接地再出口至伊朗或伊朗政府。在其规定下，几乎世界各地的出口商在向伊朗出口物项时都需要遵守美国出口管制法，向美国政府申请许可证。2016年，英国空客公司在获得美国出口许可证之后才向伊朗出口17架飞机，因为空客飞机超过10%的组件在美国生产，"美国成分"已达到管制标准。

在对境外实体合规情况进行监管方面，以最终用途核查为例，2021财年，BIS在49个国家完成了1 030次最终用途检查。其中，120项是许可证前检查，910项是装运后验证，以检查境外实体的出口材料，确保相关交易符合美国出口管制法的规定。其中大约74%的检查由驻扎在中国北京、迪拜、法兰克福、中国香港、伊斯坦布尔、新德里和新加坡的美国大使馆和领事馆的BIS出口管制官员进行。

（二）处罚型手段

处罚型"长臂管辖"的管制手段，即在扩大管辖范围的基础上，对违反美国国内出口管制相关规定的境外实体，进行处罚和制裁。处罚型管制手段是义务型管制手段在实践中的延伸。根据美国法律的定义，违规行为不仅包括直接违反出口管制法的行为，还包括间接造成或协助违规的行为，特别是故意规避管辖等间接行为。违反美国出口管制法的法律后果相当严重，美国出口管制执法也非常严格，能够对境外实体造成强大的威慑力。

1. 管制手段

针对违反美国出口管制法律法规的行为，相关人员、实体可能被处以民事、刑事处罚。以EAR Part 764.3的规定为例，个人或企业违反EAR可能被美国商务部处以行政罚款（civil money penalty），罚款的具体数额与违法主体的违法交易次数、违法交易金额等相关，单项违反EAR的交易罚款高达30万美元（随通货膨胀逐年增大），或违法获益金额的2倍，或造成损失的2倍。而根据《国际武器贸易条例》（ITAR）的规定，违法行为人每次违法行为可能被处以100万美元罚款。某些情况下，行为人还会被处以最高20年监禁。这些措施对于境外实体同样有效。

此外，实体清单等出口管制"黑名单"也可能被用以处罚违反美国出口管制法的境外实体，造成"连坐"。一旦被列入清单，境外实体在获取、出口、转让受控物项时，都会面临比原本更高的标准，如需要额外获取许可证，BIS对其许可申请的审查适用推定拒绝且其不适用许可证豁免，等等。实践中，为了避免更强力度的处罚和制裁，境外实体往往与美国政府达成和解协议，和解协议中的罚款金额远超前述规定，可谓天文数字。

2. 实践案例

近年来，美国政府对美国境外的实体施加越来越大的压力，要求它们遵守美国的出口管制法律。例如，2017年，中兴通讯公司涉嫌将美国原产物品非法运往伊朗和朝鲜，同意向美国政府支付创纪录的11.9亿美元的民事和刑事罚款。同年，印度钻井服务公司（Aban）涉嫌将含有美国原产零件的石油钻井平台出口到伊朗，也被处罚。2018年11月，BIS以"违反美国针对古巴、伊朗和苏丹的制裁法律"为由，对法国兴业银行（Societe Generale S.A.）处罚5 400万美元。

处罚手段还包括取消出口资格。2014年，因未经美国许可再出口、再转让了受美国管制的夜视设备，西班牙公司Elint SA以及后续公司被取消了参与ITAR相关出口活动的资格。

不少外国实体还因违反美国出口管制法而被罚"打入"实体清单。2021财年，BIS新增160家清单实体，广泛涉及加拿大、中国、伊朗、黎巴嫩、荷兰、巴基斯坦、俄罗斯、新加坡、韩国、中国台湾、土耳其、阿联酋等众多国家和地区，其中不少实体因违反EAR向伊朗出口美国物品提供便利等原因而被加入。

（三）限制型手段

限制型"长臂管辖"管制手段，即以各种理由对境外实体进行分级，并施加不同的出口限制，禁止特定境外实体获取受美国出口管制法管辖的物项，无论这些物项处于何处、由谁所有。限制型"长臂管辖"手段主要通过各项清单实施。实践中，这种管制手段一方面对清单上的境外实体产生非常直接的限制；另一方面使清单外的境外实体迫于压力放弃与清单企业的合作，从而在实际上起到了"管辖"所有相关境外实体的效果。

1.管制手段

两用品管制方面，美国商务部发布的针对性限制清单包括4种：实体清单（Entity List）、未经验证清单（Unverified List）、被拒绝人员清单（Denied Party List）和军事最终用户清单（Military End User List, MEU List）。被列入不同清单的主体，将面临不同严格程度的出口管制物品交易许可制度。军品管制方面，美国国务院下属机构发布了防扩散清单（ISN List）和AECA禁止清单（AECA List）。此外，美国国防部公布了"1237清单"，该清单以及美国财政部主管的经济制裁项目，也都可能与出口管制领域的限制性内容相关。

（1）实体清单

为配合两用物项许可证的管理，1997年，美国商务部工业与安全局

（BIS）首次在EAR Part 744中设立了"受限制实体名单"（Entity List），向公众公开那些可能将产品出口、再出口或转让大规模杀伤性武器的实体。自首次公布以来，列入"实体清单"的理由已扩展到国会批准的活动和违反美国国家安全和外交政策利益的活动。

该名单俗称"黑名单"，其中纳入了BIS认为需要管制的所有外国企业或机构实体，包括外国企业、研究机构、政府、民间组织、个人及其他形式的法律意义的个人。这些实体若从美国进口两用物项将受到特别审查，在某些情况下几乎等同于丧失与美国公司进行受控物项交易的机会。对于出口商来说，如果要向该等境外实体出口、再出口、在国内转让任何受《出口管制条例》管制的产品，则需要向BIS申请出口许可。

"实体清单"体现了美国政府各部门的综合管理目标。其内容的增加、移除和更改由"最终用户审查委员会"（End-User Review Committee，ERC）负责，该委员会是一个跨部门小组，囊括了来自美国商务部、国防部、能源部、各州和财政部等部门的代表。

（2）未经验证清单

"未经验证清单"（Unverified List，UVL）是最终用户清单之一，主要针对无法进行"最终用途核实"的境外实体。清单内容主要包括国别、机构名称和地址、联邦公报引用和出版日期。

"未经验证清单"中列出了境外实体的名称与相应地址。该等境外实体正在参与或已参与涉及出口、再出口或在国内转让任何受限于《出口管制条例》的物品（items subject to the EAR）的交易，但工业与安全局无法核实参与交易的该等境外实体是否"善意"（bona fides）或合法性，从而无法判断该等出口的物品是否会被用于与出口商所申报的出口用途相同的用途，无法判断该等物品的出口是否会违反《出口管制条例》。在该情况下，若无法完成对某个境外实体的"最终用途核查"（End-Use Check，EUC），则BIS就会将该境外实体列入"未经验证清单"。

> ### 专栏4-2 最终用途核查（End-Use Check，EUC）
>
> 最终用途核查旨在帮助美国政府阻止大规模杀伤性武器的扩散、限制对恐怖主义的支持，并查明未经授权的最终用户。在这个过程中，使用有关《出口管制条例》管辖物项的企业有可能被随机选中而被要求配合开展最终用途核查。
>
> 最终用途核查主要包括两种类型，即许可前检查（Pre-License Check，PLC）及装运后核查（Post-Shipment Verification，PSV），且以PSV为主。据悉，近期实践中大约有50%的PSV核查主要由美国驻世界各地包括莫斯科、中国北京、中国香港、新德里、新加坡、迪拜、伊斯坦布尔的大使馆或领事馆的出口管制官员（Export Control Office，ECO）进行，剩下50%则由美国国内的相关调查官员进行。
>
> 核查期间出口商通常被要求提供与特定物项有关的所有文件，ECO将采取相应步骤进一步核查最终用户是否在货物单据中注明的指定地点使用该物项。同时为完成上述核实，ECO将可能涉及对相关外国收货人或者购买方等进行实地访问，从而得以验证采购物项的具体地址及是否被正确使用，如果ECO发现该等物项与文件所列明地址不符，或使用用途不当时，该等检查结果往往被视为"不利结果"处理，而该出口商的出口活动也将受到更为严密的监控。

根据《出口管制条例》第744节第15条（a）款，被列入"未经验证清单"主要有以下后果：一是美国出口商与被列入"未经验证清单"中的境外实体进行不受《出口管制条例》许可证要求的物项交易（包括出口、再出口及国内转让）前，都必须向境外实体索取"未经验证清单声明"（UVL Statement）。二是美国出口商在与"未经验证清单"上的境外实体进行交易时，若交易物项之前适用于《出口管制条例》规定的许可证例外，则暂时取消，出口商需要申请出口许可证才能继续进行该物项的交易。

2022年10月，BIS出口执法办公室（OEE）发布了一份政策备忘录，就"未经验证清单"相关规则宣布了2个"60日"审查期限：①如果BIS在提出进行最终用途核查请求后60日内未能完成最终用途核实的，BIS则将启动程序将涉案企业加入"未经验证清单"；②若涉案企业因所在国政府持续拒绝协助等原因，导致在相关企业被加入"未经验证清单"后60日内仍未能完成美政府最终用途核查的，则BIS将启动程序将涉案企业加入"实体清单"。特别是第二个"60日"规定首次设置了"未经验证清单"和"实体清单"的"自动转换期"，逼迫外国政府配合进行美国政府的最终用户核查，进一步加严了对相关美国境外实体的贸易管制，使境外企业经营的不确定性提高，产业发展的外部风险陡然扩大。

（3）被拒绝人员清单

"被拒绝人员清单"（Denied Persons List）是指列有被拒绝给予出口特权（export privilege）的实体（含个人）的名单。被列入"被拒绝人员清单"的实体，将受到《出口管制条例》比较全面的贸易管制的限制，包括不能以任何方式从美国出口任何受《出口管制条例》管制的产品。美国出口商既不能向被拒绝人员出口或再出口受《出口管制条例》管制的产品，也不能代表该实体参与或者进行相关交易。根据EAR Part 766.23的规定，与被拒绝人员的附属的、其所有、受其控制或责任地位的关联个人、商号、公司或商业组织，在贸易或相关服务的行为中，也可能受到该被拒绝人员被列于"被拒绝人员清单"而带来的影响。

（4）军事最终用户清单

"军事最终用户清单"（MEU List）是最终用户清单之一，主要针对中国、俄罗斯或委内瑞拉的"军事最终用户"。《出口管制条例》第744节第21条规定了对中国、俄罗斯或委内瑞拉的某些"军事最终用途"或"军事最终用户"的限制，并在该节附件7规定了"军事最终用户清单"。除符合《商业管制清单》相关许可证要求外，任何公司向"军事最终用户清单"中的公司出口、再出口及国内转让《出口管制条例》Part 744附件2中任何物项均需向美国商务部申请许可证。出口许可证申请将使用"推定拒绝"标准予以审查，并且禁止规定仅可适用GOV许可证例外，企业的可操作范围非常有限。

（5）美国国务院相关清单

防扩散清单和AECA禁止清单均由美国国务院下属机构发布。防扩散清单由国际安全与防扩散局（Bureau of International Security and Nonproliferation，BISN）根据针对参与核、化学、生物武器等扩散活动的非美国个人、私人实体和政府的各项法律而制定。根据防扩散清单和AECA禁止清单，被列入清单会受到不同程度的制裁。

美国国务院国防贸易管制局（Directorate of Defense Trade Controls，DDTC）负责管理AECA禁止清单。列入AECA禁止清单的各方不得参与国防用品（包括技术数据）和国防服务的出口。如果一方被判违反或合谋违反AECA禁止清单，则构成"法定禁止"。国防贸易管制局还可对违反AECA或《国际武器贸易条例》（International Traffic in Arms Regulations）的行为实施"行政禁止"。《国际武器贸易条例》对国防物资和服务的出口及再出口进行管控。面临上述任何一项禁止的一方必须寻求并获准恢复资格，才能参与受《国际武器贸易条例》管辖的任何活动。

（6）"1237清单"

该清单是根据《1999财政年度国防授权法》（经《2001财政年度国防授权法》修订）第1237条编制的，该条款要求美国国防部每年报告一份由中国拥有或控制的在美国直接或间接经营的公司名单。虽然被列入"1237清单"并不等于受到制裁，但这的确意味着总统有权对清单上的公司实施制裁。虽然美国总统尚未行使过这项权力，但一旦行使，"美国人"可能会被禁止与"1237清单"上的实体及其子公司进行交易，包括出口被美国政府所管制的物项。

（7）经济制裁相关项目

一直以来，美国政府为维护其国家安全和外交政策目标而制定、监管及施行了多项贸易管制及经济制裁"黑名单"。早在1917年，美国首次颁布《与敌国贸易法》（Trading with the Enemy Act，TWEA），授权美国总统在特定情况下，对"敌国"进行包括商品进出口、银行金融交易等在内的贸易活动的监督和限制权力。出口管制便是以上经济制裁手段中的重要一项。涉及受制裁交易的所有相关主体（包括美国实体、美国实体控制的境外实体及特定情况下的境外实体）都必须向BIS申请相关出口许可证。否则便构成对经济制裁和出口管制的违反，可能受到两部门的双重处罚，甚至导致针对违规企业的"次级制裁"。

出口管制主管部门也将美国财政部海外资产管理办公室所制定的"SDN清单"作为其审查出口许可的重要依据，限制受管辖实体将受管辖物项出口给该清单中的各方。近年来，美国还频繁利用出口管制"长臂管辖"制度，以其他与经济制裁相似的各种理由，将境外实体列入各种"清单"（如"军事最终用户清单"）。由此可见，通过出口管制"长臂管辖"，美国将其经济制裁中的单边措施有效扩张到第三国实体，使制裁效果的影响范围更大、更为强硬。这正是美国对外实施经济战略的雷霆手段。

2. 实践案例

如前所述，对境外实体而言，一旦被列入出口限制清单，将可能无法再从美国公司取得相关产品和技术，不仅影响其技术研发及技术使用，而且将无法占领相关市场或丧失已有市场。目前，对中国实体影响较明显的清单包括"实体清单"和"军事最终用户清单"。

（1）被列入"实体清单"的情况

近年来，已有400多家中国企业、大学和研究所等实体被列入"实体清单"，中国大陆实体约占美"实体清单"所列实体总数量的1/4。BIS针对中国实体拉长"黑名单"的理由五花八门，整体与美国的对外政策和经济制裁目标高度一致。举例如下：①违反美国涉伊制裁；②针对中国军民融合政策，中国企业与中国军工业中相关实体之间存在"活动"，中国实体为支持中国人民解放军的计划，获取和尝试获取了原产于美国的物项；③针对所谓的"人权问题"，认为违反美国的外交政策利益；④干涉中国南海问题；⑤涉美知识产权争议纠纷。

以2021—2022年为例：2021年4月，美国商务部借口将中国7家超算单位列入"实体清单",形成对中国超级计算机研制单位、设计单位、重点使用单位的全方位、全链条打击。2021年11月,美国首次集中对我国量子计算领域实施打压,将中国量子计算领域的多家重点企业列入"实体清单"。2022年2月,美国商务部又将33家中国实体列入"未经验证清单",被列出的实体几乎都与关键和新兴技术相关,广泛涉及光电科技、精密制造、生物传感、数控、生物医药、微电子设备和智能自动化等领域。

2022年10月,针对特定"实体清单"中的中国实体的打压进一步扩大。BIS参照之前适用于华为公司"定制"的外国直接产品规则,新设了"脚注4:实体清单外国直接产品规则",并列入商汤科技等28家中国实体;2022年12月,又有21家中国实体被列入"实体清单"并标注"脚注4"。这意味着更多非美国物项被转移给这49家实体时需要BIS的许可,且许可证政策为推定拒绝,表明美政府针对特定中国实体设计特定物项打压规则的行动变得更加普遍。

(2)被列入"军事最终用户清单"的情况

近年BIS以涉及军民融合政策为由,将一批中国实体加入"实体清单",并设置"军事最终用户清单"(MEU List),限制被列入清单的中国实体获取特定物项。这一出口管制"制裁"名目与美国政府其他部门的制裁政策具有共通性。如美国国防部制定了中国涉军企业清单(涵盖"1237清单"及"NS-CMCC清单"),美国财政部制定了中国军工复合体企业清单("NS-CMIC清单")。以上不同部门的限制类清单范围重合、更新同期,实则是美国政府同一对外政策的不同体现。

2020年4月28日,BIS对EAR的条款进行修改,扩展了对中国、俄罗斯和委内瑞拉的军事最终用途和军事最终用户在出口、再出口和(国内)转移上的管制。此次修订增加了对中国的"军事最终用户"的出口管制,显著拓展了"军事最终用户"的定义,同时,增加了17个受到"军事最终用户和最终用途"出口管制的ECCN编码。同年的12月21日,58个中国实体被列入了第一批"军事最终用户清单",其中多为航空航天产业方面的中国企业与公司。被列入清单的中国企业在实务中将难以获得"军事最终用户和最终用途"项下的特定物项，研究和生产过程中会面临一定困难。

（3）被列入其他限制性清单的情况

截至2021年7月，共有100多个中国大陆企业、高校和研究所等被列入美国商务部"未经验证清单"；200多家大陆企业和机关单位被列入美国财政部"特别指定国民清单"；近50家大陆企业被列入美国国务院"防扩散清单"；10余位个人被列入美国商务部"被拒绝人员清单"；20家中国公司被列入美国国防部"1237清单"。被列入上述美国限制性清单的中国实体，都已经或可能受到美国出口管制"长臂管辖"的各种限制。荷兰ASML等非美国供应商也被迫延缓或终止了与中国企业的贸易往来，导致我国企业生产所需的芯片、精密仪器等硬件或技术供应出现短缺。半导体、电子信息、人工智能、仪器仪表等行业的供应链安全，以及企业的业务发展都受到了严重影响。

综上所述，实践中，美国出口管制法中对于"长臂管辖"的规定往往被综合运用。对于境外实体来说，美国出口管制"长臂管辖"的范围广、手段多、力度强。其背后，是美国出口管制法、经济制裁、外商投资审查等一系列法律的相互配合；情报、执法、司法等部门的紧密合作；经济、科技、军事力量的强硬支撑。一言以蔽之，出口管制"长臂管辖"并非纸面上对于"域外效力"的标注，而是一整套体系在实践中不断巩固、不断发展，从而越发强有力的对外力量。在产业全球化的今天，各国实体获得尖端材料和技术，往往都绕不开美国。美国出口管制"长臂管辖"对中外实体乃至相关产业的发展，都具有重大而深远的影响。

第五章 >>>

美国"长臂管辖"与反海外腐败

美国《反海外腐败法》（FCPA）作为全球第一部系统性规制商业贿赂行为的法律，已经形成了极具特色且行之有效的运作机制，深刻影响着美国企业和外国跨国公司的经营发展。随着全球政治、经济格局的变化和大国博弈的加剧，反海外腐败逐渐演变为美国维护霸权主义，打击和遏制对手的工具。随着中美竞争的加剧，美国已经拿起反海外腐败的利剑，随时准备挥向中国。美国司法部（Department of Justice，DOJ）在其"中国行动计划"（China Initiative）中，明确将"识别涉及与美国企业竞争的中国公司违反《反海外腐败法》的案件"作为九大行动内容之一。本章拟在明确反海外腐败和反海外腐败"长臂管辖"概念的基础上，总结梳理美国反海外腐败"长臂管辖"的制度体系，剖析美国反海外腐败"长臂管辖"的经济、政治、外交目的，概括美国反海外腐败"长臂管辖"的执法特点，从而深入研究美国"长臂管辖"与反海外腐败的内在逻辑。

一、反海外腐败及其"长臂管辖"的基本特征

伴随经济一体化的不断深入,反腐败在实践中已经发展成为一个全球性命题,反海外腐败"长臂管辖"的特征也逐渐清晰。

(一)反海外腐败的概念

厘清反海外腐败的概念,首先需要明确在本章中出现的"腐败"的内涵。透明国际对腐败(corruption)的解释是:"公共部门中不论是政务官员还是行政管理的官员,通过错误地使用公权力而使其自己或亲友不正当地、非法地富裕起来。"《布莱克法律词典》将腐败定义为:"堕落、变态或污点;对正直、美德或道德原则的损害,(尤指)因贿赂而损害公职人员的职责,意图做出某些不符合官方职责和他人合法利益的行为;受托人或官员利用其职位违背他人的权利而为自己或他人谋取利益。"可以看到,腐败的解释根源于贿赂行为。

随着全球经济一体化进程的不断加快,国家或地区间的跨境经济合作与人员往来日趋紧密。在这一过程中,腐败已经超越国界限制,随着要素流动在境外发生,发展成为全球性命题,各国纷纷出台相关反腐败或反贿赂法律法规。直到1977年,美国颁布《反海外腐败法》(FCPA),"海外腐败"才作为一个法律术语为世人所知,"海外腐败"的概念逐渐得到国际社会的认可,但是FCPA并没有对海外腐败进行明确定义。

联合国《反腐败公约》认为海外腐败包括行贿、索贿以及受贿行为,而经济合作与发展组织(OECD)认为海外腐败产生于国际商事活动,是直接或者通过中介,为获取或者保有利益,而进行的贿赂行为。同时,OECD要求成员国将所有同盟贿赂外国公职人员的行为都归类于海外腐败。

上述国别以及国际组织立法立场不同,对海外腐败行为的约束程度和范围也不同。本书在反海外腐败研究中,基本遵循石玉英(2020)的概念界定,也就是"在国际商事交往中,行为主体以获得或保有某种不正当利益为

目的，自行或通过他人向非本国公职人员提供或承诺提供某种好处，以使其故意作为或不作为的行为"[①]。由此，本书研究的海外腐败既指本国公民或企业在海外的腐败行为，也指境外公民或企业在本国的腐败行为，也将"海外贿赂"和"跨国贿赂"等术语放在"海外腐败"中讨论。

（二）反海外腐败"长臂管辖"的概念及特征

根据我国国务院新闻办公室发布的《关于中美经贸摩擦的事实与中方立场》白皮书中对"长臂管辖"的定义，"长臂管辖"是指"依托国内法规的触角延伸到境外，管辖境外实体的做法"。由此可见，当前语境下的"长臂管辖"是指一国单方面将其国内法适用于域外的法律霸凌行径，是一种不合理的域外管辖权。这一定义本身含有以下几个特征：

第一，"长臂管辖"的管辖领域的范围要大于"领土"（territory），也大于国籍范围，即一国使用国内法对境外、非该国国籍的个人、法人机构行使管辖权。

第二，利用"最低限度联系原则"，即只要非该国国籍的个人或实体与该国存在最低限度的联系，就行使管辖权。且最低限度联系并没有确切的定义。以美国为例，"最低限度联系原则"是美国将第三方国家和地区的实体广泛纳入管辖的法理依据，在反海外腐败"长臂管辖"中尤为鲜明。

第三，"长臂管辖"具有政治性和工具性，其使用具有不可预见性与针对性。其目的是打压和遏制竞争对手，以保持自身领先地位，而并非真正意义上的遵法而行。

具体到反海外腐败范畴，以美国为例。目前，受到美国反海外腐败处罚的对象包括在海外进行行贿行为的美国公司及个人；在海外进行行贿行为的与美国公司相关的公司；在美国境外设立子公司及个人；在美国证券市场上市融资的非美国公司及相关个人。其中，前两项可以界定为FCPA对本土公司或者与本土公司相关的公司海外行贿行为的管辖，该管辖范围应当属于国

[①] 石玉英.反海外腐败国家立法研究[D].长沙：湖南大学，2020.

内法对海外行为的管辖，属于合理的管辖范围。但在具体的执法实践中，多数被处罚的企业属于在美国上市的外国公司，或者符合"最低限度联系原则"而被实施处罚的外国公司或个人，该执法行为存在着较为明显的不合理性。一方面，外国公司在海外的行贿行为实际对美国企业造成的影响或其关联度十分微弱，但美国却出于外交、政治或者遏制他国发展的原因对相关企业实施管辖，明显超出了国内法的管辖范围。另一方面，由于行贿行为发生在美国本土范围以外的地方，对行贿行为的管辖权应由当地政府执行，美国的管辖行为，明显侵犯了他国的司法主权。

鉴于此，本书将反海外腐败"长臂管辖"界定为一国以本国反腐败法律法规为依据，实施对外国公司的非本国境内行贿行为的管辖，以达到其政治或经济目的的做法。

二、美国反海外腐败及其"长臂管辖"的制度体系

通过40多年的发展，以《反海外腐败法》为基础的美国反海外腐败制度体系已经建立，并根据实际执法情况不断调整和完善。

（一）美国反海外腐败的发展历程

"水门事件"后，很多美国企业海外贿赂行为被陆续曝光，美国本土企业合规经营的形象受到极大冲击。为遏制海外腐败行为，宣扬企业合规守法的国际形象，1977年美国国会通过了《反海外腐败法》，规定了反贿赂条款与会计条款，专门规制企业海外行贿行为。FCPA作为全球第一部系统性规制商业贿赂行为的法律，已经形成了极具特色且行之有效的运作机制，深刻影响着美国企业和外国跨国公司的经营发展。

《反海外腐败法》制定之初，是为了规制美国企业海外贿赂行为，重塑美国本土企业守法经营形象，但是实践中由于严厉执法而遭受了本国企业的广泛质疑，被批评影响了美国本土企业的国际竞争力。鉴于此，在1988年以及1998年的法案修订中，美国国会通过扩张反贿赂条款以及会计条款

的管辖范围，加大了对外国企业海外贿赂行为的执法强度。近年来，随着FCPA执法范围的扩大以及执法力度的加大，被查处的腐败案件数量和涉案金额屡创新高，1978—2020年，美国FCPA罚款总额超过230亿美元，相当于美国2019年与印度的商品贸易逆差，这部法律俨然已成为悬在美国本土企业和各类跨国企业头上的达摩克利斯之剑。

（二）美国反海外腐败的制度体系

1.执法机关

FCPA的执法机关包括美国证券交易委员会（SEC）和司法部（DOJ）。SEC拥有对证券发行人以及其股东、董事、高管、职员、代理人等具有关联关系的个人违反反贿赂条款和会计条款的民事执法权。DOJ拥有刑事执法权以及针对本国单位、非作为发行人的外国公司及个人的反贿赂条款的民事执法权。实践中，由于大多数FCPA案件是非常复杂的，涉及主体多，同时涵盖民事和刑事责任，SEC和DOJ都是配合共同执法的。

2.执法条款

根据FCPA的规定，SEC和DOJ对违反FCPA的企业或个人进行调查处理，其执法相关的主要条款包括反贿赂条款和会计条款。

（1）反贿赂条款

从规制对象看，反贿赂条款规定了以下3种规制对象：一是发行人，指其所发行的证券根据《证券交易法》在美国登记或被SEC要求提交定期报告的公司及其管理人员、董事、雇员、代理人和股东。二是国内人，指美国公民或居民，以及根据美国或各州、属地、控制地或联邦法律成立或主要业务地在美国的公司、合伙企业、联营、股份公司、商业信托、非公司化组织或个人独资企业。此外，代表上述"国内人"的管理人员、董事、雇员、代理人或股东，即使是外国公民也适用FCPA。三是特定外国公民或实体，指在美国领土之内或直接或通过代理参与商业贿赂的任何行为的外国个人及外国非发行人实体（企业），以及代表这些个人或实体行事的管理人员、董事、雇员、代理人或股东。实践中，根据 "最低限度联系原则"，外国人只要利用美国邮政系统或其他工具实施了促进贿赂的行为，就可能受到FCPA的管辖。

从规制行为看，FCPA反贿赂条款规制的是上述规制对象为了寻求不正当利益，向任何外国官员、外国政党或其官员、外国政治职位候选人提供、支付、许诺支付或授权支付任何金钱、允诺或礼物，或者承诺或授权给予任何有价物的行为。执法实践中，FCPA不断扩展对违法行为的认定范围，目前无论行贿者所求的 "不正当利益" 是否得逞，甚至行贿意图都成为触犯反贿赂法律规制的行为。

从法律责任看，FCPA案件中，当事人存在 "腐败意图" 实施或可能实施不当支付的，就应当承担法律责任，但涉及勒索或胁迫情形的除外。当存在母子公司情形时，如母公司充分参与违法行为或由于控制关系对子公司行为可充分了解和干预，母公司也要承担FCPA的直接责任。此外，在联邦法下，协助、教唆、促成贿赂的行为人也要承担直接法律责任。

（2）会计条款

鉴于公司行贿通常涉及公司账簿和记录造假，如将贿赂支付列为折扣或是杂项费用等，且内部控制不健全的公司通常无法杜绝假账和贿赂行为，FCPA将会计条款与反腐败条款并列，其目的是 "增强公司账簿和记录的准确性以及构成我们的公司披露系统基础的审计程序的可靠性"，从而起到禁止 "账外账" 产生的作用。

虽然会计条款最初作为FCPA的一部分颁布，但现在它并不仅适用于贿赂相关的违规行为，而是确保所有上市公司对其资产和负债进行准确且合理详尽的会计记录，并且与《证券交易法》《多德－弗兰克华尔街改革与消费者保护法》《萨班斯－奥克斯利法案》等共同构成了会计欺诈和发行人披露案件的基础。

从规制对象看，FCPA的会计条款适用于证券（包括存托凭证）在美国国家级证券交易所上市交易的任何发行人，以及股票在美国的场外交易市场交易并向SEC提交定期报告（如年度报告和季度报告）的公司。值得注意的有两点：一是与反贿赂条款不同，会计条款仅适用于上市公司。二是"发行人"还包括其合并报表范围内的子公司和关联方，这也是FCPA"长臂管辖"的重要依据，即要求在美"发行人"控制之下的子公司和关联方（外国子公司和合资企业）也必须遵守会计条款。例如SEC v. RAE Sys. Inc案中，DOJ和SEC指控一家加利福尼亚州公司违反会计条款，依据是该公司合资方的两家中国合资企业在中国存在贿赂行为。

从规制行为看，会计条款包括"账簿和记录"条款和"内部控制"条款。前者要求发行人设立并保持准确、详尽的账簿、记录和账户。对账簿和记录条款的执法通常涉及对贿赂支付的错误报告或不准确记录，而在不违反反贿赂条款的前提下，"账簿和记录"条款没有实质性的限制。后者要求上市公司保证其财务报告的可靠性和编制财务报表的流程合理，其基本依据是《证券交易法》第13（b）（2）（B）条，即通常所称的"内部控制"条款。此外，根据《证券交易法》第13（a）条规定了发行人未能适当披露有关发行人业务的实质信息，包括与向外国政府官员行贿有关的重大收入、费用、利润、资产或负债，可能会构成违法行为。

从法律责任看，违反FCPA账簿和记录条款及内部控制条款的公司和个人都可能会被追究刑事责任，其中个人只有在"故意"的情况下才会被追究违反会计条款的刑事责任。追究民事责任的行为则包括以下几类：协助、教唆或促使发行人违反会计条款；伪造账簿和记录或规避内部控制；发行人的管理人员和董事向审计师作出虚假陈述；主要执行管理人员和主要财务管理人员或履行类似职能的其他人签署错误的《萨班斯法案》项下的个人证明等。

3.执法特点

《反海外腐败法》作为全球执行力最强的反腐败法律，其执法实践直接服务于美国核心利益。

（1）21世纪执法案件激增

尽管FCPA在1977年就出台了，但其真正开始广泛发挥效力是在2003年之后。在1978—1997年这20年间，美国司法部和证券交易委员会仅办理了24起案件。但在历经1997年《禁止在国际商业交易中贿赂外国公职人员公约》（以下简称"OECD反腐败公约"）签订、1998年适用范围修正，以及2003年《联合国反腐败公约》通过后，这一形势发生了变化。进入21世纪的第一个10年，FCPA的执法案件数量就高达108件，是过去20年相关数量的4.5倍。这主要基于进入21世纪后，FCPA成功国际化，美国将国际商事交易中的主要竞争对手拉到被FCPA规范的同一起跑线上，执法对象的范围更加广泛。

受到新冠疫情的影响，2020年至今，除了2020年执法金额又创新高、FCPA的十大执法案件榜单也被刷新，2021年、2022年FCPA的执法数量以及金额创15年来新低。

（2）执法产业符合美国核心关切

从产业领域来看，FCPA执法对象所在产业大多为美国的传统优势产业，也是需要拓展海外市场的产业。从图5-1中可以看到，资本密集型的油气产业（45起）、工业品产业（35起）、航空/防御产业（35起）和知识密集型的医疗产业（35起）、科技产业（27起）及金融产业（20起）为反海外腐败案件发生的重灾区；单涉及石油和天然气产业的腐败案件占所有案件的比重就已达到15%。相较而言，像公用事业产业（4起）和非营利组织（1起）这样带有公益性质的产业往往较少因违反FCPA而遭到诉讼和处罚。

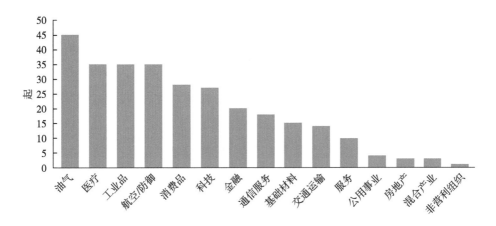

图5-1　美国海外腐败案件被诉企业产业分布情况（截至2020年底）
资料来源：根据美国司法部网站数据整理。

（3）和解成为主要结案方式

诉辩交易在FCPA中发挥了显著作用。在2004年以后，不起诉协议（NPA）和延迟起诉协议（DPA）的和解方式成为美国司法部处理FCPA案件的主要途径，这两种结案方式约占整体案件的70%。同时，自2013年起，证券委员会也逐步运用NPA来处理FCPA案件。

这样的结案方式给执法机构带来了很多好处。首先，执法机构可以用较少的行政和司法资源换得巨大成果，被调查的外国企业往往会出于规避更大的不确定的风险和损失的考虑而选择和解，支付巨额的罚金。其次，诉辩交易往往能获得更多的情报途径，例如在多起案件中，被诉企业高管与美国司法部达成交易，扮演线人或是污点证人，帮助执法机构获得更多的确凿证据，极大促进了案件调查。再次，这种结案方式使得整个执法过程避免了司法审查，导致"长臂管辖"更为肆无忌惮。最后，这样的结案方式还提升了企业自我披露和合规的意愿，推动了国内外企业合规文化的发展，一定程度上促进了公平竞争。

（4）联合执法导致天价惩罚

美国通过FCPA国际联合执法的方式开展反海外腐败案件执法行动不在

少数，尤其是在"OECD反腐败公约"和《联合国反腐败公约》通过后，涉及国际合作的FCPA执法活动占比大幅上升。2006年，仅有7.14%的案件涉及跨国合作，但到2017年，这一比例上升至62.5%。其中，参与合作比例最高的国家依次为英国、瑞士、德国、巴西、法国、意大利、荷兰和新加坡。例如，美国证券交易委员会与司法部曾会同荷兰监管机构，与荷兰电信提供商Vimpelcom成功达成FCPA和解；美国证券交易委员会、司法部和巴西政府合作，与巴西航空工业公司和巴西国家石油公司达成FCPA和解；美国证券交易委员会、司法部同法国政府合作，就兴业银行的FCPA违法案件进行了成功合作，等等。

国际执法合作的产物往往是天价的罚金。这一方面是因为海外调查取证的成本相对更高，另一方面则是开出的总罚金需要与外国政府部门分享。以2018年美国司法部门处理的三大要案Societe Generale S.A.、Petroleo Brasileiro S.A.和Panasonic Avionics Corp为例，这3家企业的处罚金额占到了当年处罚总金额38.74亿美元的90%以上，其中Societe Generale S.A.案和Petroleo Brasileiro S.A.案的调查和罚金收集均是由国际合作完成的，最终法国政府收取了对Societe Generale S.A.罚金的50%以上，巴西政府收取了对Petroleo Brasileiro S.A.罚金的80%，美国收取的净罚金在10亿美元左右。同样，2020年，欧洲空客公司（Airbus）被DOJ处罚5.82亿美元，在全球范围内被处罚超39亿美元。由于存在联合执法的情况，这些制裁金额不会全部支付给美国政府。空客公司需分别支付给法国政府22.9亿美元和英国政府10.9亿美元。

此后，FCPA的执法就一直保持在一个较为活跃的水平，而美国司法部刑事反欺诈部门于2016年4月推出的海外反腐败法案执行试点方案（FCPA Pilot Program）更是将反对海外商业贿赂的行动推向顶峰——从图5-2中可以看出，仅2016年全年美国两部门查处的海外腐败案件就高达32起。其后3年间，虽然执行案件的数量有所回落，但FCPA执法依然活跃，2018—2020年，美国分别查处了18起、21起和11起海外腐败案件。截至2021年8月，美国司法部和证券交易委员会已经依据FCPA完成了306起案件的执法。

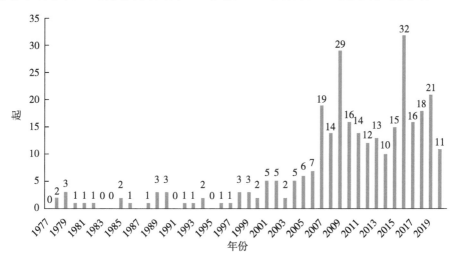

图5-2 1977—2019年美反海外腐败法执行案件数量

资料来源：根据美国司法部网站数据整理。

三、美国反海外腐败"长臂管辖"的目的

近年来，美国实施反海外腐败"长臂管辖"，特别是长臂执法，已经成为对外制裁的重要工具，帮助美国政府实现了其经济、政治、外交目的。

（一）反海外腐败"长臂管辖"的经济目的

反海外腐败执法及其"长臂管辖"，给美国政府和本国企业带来了巨大的经济利益，这也是美国近年来频繁使用该工具的经济动因。

1.政府获取巨额罚款

近年来，美国FCPA执法力度不断加大，司法部和证券交易委员会对被诉企业或个人的最高罚金不断被刷新。统计显示，1978年至今，美国FCPA罚款总额约为232亿美元，相当于美国2019年与印度的商品贸易逆差。即使2017年以来，美国与其他国家联合执法增多，分得的罚款减少，罚款的绝对值也居高不下。因此，美国法学学者评价FCPA时称："对司法部来说，很多案子就是'现金奶牛'。这是一个政府项目，美国财政部（U.S. Treasury）可以借此获利。"

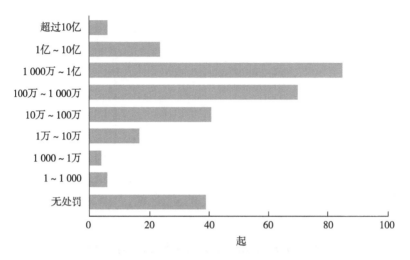

图5-3　美国反海外腐败罚款情况示意图

资料来源：根据美国司法部2019年执法情况整理。

2.提高本国企业竞争力

一是激发本国企业内生动力。本质上说，贿赂行为旨在市场环境下获取自由竞争外的利益，而非公平环境下要素资源的最优配置。鉴于此，在允许商业贿赂行为的市场条件下，自由竞争被破坏，多数企业的利益最大化也就无法保证。

基于以上理论，自20世纪70年代以来，美国就开始关注跨国公司国际贿赂行为所造成的本国企业间的恶性竞争。美国政府调查发现，在许多贿赂案例中，美国公司的竞争力已经形成优势，多数情况不需要用贿赂作为击败其他国家公司的竞争手段；特别是在军用和民用飞机的销售中，贿赂不是用来抗衡外国公司的竞争，反而是从其他美国企业那里赢得优势。因此，FCPA的出台自始就带有抑制贿赂，防止本国企业因投机取巧而失去创新动力、能力和精神的意义。

除推动企业专心主业提高核心竞争力外，FCPA执法也通过"长臂管辖"

的辐射和威慑作用，从深层次改变企业的商业行为。例如，从母公司辐射到其全球的子公司、合资公司等下属公司；从企业辐射到投资对象、合作伙伴等。例如，2015年，美国证券交易委员会对美国固特异轮胎橡胶公司（Goodyear Tire & Rubber Company）发起FCPA调查，最终双方签订和解协议，和解协议中指出，固特异轮胎橡胶公司在收购企业Treadsetters的过程中，未进行充分的尽职调查，因此未能发现和阻止商业贿赂的发生。最终，固特异轮胎橡胶公司向美国证券交易委员会支付了1 600万美元罚款。这一案例显示，FCPA鼓励企业在进行投资并购活动时对目标公司作出反腐败尽职调查，不得与高风险企业合作以分享违法利益。此后，对于目标公司、合作伙伴的反腐败尽职调查，已经逐步成为企业并购的惯例。

二是创造有利于美国企业的国际环境。从国际贸易层面看，贿赂的普遍发生构成实际贸易壁垒，扭曲国际贸易和投资方向，造成公平和开放的贸易投资格局整体恶化。美国政府认为，"在一个存在强烈竞争的世界里，我们也需要比自由贸易更多的东西。我们需要公平规则下的公平贸易"。这里的"公平贸易"，是指美国商人在外国市场上能够享有外国商人在美国市场上所享有的同等待遇和竞争条件。在这个意义上，海外贿赂和腐败就被视为最难的贸易障碍之一，特别是当贿赂是来自东道国官员利用权力强行索贿的时候。

但如果只有美国反对海外商业贿赂，则美国出口商会处于竞争的不利地位，被排除在某些重大项目的竞争之外，处于下游的美国企业也可能失去商业机会。为此，美国在1988—1998年的修订中逐渐扩大FCPA的管辖权，并通过"长臂管辖"迫使其他国家接受FCPA的基本原则。以德国为例，2001年以前德国法律并不禁止企业海外行贿，也对企业设立的秘密账户疏于监管，德国企业甚至还可把行贿金额从计税收入中扣除。正是在这种环境下，德国工业和制造业巨头西门子公司通过海外行贿手段，获取了巨大的商业成功。2007年，美国司法部和证券交易委员会同时对西门子开展了FCPA执法调查，西门子公司承认2000年至2006年在海外行贿16亿美元。2008年结案时，西门子公司向欧洲和美国支付了合计约16亿美元的罚金。这起案件的影响并不终结于西门子公司本身。截至2011年，德国59%的大型企业开始建立内部反腐败合规机制，德国经济合作与发展部也推出了新的反腐策略。这一现象可以看作美国FCPA执法的成效，即倒逼别国政府政策改革，从而建立有利于本国企业参与公平竞争的外部环境。

3.遏制和消灭竞争对手

从20世纪60年代后期开始，美国垄断资本开启大规模国际化，跨国公司飞速发展。进入21世纪后，依托于技术优势，美国跨国公司遍布电气和电子设备、汽车、化学、医药以及石油与分销行业，涉及领域从传统技术、基础学科，扩大到生物技术、空间科学、信息、自动化、新材料、新能源、激光等高技术领域并占据了国际竞争优势。从根本上看，美国推动跨国公司发展有各方面的战略目标，一是获取全球资源，壮大本国产业以及技术能力；二是将跨国企业作为排头兵，通过跨国企业影响、渗透甚至控制别国的产业和经济。为实现这些目标，美国对跨国公司使用了各种扶持手段，在国内出台了政府采购、技术研发补贴、经济激励等政策措施。与此同时，美国也不遗余力地通过政治手段为本国跨国企业海外竞争扫清障碍，而FCPA执法就是非常成功的手段之一。

以美国诉阿尔斯通公司为例。阿尔斯通公司（Alstom）是全球交通运输和电力基础设施领域的先驱，被认为是法国的工业明珠。其主营业务是在世界各地设计、建造和提供与发电设施、电网和轨道交通系统相关的服务，并在多国拥有直接和间接的子公司。2002—2014年，阿尔斯通公司的年销售额约为210亿欧元，在70多个国家雇用了约11万名员工。自2012年起，美国司法部对阿尔斯通公司展开调查，并认为阿尔斯通公司存在违反FCPA的重大行为，一是故意伪造账簿、记录和账目，将支付给外国官员的贿款记为"咨询费"和"佣金"，签订虚假合同和伪造相关记录掩盖其腐败计划；二是未能有效实施内部控制。阿尔斯通公司在2014年12月22日认罪，并同意支付7.72亿美元的罚款。阿尔斯通电力公司前任区域销售副总裁戴维·罗斯柴尔德、前任全球锅炉销售副总裁弗雷德里克·皮耶鲁齐、前任高级副总裁劳伦斯·霍斯金斯以及前任区域销售副总裁威廉·蓬波尼也相继认罪并被起诉。

阿尔斯通公司案展现了FCPA执法作为打击和遏制对手的几个特点：首先，司法部的介入依据是"最低限度联系原则"。本案中，阿尔斯通公司在埃及、沙特、中国台湾、印度尼西亚的贿赂行为中，主要使用了邮件方式进行沟通，因此司法认定对这家法国公司的美国域外行为具有管辖权。其次，动用了大量国家机器。在本案中，美国司法部刑事司、联邦调查局、康涅狄格州和新泽西州的联邦检察官等机构全程参与了执法调查。美国政府还出面协调各国相关机构参与，印度尼西亚消除腐败委员会、瑞士总检察长办公室、英国严重欺诈办公室以及德国、意大利、新加坡、沙特阿拉伯、塞浦路斯和中国台湾都支持了美国的调查行为。这些国家机器在调查中使用了大量的间谍手段，包括安置内线、截获电子邮件等。最后，本国跨国公司成为最终获益者。美国通用电气与阿尔斯通公司是全球市场的最大竞争对手，而该案从开始就有着通用电气的影子。从2000年开始，通用电气就认识到受FCPA制裁的公司是理想的"猎物"。到2010年，通用电气以承诺帮助公司管理层与美国司法部谈判为诱饵，收购了4家受FCPA调查的公司，阿尔斯通公司是第五家。本案当事人披露，该案调查过程中，阿尔斯通公司的CEO为脱罪，帮助通用电气以低于德国西门子和日本三菱重工几十亿美元的低价收购了阿尔斯通公司所有的能源电力业务，通用电气不仅肢解了竞争对手，还实际上控制了法国的所有核电站，对法国的国家安全造成了威胁。事实上，通用电气一直与美国司法部FCPA执法部门有着密切的联系，截至2014年，已有15位司法部检察官获得了其所提供合规部的管理职位。尽管没有证据证明该案是通用电气提起，阿尔斯通公司也并非无罪，但该案中蕴含的战略意图也是显而易见的。

从上述案例分析，美国通过FCPA执法首先对目标公司的财务进行沉重的打击，从而削弱这些公司的实力，使它们在美国企业面前变得更加脆弱，最终达到扫清或"吸收"竞争对手的目的。值得注意的是，美国在打击竞争对手时"六亲不认"，甚至是以盟国为主要对象，以此维护其经济上的领导地位以及本国企业的竞争力。在近20年内，德国、法国、意大利、瑞典、荷兰、比利时和英国最大的公司相继被定罪，罪名是腐败、银行犯罪或违反制裁，数百亿美元罚款进了美国国库，仅法国公司已被罚款超过130亿美元。

（二）反海外腐败"长臂管辖"政治外交目的

赔赂和腐败是所有国家人民深恶痛绝的，并被国际社会明确列为不道德和违法行为，因此一国国家或企业一旦被贴上腐败标签，将毫无疑问陷入铺天盖地的舆论攻击和抹黑当中。美国正是利用这一道德大棒才能使自己的政治意图得以贯彻，同时利用反海外腐败"长臂管辖"对别国造成严重影响。

1.掌握双边外交中的主动权

虽然美国《反海外腐败法》的实施对象是实施行贿行为的公司和个人，对受贿的官员并不处罚。但美国媒体和专家多次介绍，美司法部打算加大对涉案受贿机构和个人的名单发布的力度，目的是要让市场知道哪里会有风险，会有哪些风险，以及作出哪些不当行为会受到处罚。联想到前文中FCPA执法可获得的政治利益，对于行贿行为发生地的国家来说，这份名单无疑是随时可能爆炸的地雷。FCPA执法机构也非常明白这个道理，因此它们会利用受贿名单作为筹码来获取其他收益，例如要求名单中的人提供一些它们需要的信息或服务等，甚至将其变成外交谈判的筹码。

以美国2013年对阿根廷的执法为例。2001年阿根廷爆发金融危机并陷入债务违约，此后分别在2005年和2010年对千亿美元外债进行重组，债务折价幅度高达70%。约92%的债权人接受了基什内尔的外债重组方案，但仍有8%的"钉子户"要求全额还债。美国华尔街券商低价购入"钉子户"手中的原始债券并通过司法途径寻求全额追索。2012年，美国联邦法官判定阿根廷政府向美国华尔街基金全额偿还13.3亿美元违约债务，后得到美国联邦最高法院核准。但阿根廷拒绝执行判决，并于2014年在海牙国际法庭就美国法院的行为起诉，要求对美国采取司法行动。在这一系列背景下，2013美国司法部和证券交易委员会对IBM、拉夫劳伦、西门子和巴西航空工业公司在阿根廷的行贿行为提起了FCPA执法调查。在调查中，美国司法部和媒体发出消息，这3起案件涉及阿根廷多名内阁成员、在职和离职的部级高官以及重要政治人物子女。该案曝光以后，阿根廷政府作出了强烈反应，通过外交途径要求美方提供受贿官员的名单，同时指控行贿公司在阿根廷存在经营问题。

虽然FCPA执法调查及受贿丑闻的曝出并不能左右阿根廷与华尔街之间的法律纠纷，但给了经济危机中的阿根廷政府以沉重打击。最终在美国法官的协调下，阿根廷与华尔街基金达成和解。

2.抹黑发展中国家形象

如前所述，美国目前查处的294起案件中，违法贿赂行为发生的地点主要分布于亚洲、非洲、欧洲和美洲的120个国家或地区，海外腐败案件高发的前十大国家依次为中国、伊拉克、巴西、尼日利亚、墨西哥、印度尼西亚、印度、加蓬、俄罗斯和沙特，分别有66起、24起、23起、22起、22起、21起、20起、17起和16起，占所有案件的86%。可以看出，这些国家均为发展中国家和新兴市场国家。反观发达国家和地区，欧盟和加拿大各仅有1起，且欧盟涉及的拉脱维亚也是发展中国家。

美国政府和媒体在解读执法涉案国别分布时通常把上述现象解释为发展中国家是所谓的"腐败多发地"，但事实并非如此。欧盟一直也是腐败的高发地。2014年，欧洲联盟执行机构欧盟委员会就曾发布报告指出，欧盟国家每年的涉腐资金达1 200亿欧元（约合1 620亿美元），相当于整个欧盟国内生产总值的1%；且在相关调查中，43%的企业认为欧盟国家的腐败是个问题，建筑企业普遍认为腐败状况严重，76%的欧洲人认为他们所在国家的腐败猖獗。加拿大建筑行业工程也多次曝出腐败丑闻。在东亚，韩国多年被透明国际等国际组织认定为中等程度腐败国家，国内大企业与政府的关系紧密，不正当交易频发，曾有5位总统本人及其家族卷入贪腐的司法审判之中。

尽管这些国家或地区的腐败问题很严重，但在美国的FCPA执法中却明显缺席。通过FCPA执法，美国给国际社会留下了"发展中国家是腐败多发地"的主要印象，导致这些国家的国际形象和市场规则引发质疑。

3. 动摇别国政权

触发FCPA执法的行为是国际商业贿赂行为，其处罚的对象是行贿的企业，但尽管FCPA对受贿官员没有直接管辖权，但官员受贿的丑闻会在其所在国逐渐发酵。在美国带领的节奏下，这些丑闻很可能成为动摇一国执政政府的有效武器。

以美国诉巴西国家石油公司案为例。巴西国家石油公司是巴西国家控股的石油和天然气公司，在包括美国在内的18个国家开展业务，其股票在美国证券交易委员会注册，并在纽约证券交易所交易。美国司法部和证券交易委员会早在2014年就对巴西国家石油公司开展调查。调查发现，2004—2012年，巴西国家石油公司高管、经理、承包商和供应商从事了大规模的串通投标和贿赂，以允许承包商获得合同并维持巴西的政治家和政党的支持。贿赂款合计约20亿美元，大约10亿美元流向政客和政党。同时，支付贿赂的款项被作为合法费用记录在公司账目上。2018年9月27日，美国司法部宣布与巴西国家石油公司达成不起诉协议，巴西国家石油公司同意支付总计8.5亿美元的罚款，承诺完善合规机制，并向司法部提交报告。

该案不是一起单纯的FCPA执法案件，而是与巴西著名的反腐运动"洗车运动"息息相关。围绕巴西国家石油公司的腐败网络被牵出，直接影响到巴西政坛，巴西时任总统遭弹劾下台，其所属劳工党的官员大量涉案，引发政治危机。

首先，本案执法的对象是政府直接控制的企业。巴西政府直接持有巴西国家石油公司约50.26%的普通股，巴西经济和社会发展银行（Brazilian Economic and Social Development Bank）持有其9.87%的普通股，且时任巴西总统罗塞夫曾担任巴西国家石油公司董事局主席多年。本案不起诉协议中明确指出,巴西国家石油公司"作为巴西共和国的一个机构,受到主权豁免的保护"。这一说法表面上给予了违法企业一定的保护,但更进一步明确了违法行为的主体是政府,将大面积腐败的矛头直指政府。此外,FCPA执法也造成企业的巨额经济损失。作为曾经的世界八大石油公司之一,巴西国家石油公司因案件曝光导致股票下跌、股民索赔,损失高达20亿美元。

其次,揭露执政党贪腐丑闻,扶植美国利益代言人。巴西国家石油公司案涉及的巴西政要众多,特别是时任总统罗塞夫曾担任巴西国家石油公司董事局主席多年,还试图阻挠本国对巴西国家石油公司腐败案进行调查。可以想见,若非美国通过FCPA曝光丑闻,该案很难引起如此大的风波。但美国的行为并非"见义勇为"。实际上,罗塞夫及其劳工党作为左翼政党,一直反对美国干涉,引起了美国的不满。① 此外,还有媒体指出在巴西众议院通过罗塞夫弹劾案的当天,梅特尔派民主运动党参议员努内斯前往华盛顿,会见了一系列美国政府官员,以及与克林顿关系密切的游说团。而努内斯正是总统弹劾案的重要领导人物。

最后,震慑拉美各国。巴西国家石油公司案直接或间接牵出的拉美政要包括巴西前总统、厄瓜多尔前副总统、哥伦比亚前总统、秘鲁前总统以及墨西哥、阿根廷、莫桑比克等国的官员。其中秘鲁前总统加西亚为避免被捕自杀身亡。美国通过FCPA执法,"四两拨千斤"地搅动了拉美政坛,重拾并扩大了在拉美的影响力。

四、美国反海外腐败及其"长臂管辖"的执法特点

随着全球政治经济格局的变化和大国博弈的加剧,反海外腐败逐渐演变为美国维护霸权主义、打击和遏制对手的有效工具,不断被赋予"长臂管辖"的效力,凸显以下特征:

---

① 在"洗车运动"中,罗塞夫被罢免,副总统梅特尔继任巴西总统。据法新社报道,维基解密网站公开了两份电报,指出梅特尔在担任国会议员时期,还扮演着"美国情报部门的外交线人"角色,包括向美方透露了民主运动党将在选举中挑战前总统卢拉的计划。

（一）"长臂管辖"案件占比超过1/3

从已有执法案件来看，FCPA的被告方主要包括以下5种：①发行人，即在美国证券交易机构上市或需要定期向证券交易委员会提交报告的美国和外国上市公司及以上市公司名义行事的管理人员、董事、代理人、股东和雇员；②国内人，即美国企业和自然人（"国内人"）及以"国内人"名义行事的管理人员、董事、代理人、股东和雇员；③发行人的子公司和关联方；④在美国境内直接或间接参与推进腐败付款（或付款邀约、承诺或授权）的任何行为的外国个人或外国的非上市企业的实体及以其名义行事的管理人员、董事、代理人、股东和雇员；⑤根据属地管辖原则确定的在美国境内的其他人。

在各类对象中，外国企业占比合计为36%，其中在美国上市的外国企业（及其子公司、代表人）涉案占案件总数的28%，既非美国公司也不在美国上市的外国企业约占8%。以2022年FCPA执法案件为例，2022年受FCPA执法的8家企业中，只有美国某全球高科技和制造公司、美国某医疗废品管理公司、美国某全球知名软件公司3家企业的总部位于美国，瑞士某全球科技公司、瑞士某跨国商品贸易和矿业公司、巴西某航空公司、卢森堡某全球钢管制造公司及韩国某电信公司均是总部设立在外国（非美国）的国际企业，年度"长臂管辖"案件占比过半。

（二）涉案地区体现美国海外利益需求

从执法区域来看，FCPA执法地区分布较为分散，294起案件广泛分布于亚洲、非洲、欧洲和美洲的120个国家或地区。但事实上，美国执法案件的地区并非是其所谓的"腐败多发地"，而是更多地集中在美国企业主要参与市场竞争的发展中国家和新兴市场。美国两大执法部门查处的海外腐败案件高发的前十国家依次为中国、伊拉克、巴西、尼日利亚、墨西哥、印度尼西亚、印度、加蓬、俄罗斯和沙特，仅涉及这10个国家的案件在所有案件中的占比就超过86%，而对比来看，排名在末30位的腐败案发国的案件数量约占案件总数的10%。

（三）"长臂执法"的惩处力度更大

FCPA国际化后，外国企业逐渐取代美国本土企业成为这场反腐行动风暴的"台风眼"，但美国执法部门却并非一视同仁地对待本土企业和外国企业。外国企业事实上都遭受了更严重的处罚，这主要体现在处罚金额上。截至2020年底，执行案件中被罚金额最大的前十家企业均为外国企业（见图5-4），其行业涉及能源、航空、电信、金融和机械等多个产业，涉及巴西的Odebrecht S.A.（非上市企业）、欧洲的空客、瑞典的爱立信、德国的西门子、法国的阿尔斯通等企业，罚金的平均值高达16.6亿美元，而剔除这10个极端值后，剩余被处罚企业平均缴纳的罚款仅为3 500万美元。此外，从处罚金额平均值来看，历年美国企业因违反FCPA缴纳的平均罚款为1 750万美元，而被控违反FCPA的外国公司需要缴纳的平均罚款则为9 110万美元，高达前者的5倍多。

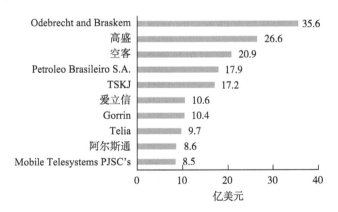

图5-4　反海外腐败法执行案件中被处罚金额最大的前十家企业（截至2020年底）
资料来源：美国司法部网站。

（四）中国成为"长臂管辖"的重点关注

FCPA虽然未直接对中国大陆企业进行执法，但自2004年起，中国已经成为美国司法部与美国证券交易委员会在FCPA执法实践中最受关注的国别。

一是美国司法部提出 "中国行动计划"。2018年11月1日，美国时任司法部部长Jeff Sessions宣布 "中国行动计划"，旨在 "应对来自中国的国家安全威胁，并维护美国的经济利益"。Jeff Sessions为 "中国行动计划" 设定了十大目标，并通过多个策略予以实施，其中包括 "甄别并优先处理同美国企业竞争的中国企业违反FCPA的案件"。DOJ将FCPA执法视为维护美国国家安全的手段，并在执法中聚焦于与美国企业直接竞争的中国企业。尽管 "中国行动计划" 实施以来，因其多项针对在美国工作的华裔科研人员，或者与中国有交流合作的美国科学家发起的调查，在美国国内引发争议并招致广泛批评，DOJ被迫表示 "中国行动计划" 并不是正确的方式，并在2022年2月将其取消。但美国司法部国家安全部门现任负责人、助理部长Matthew G. Olsen在宣布这一决定时强调，"司法部仍将继续全力应对来自中国等国家带来的安全威胁，聚焦在那些检察官认为与美国国家或经济安全利益有明显关联的犯罪行为"。由此可见，美国以反腐败为手段针对中国的打压政策并不会停止。

二是涉华案件数量位列榜首。2004年至今，美国《反海外腐败法》涉及中国案件共68起，案件数量位列所有国家榜首。从FCPA涉华案件的年份分布来看，自2007年以来，美国不断强化该法案的执法力度，涉华执法案件数量在年份间的波动较大。其中，2016年涉华案件数量高达15起，为近年来之最。

值得注意的是，近年来中美贸易摩擦升级，从2017年起，FCPA涉华案件的比重呈现出快速上涨的趋势（见图5-5）。2019年，在FCPA执法的全球19起案件中，有9起与中国有关，这意味着2019年FCPA案件中有近半数（47.37%）的案件与中国有关，这一比例为近三年之最。2020年，FCPA共提起了11起公司执法行动，有4起案件涉及中国；2021年FCPA共提起了4起公司执法行动，有2起案件涉及中国；2022年FCPA共提起了10起公司执法行动，有3起案件涉及中国。

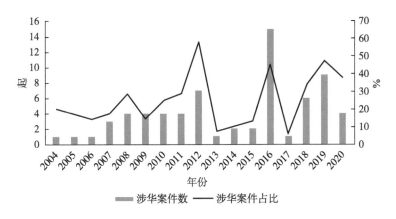

图5-5　美国海外腐败涉华案件情况

资料来源：根据美国司法部网站及环球律师事务所数据整理。

（五）高科技制造、能源是"长臂管辖"高风险行业

根据斯坦福法学院统计分析FCPA的历史数据，能源、医疗、工业及科技制造行业是FCPA执法数量排名前四的行业。因此，整体来看，高科技、制造及能源行业仍是腐败高发风险行业，开展前述相关业务的企业更可能成为FCPA重点执法对象。2022年受FCPA"长臂管辖"执法的5家外国企业，全部属于高科技制造业，违法相关业务涉及能源、航空、电信领域（见表5-1）。

表5-1　2022年反海外腐败"长臂管辖"执法案件

序号	被罚企业名称	所属行业	违法行为有关业务
1	瑞士某全球科技公司	高科技与制造业	能源
2	巴西某航空公司	航空业	航空
3	瑞士某跨国商品贸易和矿业公司	制造业	石油
4	卢森堡某全球钢管制造公司	制造业	石油
5	韩国某电信公司	电信行业	电信

资料来源：根据美国司法部网站及环球律师事务所资料整理。

（六）"长臂执法"重视国际协调推进

2021年12月6日，拜登政府出台《美国反腐败战略》，以海外反腐为抓手推进其"美国再次领导世界"的外交策略。该战略中包含了5项重要的反腐举措，包括维护和加强多边反腐败架构以及改善外交和利用对外援助来实现反腐败目标。按照该战略，美国政府力图构建一个由其领导的全球反腐败体系，扩大与伙伴国的反腐合作，发起美国牵头制裁"盗贼统治"和贿赂行为的"反对避风港协议"，通过外交和对外援助，加强伙伴国的立法、执法、侦察能力，建设并加强对跨国行动的支持；同时，利用国际组织加强反腐，维护和加强经济合作与发展组织、美洲国家组织和联合国等国际组织的国际反腐败架构，推动G20和G7落实反腐败措施。2022年7月5日，美国国务院任命曾经的制裁专家Richard Nephew担任"全球反腐败问题协调员"，加强美国政府在反腐败问题上的协调，与国际伙伴密切合作推进美国的反腐败政策。由负责美国外事工作的美国国务院设立"全球反腐败问题协调员"进行"反腐"，是在妄图推行"长臂管辖"，是名为反腐实为霸权的典型作为。

可以看到，作为全球第一个颁布《反海外腐败法》的国家，美国反海外腐败的法律体系在40多年的实施过程中始终服务于其政治、外交以及经济目的，执法实践具有鲜明的"长臂管辖"特征，对全球各个国家和地区的跨国公司都产生了不同程度的影响。在中美大国博弈不断加剧的背景下，反海外腐败已经发展成为美国政府继经济制裁以及出口管制之后，遏制中国经济发展、精准打压中国企业的重要工具。面对美国《反海外腐败法》的"长臂管辖"，无论是从国家的立法和司法层面，还是从企业的知法和应对层面，相关主管部门和企业都应积极应对，了解以《反海外腐败法》为主的美国法律体系，熟悉美国反海外腐败"长臂管辖"的执法手段，形成国家和企业联动的有效机制。

第六章 >>>

美国"长臂管辖"与反洗钱

美国是最早开始反洗钱制度建设的国家之一。在反洗钱立法方面，美国反洗钱法律起步较早，经过多年修订和发展，已经形成一套较为成熟的体系。而在执法方面，美国有着强大的经济、金融影响力，也具备强大的域外执法能力。随着近年来美国单边主义和霸权行径愈演愈烈，其不断延伸反洗钱领域的"长臂管辖"，即使是美国境外的金融机构，如果违反美国的反洗钱法律，也有可能遭受严厉处罚。在此背景下，本章在系统介绍美国反洗钱基本制度的基础上，梳理了"长臂管辖"在美国反洗钱领域的拓展应用方式、实施基础，以及其对华应用的典型案例和不利影响，并提出加强反洗钱合规建设、促进反洗钱信息共享、推动建设"去美元化"跨境结算体系、完善我国反洗钱法律域外适用的对策建议。

一、美国反洗钱制度概述

"洗钱"（money laundering）通常是指犯罪分子，包括恐怖组织，企图掩盖其非法活动的收益、来源或性质的金融交易。洗钱活动助长了贩毒、恐怖活动、贪污腐败等严重的刑事犯罪，并最终威胁金融体系的完整性和稳定性。为有效打击洗钱行为，主权国家和国际组织积极行动，通过订立国际公约等多种方式加强反洗钱监管。美国是反洗钱领域立法的先行者，已经构建了成熟的反洗钱法律和制度框架，并在反洗钱监管领域积累了大量实践。

（一）美国反洗钱领域的立法演进

在反洗钱领域，美国已在联邦层面和州层面颁布了多部反洗钱法律。其中，联邦层面立法包括《银行保密法》《洗钱控制法》《洗钱检控改善法案》等主要规范，近年来呈现出与经济制裁联系越发紧密、对虚拟资产的反洗钱监管越发强化、"长臂管辖"不断延伸的演化趋势。

1.美国联邦层面在反洗钱领域的主要立法

自1970年《银行保密法》颁布以来，美国从联邦层面在反洗钱领域制定了多部法律，不同时期颁布的法律重点关注的问题不同，简要总结如下：

（1）1970年《银行保密法》（Bank Secrecy Act，BSA）

1970年，BSA对洗钱监管进行了初步探索。该法规定了大额交易报告制度，即对于超过1万美元的交易，金融机构必须向财政部提交支付或转移资金的报告，其中包括客户身份及资金来源等信息。

（2）1986年《洗钱控制法》（Money Laundering Control Act，MLCA）

1986年，MLCA首次将"洗钱"定位为犯罪，并增加了没收财产的罚则。该法将洗钱罪细化为4种罪名，即金融交易洗钱罪、输送货币工具洗钱罪、在暗中打击行动中的洗钱罪和货币交易洗钱罪，对于洗钱罪的处罚既包括罚款，也包括监禁等刑事处罚[①]。该法与BSA一起构成了美国反洗钱法律制度的核心，并为其他国家反洗钱法的制定，以及国际上反洗钱公约的制定提供了参考[②]。

（3）1988年《洗钱检控改善法案》（Money Laundering Prosecution Improvement Act，MLPIA）

相较于BSA主要将银行等金融机构作为监管对象，MLPIA扩展了"金融机构"的定义，使其包括了汽车经销商、房地产服务人员等主体，进而将反洗钱监管对象范围进一步扩大[③]。

（4）1992年《阿农齐奥-怀利反洗钱法案》（Annunzio-Wylie Anti-Money Laundering Act）

该法引入了可疑活动报告制度（suspicious activity reports，SARs），要求银行报告他们认为可疑或非正常的交易，并加重了对犯有洗钱罪的金融机构的处罚。此外，该法设立了"《银行保密法》咨询小组"（Bank Secrecy Act Advisory Group，BSAAG），BSAAG由公开提名的金融机构、非联邦监管机构、执法机构和贸易团体组成，由FinCEN（金融犯罪执法网络）主任担任主席，就BSA业务事项向财政部部长提供咨询意见[④]。

（5）1994年《洗钱抑制法案》（Money Laundering Suppression Act，MLSA）

该法要求银行机构加强培训，并制定反洗钱审查程序，增强对洗钱活动的识别，并改进了向执法部门报告可疑活动的程序[⑤]。该法进一步扩展了反洗钱监管的范畴，将金融服务业务（Money Service Businesses，MSB）纳入反洗钱法的规制中，要求每家MSB必须注册，将经营未注册的MSB定为联

---

① 王新.追溯美国反洗钱立法之发展[J].比较法研究，2009（2）：98-109.

② 同上。

③ 同上。

④ The History of Anti-Money Laundering–Events, Regulations, and Adaptations in the United States，https://www.kroll.com/en/insights/publications/compliance-risk/history-anti-money-laundering-united-states，最后访问时间2023年7月21日。

⑤ History of Anti-Money Laundering Laws, https://www.fincen.gov/history-anti-money-laundering-laws，最后访问时间2023年7月22日。

邦犯罪[①]。

（6）1998年《打击洗钱和金融犯罪战略法》（Money Laundering and Financial Crimes Strategy Act，MLFCSA）

该法要求银行为银行审查员提供培训，还要求财政部和其他机构制定反洗钱国家战略（National Money Laundering Strategy），[②]并设立高强度洗钱和相关金融犯罪领域工作组（High Intensity Money Laundering and Related Financial Crime Area，HIFCA），将执法工作集中在洗钱最严重的地区[③]。

（7）2001年《爱国者法案》（Uniting and Strengthening America by Providing Appropriate Tools Required to Intercept and Obstruct Terrorism Act of 2001，USA PATRIOT Act）

"9·11"事件使美国意识到识别和打击恐怖融资的重要性。在此之后，美国国会出台了《爱国者法案》，其主要目的是威慑和惩罚美国和世界各地的恐怖主义行为，加强相关的执法调查，具体包括：加强美国预防、侦查和起诉国际洗钱和资助恐怖主义的措施；对外国司法管辖区、外国金融机构、国际交易或其他涉嫌犯罪的账户开展特别审查；要求金融服务业的所有相关部门报告潜在的洗钱活动；强化防止外国腐败官员利用美国金融系统谋取私利的措施[④]。

（8）2004年《情报改革及恐怖主义预防法》（Intelligence Reform & Terrorism Prevention Act of 2004，IRTPA）

IRTPA解决了信息搜集和情报体系中存在的若干问题，其中也包括金融情报的搜集活动。该法还建立了国家反恐中心（NCTC）、隐私和公民自由

---

① History of Anti-Money Laundering Laws, https://www.fincen.gov/history-anti-money-laundering-laws，最后访问时间2023年7月22日。

② 1999年，美国财政部、司法部和国土安全部发布了第一部《反洗钱国家战略》。

③ History of Anti-Money Laundering Laws, https://www.fincen.gov/history-anti-money-laundering-laws，最后访问时间2023年7月23日。

④ USA PATRIOT Act, https://www.fincen.gov/resources/statutes-regulations/usa-patriot-act，最后访问时间2023年7月23日。

监督委员会和信息共享委员会（ISC），加强情报搜集能力[①]。

（9）《2020年反洗钱法案》（The U.S. Anti-Money Laundering Act of 2020，AMLA）

2021年1月1日，美国国会颁布了《2021财年国防授权法案》（NDAA），其中包含了《2020年反洗钱法案》，其中改革了多项美国反洗钱法律制度。该法进一步扩张了"金融机构""货币工具"等关键定义，扩大了规制的范畴和对象。该法还延伸了美国在反洗钱领域的"长臂管辖"权，允许美国财政部和司法部向在美国设有代理行账户的任何外国银行调取与该代理账户或该银行任何账户相关的记录（包括在美国境外保存的记录），从而进一步强化美国政府的域外取证能力。此外，该法规定了新的实益所有权报告要求（reporting of information on beneficial ownership），加强金融机构、执法部门、情报机构之间的信息共享，[②]并改进了举报人制度，给予举报人最高达处罚金额30%的奖励。

（10）《反洗钱举报者改进法案》（Anti-Money Laundering Whistleblower Improvement Act）

2022年12月29日，美国总统拜登签署了《反洗钱举报者改进法案》，该法案进一步激励员工和组织向其组织、司法部或财政部报告涉嫌洗钱的活动，并修改了对提供与非法货币交易、洗钱或其他金融犯罪有关的原始信息的举报人的奖励管理，规定对举报人的最低奖励不少于所收罚款的10%[③]。

2.美国反洗钱立法的演化趋势

近年来，随着国际形势的改变、美国外交动向的变化，以及科技的不断进步，美国的反洗钱立法主要呈现出以下3个特点：

---

① 参见The Intelligence Reform and Terrorism Prevention Act of 2004（IRTPA），https://bja.ojp.gov/program/it/privacy-civil-liberties/authorities/statutes/1282，最后访问时间2023年7月23日。

② 根据该法第6308条的规定，"受益所有人"是指直接或间接（通过任何合同、安排、谅解、关系或其他方式）行使实质性控制权或拥有或控制不少于25%份额的个人；"报告公司"指的是未包括公共实体且拥有超过20名全职员工、总收入超过500万美元并在美国开展业务的公司。

③ 参见The Anti-Money Laundering Whistleblower Improvement Act: What to know，https://www.cohnreznick.com/insights/anti-money-laundering-whistleblower-rules-gcs-risk，最后访问时间2023年7月23日。

（1）与经济制裁的联系越发紧密

在美国单边主义和霸权主义愈演愈烈的背景之下，美国正在运用单边经济制裁等手段不断打击特定外国实体，而反洗钱也成为美国强化经济制裁效果的工具之一，其与经济制裁的联系越发紧密。从法律规则上看，《美国法典》第1956节（a）款规定了洗钱的构成要件，其中包括"开展涉及特定非法行为的金融交易"，而"特定非法行为"包含了多项与经济制裁有关的规则，例如《国际紧急经济权力法》（The International Emergency Economic Powers Act，IEEPA）第206节、《对敌国贸易法》（Trading with the Enemy Act，TWEA）第16节，以及《朝鲜制裁和政策强化法案》（North Korea Sanctions and Policy Enhancement Act，NKSPEA）等[①]。其中，TWEA于1917年通过，旨在规范美国参与第一次世界大战后与敌对国家的国际交易，而1945年至20世纪70年代初，TWEA已经成为美国冷战战略中对外实施制裁的主要手段，总统可以依据该法实施阻止国际金融交易、扣押外国人持有的美国资产、限制外国对美直接投资等措施[②]。IEEPA也赋予了总统广泛的权力，可以在宣布"国家紧急状态"[③]后管理各种经济交易。两部法律皆为美国在单边经济制裁领域的主要法律。而2016年通过的NKSPEA要求总统制裁促成朝鲜核计划、武器贸易、侵犯人权或非法活动（包括矿产或金属贸易）的实体，如果在美国管辖范围内，则封锁属于朝鲜政府或劳动党的任何财产[④]。若金融机构为违反上述经济制裁法律的主体提供金融服务，也会涉嫌违反美国的反洗钱法律，进而遭受处罚。而从合规实践来看，经济制裁合规与反洗钱合规的联系也越发紧密，虽然二者的合规要求不同，但是服务于

---

① 参见孟刚，包康赟.美国反洗钱与经济制裁的并存交互关系及其启示[J].经贸法律评论，2022（1）：71-90.

② 参见 The International Emergency Economic Powers Act: Origins, Evolution, and Use（Updated March 25, 2022），https://crsreports.congress.gov/product/pdf/r/r45618，最后访问时间2023年7月21日。

③ 根据美国国会研究局发布的 *The International Emergency Economic Powers Act*: *Origins*, *Evolution*, *and Use*（Updated March 25, 2022）报告，截至2022年3月25日，总统已宣布67起援引 IEEPA 的国家紧急状态，其中37起正在进行中，历史表明，援引 IEEPA 的国家紧急状态通常持续近十年，有些甚至更长。

④ Center for Arms Control and Non-proliferation, Fact Sheet: North Korea Sanctions, https://armscontrolcenter.org/fact-sheet-north-korea-sanctions/，最后访问时间2023年7月20日。

共同的国家安全目标，因此一些金融机构的反洗钱合规计划中也会涉及遵守经济制裁规则的内容[1]。

（2）对虚拟资产的反洗钱监管逐渐强化

随着区块链等技术在金融领域的应用，虚拟资产交易所引发的洗钱风险增高，美国对虚拟资产的反洗钱监管也不断强化。例如，受到2022年11月FTX破产及其前任首席执行官刑事起诉事件的推动，美国参议员针对虚拟资产监管提出《数字资产反洗钱法》（Digital Asset Anti-Money Laundering Act）[2]。该法案将通过填补现有反洗钱和打击恐怖主义融资框架中的漏洞来降低加密货币和其他数字资产交易中的反洗钱风险。其亮点在于将传统金融监管规则引入数字资产交易领域，即任何通过软件开发或验证网络上的交易来帮助维护公共区块链基础设施的人必须注册为"金融机构"，并必须履行建立并实施有效、可信的反洗钱制度[3]。

（3）反洗钱"长臂管辖"不断扩张

随着美国近年来积极推行单边主义，在反洗钱领域的立法上，美国也呈现出延伸其"长臂管辖"的趋势。《爱国者法案》第317条规定了美国法院的长臂司法管辖权，即对在美国金融机构中设有账户的外国金融机构行使管辖权；第319条规定了美国执法机构的"长臂管辖权"，即要求在美国设有代理行账户（correspondent accounts）的外国银行提供与该代理行账户有关的记录，美国监管机构还可以依据《爱国者法案》第311条对境外金融机构采取特别措施。《2020年反洗钱法案》则进一步延伸了美国在反洗钱领域的长臂执法管辖权，允许美国财政部和司法部向在美国设有代理行账户的任何外国银行调取与该代理账户或该银行任何账户相关的任何记录（包括在美国

---

[1] Federal Financial Institutions Examination Council（FFIEC）Bank Secrecy Act（BSA）/Anti-Money Laundering（AML）Examination Manual，https://bsaaml.ffiec.gov/manual/Introduction/01，最后访问时间2023年7月21日。

[2] Digital Asset Anti-Money Laundering Act，https://guidehouse.com/insights/financial-crimes/2022/digital-asset-anti-money-laundering-act?lang=en，最后访问时间2023年7月20日。

[3] USA《反洗钱法案》，FTX后的"亡羊补牢"？，https://www.sohu.com/a/640266612_104036，最后访问时间2023年4月30日。

境外保存的记录）。

（二）美国反洗钱执法制度

目前，美国在反洗钱领域已经形成较为严密的执法体系，由财政部、司法部等部门作为主要执法机构，美联储、联邦存款保险公司等联邦银行机构，以及证券交易委员会等部门也负责各自领域的反洗钱审查和执法工作。上述部门除了搜集金融情报和发布相关的反洗钱信息，还开展反洗钱风险评估及合规检查，并实施个案执法。

1.美国反洗钱主要执法机构

根据BSA等法律的授权，美国财政部、司法部、美联储等联邦银行机构、美国移民和海关执法局、国土安全调查局等部门依法在分管领域内行使独立职权。同时，各部门之间通过金融情报网络实现情报共享，形成了相互配合的反洗钱监管网络。

（1）财政部

财政部负责全力打击国内外洗钱活动的各个方面，反洗钱的核心监管部门FinCEN隶属财政部的恐怖主义和金融情报局（Terrorism and Financial Intelligence，TFI）。TFI利用财政部的资金、核心财务专门知识、业务资源以及与私营部门和国际社会的广泛关系，来识别和打击国内、国际金融体系中的洗钱活动。于1990年成立的FinCEN是美国进行反洗钱监管的核心机构，旨在通过分析BSA要求提供的信息来支持联邦、州，以及国际执法活动。《美国法典》第31编第310条及财政部第180-01号命令规定了FinCEN的以下权责：①利用一系列金融交易信息维持政府内部的数据访问服务；②为联邦、州、地方、国际上的执法调查人员提供信息支持；③对洗钱和其他金融犯罪的发展趋势进行研判；④承担美国金融情报机构职能；⑤颁布并修订法规，并对处罚情况进行评估；⑥设计并实施与预防和侦查洗钱及其他金融犯罪相关的公共外联和沟通计划。

（2）司法部

美国司法部也是美国反洗钱体系中的重要部门，司法部刑事局下设洗钱和资产追回处（Money Laundering and Asset Recovery Section），负责反洗钱执法工作和资产没收工作，具体包括国际洗钱和资产没收案件的调查和起诉，向联邦、州和地方检察官和执法人员以及外国政府提供法律和政策援助和培训，制定和审查立法、管理资产没收计划等[①]。司法部联邦调查局下设的洗钱、没收和银行欺诈处（Money Laundering, Forfeiture, and Bank Fraud Unit）负责支持各类洗钱相关案件的调查，司法部毒品强制执行局（Drug Enforcement Administration）则负责毒品相关反洗钱案件的调查和起诉。

（3）联邦银行机构

联邦银行机构主要包括联邦储备系统（Federal Reserve System）、货币监理署（Office of the Comptroller of the Currency）、联邦存款保险公司（Federal Deposit Insurance Company）、国家信用合作社管理局（National Credit Union Administration）和其他州银行机构等[②]，负责监督在美国运营的各种银行实体，包括美国银行的外国分支机构[③]。根据美国反洗钱法，银行作为金融机构需要履行反洗钱义务。在反洗钱领域，联邦银行机构要求其监管下的每家银行建立并维护 BSA 合规计划，并在监管检查中审查银行对 BSA 合规计划的遵守情况[④]。美联储与 FinCEN、联邦存款保险公司、货币监理署等机构共同发布了联合声明，监管银行对 BSA 的遵守情况（包括可疑活动报告和货币交易报告的提交情况），并协助 FinCEN 实施《爱国者法案》

---

① U.S. Department of Justice，https://www.justice.gov/criminal/criminal-mlars，最后访问时间 2023 年 7 月 21 日。

② Baker Mackenzie：Who regulates banking and financial services in your jurisdiction?，https://resourcehub.bakermckenzie.com/en/resources/global-financial-services-regulatory-guide/north-america/united-states-of-america/topics/who-regulates-banking-and-financial-services-in-your-jurisdiction，最后访问时间 2023 年 7 月 21 日。

③ Federal Financial Institutions Examination Council（FFIEC）Bank Secrecy Act（BSA）/Anti-Money Laundering（AML）Examination Manual，https://bsaaml.ffiec.gov/manual/Introduction/01，最后访问时间 2023 年 7 月 21 日。

④ 同上。

第311条特别措施①。

（4）证券交易委员会

美国证券交易委员会下设审查部（Division of Examinations），对经纪交易商和共同基金进行反洗钱合规性检查，旨在提醒公司根据反洗钱规则承担相关义务，并协助经纪交易商审查和加强其反洗钱计划，特别是监测并向执法和金融监管机构报告可疑活动②。审查部每年会发布年度审查重点，其中大部分涉及经纪交易商和注册投资公司的反洗钱合规情况审查。此外，审查部还会发布反洗钱"源工具"，作为经纪交易商履行反洗钱义务的参考指南，并定期发布涉及反洗钱主体的风险警报，其中也涉及反洗钱议题③。

此外，美国移民和海关执法局（ICE）、国土安全调查局（HIS）也是美国反洗钱执法的重要部门。其中，ICE主要打击基于贸易的洗钱活动（trade-based money laundering，TBML），通过分析与其他国家贸易透明度部门合作获得的贸易数据，识别其中可能存在的涉嫌洗钱活动的非法交易，并与HIS等部门实施联合执法④。HIS与FinCEN等联邦政府部门和美国金融机构合作，打击现金走私、TBML、第三方洗钱、虚拟货币洗钱等各类洗钱活动⑤。HIS在海外拥有12家经过审查和运作的跨国刑事调查单位，促进与外国合作伙伴的信息交流，并对共同调查权限范围内的违法行为进行快速双边调查，其中就包括金融犯罪和洗钱犯罪⑥。

---

① Board of Governors of the Federal Reserve System, https://www.federalreserve.gov/default.htm，最后访问时间2023年7月21日。

② U.S. Securities and Exchange Commission, https://www.sec.gov/about/offices/ocie/amlsourcetool，最后访问时间2023年7月20日。

③ 同上。

④ U.S. Department of Homeland Security, https://www.dhs.gov/trade-transparency，最后访问时间2023年7月20日。

⑤ Written testimony of ICE Homeland Security Investigations Investigative Programs Assistant Director Matthew Allen for a Senate Committee on the Judiciary hearing titled "S.1241: Modernizing AML Laws to Combat Money Laundering and Terrorist Financing", https://www.dhs.gov/news/2017/11/28/written-testimony-ice-senate-committee-judiciary-hearing-titled-s1241-modernizing，最后访问时间2023年7月20日。

⑥ 同上。

2. 美国反洗钱调查执法方式

美国反洗钱执法机构的调查和执法方式主要包括：

（1）数据分析和发布

在信息和数据的获取上，美国不仅形成了国内政府机构之间的信息共享网络，也在海外建立起了调查单位，通过加强与外国执法机构的合作，增强搜集情报和证据等方面的能力。以FinCEN为例，FinCEN根据BSA从金融机构收集的金融数据，具备链接各类数据库的能力，并通过与其他部门加强合作来搜集各类金融情报，运用这些金融情报支持金融犯罪调查[①]。而在跨国信息的搜集方面，FinCEN与外国金融情报机构就情报分析、反洗钱监管和反洗钱执法进行合作，共同打击洗钱犯罪及其他金融犯罪[②]。

在数据分析和发布方面，美国反洗钱执法机构会发布包括BSA指南、反洗钱"源工具"在内的反洗钱相关的法律法规指引手册、调查清单等，以帮助金融机构履行反洗钱义务。美国反洗钱执法机构还会定期发布风险警报、BSA数据趋势分析、洗钱风险评估等信息，向金融机构等相关主体提示洗钱风险。

（2）风险评估及合规检查

联邦金融机构审查委员会（Federal Financial Institutions Examination Council）发布了《BSA/AML审查手册》，为货币监理署等联邦银行机构的审查人员洗钱风险审查以及金融机构的BSA/AML合规审查提供指引。FinCEN也与联邦银行机构合作，开展反洗钱风险及合规审查。

其中，BSA/AML风险评估的开展通常涉及识别银行特有的风险类别（如产品、服务、客户和地理位置），以及对所识别信息的分析，以更好地评

---

① The Value of FinCEN Data, https://www.fincen.gov/resources/law-enforcement/case-examples? page=1, 最后访问时间2023年7月25日。

② Financial Crimes Enforcement Network, https://www.fincen.gov/resources/international-programs, 最后访问时间2023年7月25日。

估这些特定风险类别中的风险①。而BSA/AML合规计划必须满足以下要求：①确保持续合规的内部控制系统；②由银行人员或外部人员进行合规独立测试；③指定一人或多人负责协调和监测日常合规情况（BSA合规官）；④培训适当的人员②。

（3）个案处罚

违反美国反洗钱法可能会面临高额罚款，银行账户被冻结、扣押和没收，失去美元结算资格，监禁等处罚。

根据《美国法典》第18章第1956条的规定，国内洗钱犯罪或国际洗钱犯罪可处以最高20年监禁和最高50万美元的罚款，或涉及违规行为的收益金额的2倍。

而对于外国金融机构而言，违反美国反洗钱法还可能面临在美国境内金融机构的联行账户被冻结、扣押和没收，被剥夺美元结算资格等处罚。

二、"长臂管辖"在美国反洗钱领域的拓展运用

在反洗钱领域，美国能够对境外的金融机构和个人行使长臂管辖权。在诉讼过程中，美国法院可以对在美国设有代理行账户的境外金融机构行使管辖权；在执法过程中，美国执法机构可以要求在美国有代理行账户的外国银行提供与代理行账户或该行的任何账户相关的记录（包括境外储存的记录），还可以对构成"初步洗钱担忧"的外国实体采取特别措施。

（一）美国反洗钱"长臂管辖"的法律依据

美国对于反洗钱"长臂管辖"的规定主要存在于《爱国者法案》之中，既包括司法领域的"长臂管辖"，也包括执法领域的"长臂管辖"。

---

① Federal Financial Institutions Examination Council，Bank Secrecy Act/ Anti-Money Laundering Examination Manual（April 2020 Update），https://www.ffiec.gov/press/pdf/FFIEC%20BSA-AML%20 Exam%20Manual.pdf，最后访问时间2023年7月25日。

② 同上。

1. 司法领域的"长臂管辖"

《爱国者法案》第317条赋予了美国法院在司法领域的"长臂管辖"权。依此规定，美国法院可对在美国金融机构中设有账户的外国金融机构行使长臂司法管辖权。根据该规定，如果某一外国人或者某一根据外国法律设立的金融机构参与了洗钱活动，只要依照《联邦民事诉讼程序条例》（Federal Rules of Civil Procedure）对其或所在地的外国法院送达了诉讼文书，美国法院即可对其行使长臂司法管辖权。行使长臂司法管辖权的3个条件如下：①洗钱犯罪所涉及的某一金融交易全部或者部分发生在美国境内；②有关外国人或外国金融机构对美国法院已决定追缴和没收的财产以挪用为目的加以转换；③有关外国金融机构在位于美国境内的金融机构中设有银行账户。

2. 执法领域的"长臂管辖"

（1）《爱国者法案》第311条对于特别措施（special measures）的规定。即美国财政部部长可以对构成"初步洗钱担忧"（primary money laundering concern）的实体采取特别措施。根据该规定，任何一个美国以外的法域，任何一家境外的金融机构，任何类型的金融交易，如果被怀疑与美国当局所特别关注的违法犯罪活动或者非法金融活动有关，就可能被认定为构成"初步洗钱担忧"。针对构成"初步洗钱担忧"的实体，美国财政部部长可采取一种或多种特别措施，具体包括：①收集特定金融交易记录和报告；②收集特定账户受益所有权的相关信息；③收集特定过渡账户（payable -through accounts）的相关信息；④收集特定代理行账户（correspondent accounts）的相关信息；⑤禁止或限制开设或持有代理行账户或过渡账户。

（2）《爱国者法案》第319条关于美国执法部门调取银行记录权限的规定。美国财政部部长和司法部部长可以要求在美国设有代理行账户的外国银行向其提供与该代理行账户有关的记录。根据该规定，美国财政部部长和司法部部长可以要求在美国设有代理行账户的外国银行向其提供与该代理行账户有关的记录，包括保存在美国以外的、向该外国银行存放资金的记录。

《2020年反洗钱法案》进一步扩大了《爱国者法案》中规定的"长臂管辖"权，美国财政部或司法部可以要求在美国有代理行账户的外国银行提供与代理行账户或该行的任何账户相关的记录，包括在美国境外保存的记录。

（3）《爱国者法案》第319条关于资金追缴手段的规定，如果有关资金存放在某一外国银行账户中，并且该外国银行在美国境内的金融机构中设有联行账户（interbank account），该资金可以被视为存放在后一个账户当中，美国主管机关可以直接针对该账户采取冻结、扣押和没收措施。

（二）美国反洗钱"长臂管辖"的实施基础

如果外国金融机构在美国境内金融机构中设有银行账户，美国就可以对其进行司法或执法上的"长臂管辖"，由于大部分从事国际结算的金融机构在美国金融机构设有银行账户，因此美国"长臂管辖"的范畴可以扩展到这些境外的金融机构。由此可见，美国开展反洗钱领域"长臂管辖"的基础主要在于美元作为"世界通用货币"的霸主地位，由于各国的金融机构都需要在国际结算中使用美元及以美元为基础的金融基础设施，因此会在美国境内的金融机构设有代理账户。此外，美国发达的金融情报体系及各项监控制度也为反洗钱执法提供了必要的信息支持。

1. 遍布全球的美元清算系统

美元在全球资本交易中占据核心地位，美元清算支付和信息传输系统是目前世界各国进行金融交易的主要渠道，这为美国监管机构寻求美国联系提供了可能。纽约清算所银行同业支付系统（Clearing House Interbank Payment System，CHIPS）作为全球最主要的美元支付系统，承担了95%以上的银行同业美元支付清算。环球同业银行金融电信协会（Society for Worldwide Interbank Financial Telecommunications，SWIFT）是目前国际上最主要的资金流动信息传输系统，为全球金融机构提供支付清算信息传输服务。CHIPS 与 SWIFT 一起构成了以美元为核心的金融基础设施。国际性金融机构大多使用美元支付清算系统开展跨境业务，而美国法院可以据此认为此类外国金融机构与美国法院存在"最低限度联系"，从而对这些外国金融机构行使"长臂管辖"权，美国执法机关也可以据此对外国金融机构进行域外取证，甚至对外国金融机构在美国的联行账户采取冻结、扣押和没收措施。

2. 灵活高效的金融情报体系

美国发达的金融情报机构对金融情报进行专业的搜集和处理，提升了金融情报的利用效率，银行的同业监督以及内部举报人制度也能够为美国反洗钱执法部门提供信息支持。在美国国内情报体系内，FinCEN虽隶属财政部，但事实上可以调动美国联邦调查局、美国中央情报局、美国国土安全部等20多个机构的人员和情报，并具备链接各类数据库的能力。在国际合作上，美国也能与其他国家的金融情报机构合作，共享机密数据。根据美国反洗钱法律的规定，银行要执行客户尽职调查，一旦发现关系银行的客户具有洗钱风险，银行也会选择切断关系银行账户，以规避风险。此外，美国《2020年反洗钱法案》等法律还规定了举报人保护和鼓励制度，禁止金融机构因雇员向监管机构提供相关违法信息而解雇或歧视雇员，并给予举报人资金奖励。在很多重大银行洗钱案中，内部举报人都发挥了关键作用。

三、美国反洗钱"长臂管辖"对华应用及其影响

美国在中国丹东银行"311特别措施"案和中国三银行信息调取案中实施了"长臂管辖"。美国"长臂管辖"的实施不仅会损害我国的司法主权，还会给我国银行造成损失，影响其全球业务布局。

（一）美国反洗钱"长臂管辖"的对华应用

2008年次贷危机后，反洗钱领域的"长臂管辖"被不断强化，"长臂管辖"逐渐成为美国金融监管跨境执法的重要工具。中国丹东银行"311特别措施"案和中国三银行信息调取案是美国对华使用反洗钱"长臂管辖"的两

起典型案件，在这两案中，美国行政机关和司法机关依据《爱国者法案》对涉案中资银行实施了"长臂管辖"，并对涉案银行施以严厉的处罚。

1. 中国丹东银行"311特别措施"案

FinCEN怀疑丹东银行为参与朝鲜大规模杀伤性武器和弹道导弹计划的公司提供交易便利，据此认为丹东银行的行为已经构成"初步洗钱担忧"，作出禁止美国金融机构为丹东银行或代表丹东银行开立或持有代理行账户的处罚决定。

FinCEN首先于2017年7月发布了拟议决定，基于以下原因认定丹东银行构成"初步洗钱担忧"：①丹东银行利用美国金融体系为韩国光森银行（Korea Kwangson Banking Corporation）、韩国矿业开发贸易公司（Korea Mining Development Trading Corporation），以及其他与朝鲜大规模杀伤性武器和弹道导弹项目相关的实体提供金融活动便利。②美国银行已经发现丹东银行进行了大量可疑活动，其中包括：没有明显的经济、商业或合法目的，且有可能与逃避制裁有关的交易；可能与朝鲜有关的交易，包括与身份不明的公司或个人，以及空壳公司之间的交易活动；与明显的空壳公司进行的交易，这些公司位于具有金融保密性的司法管辖区，并在另一国设立银行账户①。此外，FinCEN还认为，一个被美国制裁的与朝鲜大规模杀伤性武器扩散有联系的实体——丹东鸿翔实业发展有限公司（Dandong Hongxiang Industrial Development Co. Ltd.），截至2016年12月仍持有丹东银行的股权，正是该公司在丹东银行的股权使得该公司能够通过丹东银行进入美国金融体系②。基于对丹东银行构成"初步洗钱担忧"的判断，FinCEN拟对丹东银行实施"311特别措施"中的第五种最严厉的措施，即禁止美国金融机构为丹东银行或代表丹东银行在美国开立或持有代理账户。

---

① FinCEN, Proposal of Special Measure Against Bank of Dandong as a Financial Institution of Primary Money Laundering Concern, https://www.federalregister.gov/documents/2017/07/07/2017-14026/proposal-of-special-measure-against-bank-of-dandong-as-a-financial-institution-of-primary-money，最后访问时间2023年7月26日。

② 同上。

在2017年11月发布的最终决定中，FinCEN并未改变上述结论，因此丹东银行被切断了与美国金融系统的联系。

该案中，美国运用了《爱国者法案》中的"311特别措施"，只要认定丹东银行构成"初步洗钱担忧"，即可将丹东银行排除在美国金融系统之外，禁止丹东银行为朝鲜提供金融服务，从而加强美国对朝鲜制裁的效果。此案是美国运用反洗钱"长臂管辖"增强对朝制裁的典型案例。

2. 中国三银行信息调取案

2017年12月，美国哥伦比亚特区州检察官给三家中国银行发送了传票，要求这三家银行协助一项经济制裁调查，提供涉案香港公司的账户信息和相关交易信息。美国认为该公司的实际运营者是朝鲜政府，2012—2015年，该公司通过中国三家银行进行了超1亿美元的交易，违反了美国的对朝制裁法律[1]。该案的主要争议点有3个：

一是美国法院是否可以对中国的三家银行行使属人管辖权。在三家银行中，有两家银行在美国有分支机构，因此美国法院认为这两家银行在与美联储签署允许它们在美国开设分行的协议时就同意了属人管辖权[2]。但是，三家银行中的另一家银行在美国并未设立分支机构，其只有纽约一家美国银行的代理账户，因此该行辩称哥伦比亚特区法院无法对其行使管辖权[3]。但美国法院认为，第三家银行通过纽约的代理账户进行了交易，已经和美国法院产生联系，因此哥伦比亚特区法院也能行使属人管辖权[4]。

二是美国法院行使属人管辖权是否违反了国际礼让原则。三家中国银行辩称美国政府应通过《中美刑事司法协助协定》提出跨国调查取证的申请，若银行通过其他渠道提供记录将会面临中国法下的行政和刑事处罚[5]。

---

① United States District Court for the District of Columbia. Miscellaneous Case Nos. 18-175, 18-176 and 18-177（BAH）, 2019.3.18, p.3.

② 同上，pp.11.

③ 同上，pp.18-20.

④ 同上，pp.22.

⑤ 同上，pp.51-57.

2018年3月，中国司法部表示会及时地审核和处理美国政府提出的申请，并确认如果银行遵守传票，将受到中国法律的处罚。美国法院主要考虑了7个因素：①所要求的文件或其他资料对调查或诉讼的重要性；②请求的具体程度；③信息是否来源于美国；④确保信息安全的替代方法的可用性；⑤不遵守传票将在多大程度上损害美国的重要利益或遵守传票会在多大程度上损害信息所在国的重要利益；⑥面临法律义务冲突的一方的困难；⑦该方是否善意履行证据开示义务①。最终得出结论——遵守美国法律并不会真正损害中国的利益。

三是三家中国银行提出美国政府的行为超出了《爱国者法案》规定的权力，因为其收到的传票要求提供"与涉案公司交易有关的所有文件"，其中包括涉及任何代理账户的交易，而不仅仅是美国代理账户②。美国法院同意了部分观点，但认为《爱国者法案》的传票权适用于与使用美国账户有关的所有交易，而不仅仅是经由美国代理账户的交易，法院批准的记录调取范围并未超出该范畴③。

2019年3月，哥伦比亚特区法院首席法官批准了司法部的动议，认为法院对这三家中国银行拥有管辖权，并命令它们在规定的时间内提供文件。2019年4月，美国哥伦比亚特区法院认定三家中国银行未按法院命令提供美国检方要求的银行记录，构成藐视法庭，对每家银行处以每天5万美元的罚款，直到这些银行履行命令。2019年7月，哥伦比亚特区巡回上诉法院确认了地区法院的命令。

该案判决公布后，三家中国银行的股价受到了严重影响。而美国政府也因为该案判决决定修改反洗钱法律，将调取记录的范围从与美国代理账户有关的记录扩展到与该行有关的任何记录，进一步扩张了美国政府在反洗钱领域的"长臂管辖"权。

---

① United States District Court for the District of Columbia. Miscellaneous Case Nos. 18-175, 18-176 and 18-177（BAH），2019.3.18，pp.37-38.

② 同上，pp.27-31.

③ 同上.

（二）美国反洗钱"长臂管辖"可能的对华影响

从上述两起案件的结果来看，虽然中资银行进行了抗辩，但美国监管机构以美国利益为先，并未认可抗辩意见，最终处罚了涉案银行。美国在反洗钱领域的"长臂管辖"可能对我国及我国的金融机构造成以下3个方面的不利影响：

1. 损害我国司法主权

根据《爱国者法案》第317条的规定，美国法院可对在美国设有银行账户的金融机构进行"长臂管辖"，实则是一种基于"最低限度联系原则"的过度管辖，在此情形下，美国法院对不应行使管辖权的案件进行管辖，会侵害我国的司法主权。而《爱国者法案》第319条规定则使中资银行陷入两难境地：在中国三家银行信息调取案中，三家中资银行若遵守美国检察院的传票提供客户的账户信息，则会违反《商业银行法》第29条、第30条有关银行保密义务的规定；若三家中资银行拒不提供相关信息和记录，就会被美国法院处以高额罚金。尽管三家银行在反对意见中提出遵守美国传票将会使三家银行面临处罚，但美国法院认为遵守美国传票并不会实质损害中国的利益，因此并未认可三家银行的抗辩。该案中，美国本可以通过中美两国签订的《中美刑事司法协助协定》向中资银行调取中国境内的客户信息，但美国认为司法协助过程烦琐缓慢，最终并未依据该协定申请取证。由此可见，当中美管辖权出现冲突时，美国法院可能不会遵循国际礼让原则，而会以保障美国国家利益为先，并不认可中国主体的抗辩。

2. 给我国金融机构造成损失

随着美国反洗钱"长臂管辖"的不断扩展，越来越多的金融机构将处于美国的管辖范围之内，这意味着金融机构需要在日常运营中遵守美国的反洗钱法律。在"长臂管辖"之下，美国可能对中资银行的反洗钱违规行为处以大额罚款，给中资银行带来重大损失，甚至切断中资银行与美元清算系统的联系，对中资银行的经营造成严重影响。

（1）增加合规成本

LexisNexis Risk的一项研究显示，随着地缘政治风险加大和反洗钱法的不断修订，金融机构将应对更为复杂的制裁和更为严格的反洗钱法律，2022年中国金融犯罪合规成本将达到218亿美元，而当前中国每家大中型金融机构在金融犯罪合规方面的平均年成本为1 870万美元[①]。随着美国在反洗钱领域法律的修订完善和美国反洗钱"长臂管辖"的不断扩张，持有美国代理行账户的中国金融机构或对美国开展业务的中国金融机构将承担更严格的反洗钱合规责任，进而在反洗钱合规上投入更多成本。

（2）面临高额罚款

若金融机构违反美国的反洗钱法律，有可能被处以高额罚款，造成重大经济损失。例如，在曝出汇丰银行为墨西哥贩毒集团、恐怖主义者和"恶棍国家"洗钱之后，汇丰银行于2012年缴纳了破纪录的19亿美元罚金，并需接受长达5年的法院监管[②]。法国兴业银行也曾因违反美国制裁与反洗钱法律的行为，被处以总计超过20亿美元的罚款[③]。在美国反洗钱"长臂管辖"不断扩张的背景下，在美国设有代理账户的国际金融机构将处于美国的反洗钱监管之下，如果违反相关的反洗钱和制裁规定，将可能被处以高额罚款。中国农业银行纽约分行就曾于2016年11月被纽约州金融服务厅以洗钱和合规不力为由罚款2.15亿美元[④]。

（3）被切断与美元结算系统的联系

鉴于美元在全球资本交易中的核心地位，开展国际结算业务的国际金融机构无法绕开美元清算体系。如果一家金融机构被认定为构成"初步洗钱担

[①] 2022 APAC True Cost of Financial Crime Compliance Study, https://risk.lexisnexis.com/global/en/insights-resources/research/true-cost-of-financial-crime-compliance-study-apac#china.

[②] 汇丰银行遭美国司法部吐槽"需要整风"，https://www.jiemian.com/article/256374.html，最后访问时间2023年7月25日。

[③] 史上第二大罚款：法国兴业银行因违反美国制裁被处以超过20亿美元罚款，http://www.agilecentury.com/show_1_48_289.html，最后访问时间2023年7月26日。

[④] 农行罚款2亿美元背后给中国企业的三个启示，https://www.sohu.com/a/129957137_188923，最后访问时间2023年7月26日。

忧",进而可能被禁止开立美元代理行账户或过渡账户,将导致这家金融机构无法使用美元结算系统,其国际业务的开展也将受到严重限制。剥夺一家银行的美元清算资格,很可能对这家银行造成致命打击,使其国际贸易结算业务停滞,美元融资渠道受阻。在丹东银行"311特别措施"案中,丹东银行就被切断了与美国金融系统的联系,这对丹东银行的国际业务会产生严重不利影响。

（4）国际声誉受到损害

对于跨国银行等国际金融机构而言,商业信誉和国际声誉的重要性不言而喻。而美国的反洗钱处罚将对国际金融机构的声誉造成严重不利影响,甚至导致其股价下跌。2014年,随着渣打集团再次面临美国检方针对其协助伊朗政府的反洗钱事件调查,渣打集团股价再次下跌,创2009年5月以来的新低[①]。而2023年年初,Coinbase因违反反洗钱法被罚5 000万美元,股价也因此下跌[②]。

3.干扰我国金融机构的全球布局

当前,中资银行的海外业务不断扩展,服务对象不局限于国内本土客户,也包括来自全球其他地区的客户[③]。但在美国反洗钱"长臂管辖"的影响下,若我国金融机构的服务对象有毒品、恐怖主义、腐败等犯罪行为,且我国金融机构为其提供了金融方面的支持,则我国金融机构就有可能因违反美国反洗钱法律而受到严厉处罚。如果要避免美国的反洗钱处罚,则我国金融机构就要减少和特定国家与对象的业务往来,这将对其海外经营布局和营收产生不利影响。目前来看,中国的金融机构在处理下述业务时可能会面临风险:

---

① 渣打洗钱案再被查 股价跌至5年新低, https://www.yicai.com/news/4035141.html, 最后访问时间2023年7月25日。

② 加密合规"代表"Coinbase认罚5 000万美元,去年股价遭"膝盖斩",全球加密监管进入新阶段, https://baijiahao.baidu.com/s?id=1754340727352917527&wfr=spider&for=pc, 最后访问时间2023年7月25日。

③ 何建中谈中资银行"走出去"战略下的机遇与挑战, https://city.cri.cn/20221031/a219bf9d-d27c-9e66-e6de-6daf73eaf54a.html, 最后访问时间2023年7月25日。

（1）与被美国制裁国家业务往来的风险

2022年乌克兰危机爆发后，美国、欧盟、英国、日本等对俄罗斯发起了大规模的高烈度制裁。在金融领域，美国将俄罗斯多家银行列入了"特别指定国民名单"（SDN List）[①]，将俄罗斯排名第一的银行Sberbank及其25家子公司列入"代理行账户或通汇账户清单"（CAPTA List）[②]，还与欧盟、英国等其他国家和地区共同禁止俄罗斯多家银行运用SWIFT系统，其目的是限制俄罗斯金融机构开展国际结算业务，进而打击俄罗斯的资金使用能力[③]。在美国反洗钱法框架下，"特定非法行为"也包括违反《国际紧急经济权力法》等经济制裁法律的行为，这意味着，如果中国金融机构给违反美国经济制裁的俄罗斯实体提供金融服务，则有可能违反美国反洗钱法。

（2）与涉毒、涉恐等犯罪多发地业务往来的风险

在投资项目的过程中，中资银行积极参与"一带一路"倡议，促进了沿线国家之间的互联互通。然而，"一带一路"建设中涉及的东南亚、中东、北非部分国家涉恐怖主义、毒品犯罪等非法活动的风险较高，在这些地区提供金融服务的中资银行可能会面临较高的洗钱风险。

四、应对美国反洗钱"长臂管辖"的路径

由于美元体系的可持续性很强，短时期内难以被撼动，因此在现有规则框架下，做好反洗钱合规建设，促进反洗钱信息共享仍是避免因被美国监管机构"长臂管辖"而遭受处罚的有效手段。随着中国国际经济地位的提升和人民币国际化进程的加快，中国也可以探索建立"去美元化"的跨境支付清算体系，以从根本上消解美国"长臂管辖"的影响。此外，在《反洗钱法》

---

① 若被列入"SDN清单"，将面临以下后果：（1）任何美国人不可与其进行任何交易；（2）其任何资产若在美国境内或为美国人所有或控制，都将被冻结，并且该冻结的主体范围还扩展到由一个或多个"SDN清单"实体单独或合计、直接或间接拥有50%以上控制权的实体；（3）非美国人与其进行重大交易也可能面临处罚。

② 若被列入CAPATA清单，美国金融机构将无法为其开立美元账户或处理任何资金交易。

③ 环球时报：美对俄制裁暴露世界经济金融体系弊端，https://baijiahao.baidu.com/s?id=17276878 51692516165&wfr=spider&for=pc，最后访问时间2023年7月26日。

中加入阻却性条款，阻止美国监管机构的"长臂管辖"，同时增加具有域外效力的条款，也能为我国金融监管提供有力的法律武器。

（一）加强反洗钱合规建设

一是加强反洗钱合规制度建设。按照英美法系国家"风险为本"的反洗钱监管思路[①]，反洗钱合规不应仅停留在形式上，更应注重实际效果。在反洗钱机制的构建上，不仅应注重事中监管和事后审查，也应在事前构建完善有效的风险防范机制。可以借鉴国际上及欧美等国反洗钱制度最佳实践，从客户身份识别、交易审查和审查资料留存等方面优化现有反洗钱制度和流程。

二是做好反洗钱风险评估。在当前复杂多变的世界局势下，恐怖主义、经济制裁等各类风险有所上升，由此引发的各类洗钱风险也应引起重视。在此背景下，应优化洗钱分类方法，对高风险地域、高风险国家、高风险客户采取重点关注措施，开展风险评估和筛查[②]。以与经济制裁相关的洗钱风险防范为例，在美国持续发动对外经济制裁之际，应密切关注和持续跟进美国"SDN清单"等经济制裁"黑名单"的更新，筛查高风险客户，有效监测与之相关的各类交易，防止由于为这些受制裁实体提供金融服务而违反美国反洗钱法，进而受到美国反洗钱"长臂管辖"，遭受处罚。

三是加大反洗钱合规人力资源投入。欧美发达国家一般要求商业银行设立首席合规官（Chief Compliance Officer），负责商业银行内部控制的制度、流程建设和管理，中国金融机构也应加强合规人员培养和队伍建设，并在日常经营中，对合规官的意见予以重视。此外，还可组建专门研究团队，配备具有经济、金融、法律、外语等背景的专业研究人员，实时跟踪美国及全球反洗钱监管趋势，加强对洗钱监管法律、法规、制度、实践的基础性和前沿

[①] 王雨欢."风险为本"理念下反洗钱合规制度建设的路径研究——以《反洗钱法（修订草案）》为视角 [J].社会科学动态，2023（7）：96-104.

[②] 苏如飞.境外反洗钱执法特点、趋势与对策——以2018年境外主要金融区反洗钱执法情况为例 [J].北京金融评论，2019（1）：96-109.

性研究。

四是提升反洗钱合规智能化和信息化水平。在大数据技术广泛应用、人工智能技术逐渐兴起的当下，大数据系统能够对商业银行所产生的巨额数据进行分析[①]，而基于机器学习智能模型的系统引擎也已经被用于反洗钱领域，如用于风险评估、交易筛查、交易监控等具体风险控制场景[②]。与传统方式相比，利用反洗钱模型进行风险评估和交易筛查将具备更高的效率，因此可以成为金融机构开展反洗钱合规的一项新型辅助工具。

（二）促进反洗钱信息共享

及时掌握美国反洗钱监管的最新趋势和及时共享反洗钱信息对于应对美国反洗钱监管至关重要。由于美元清算体系的广泛使用，美国反洗钱"长臂管辖"会涉及金融机构总部以及金融机构除美国分支机构外的其他境外分支机构，因此增强金融机构总部与各分支机构之间的信息沟通十分必要。金融机构总部应实时掌握在美分支机构的反洗钱工作情况及相关信息，了解美国反洗钱监管的最新动态及合规指引，并提供技术支持及各项政策、措施指导，在客户拓展、资金交易等方面加强反洗钱信息共享。在此基础上，金融机构总部应及时向境外各分支机构提供美国的反洗钱最新监管动态，做好反洗钱风险评估，提高合规管理能力，适时进行压力测试，制定相应的应急预案，防止因洗钱行为被处罚或被排除在美元清算体系之外。

（三）推动建设"去美元化"跨境结算体系

美国政府之所以能够实施反洗钱"长臂管辖"，就是因为美元及美元清算系统在国际资本交易中占据着核心地位。美国监管机构可以通过其强大的金融情报体系对国际金融机构的洗钱行为进行监测。如果参与美元结算体系的金融机构为被制裁主体提供金融服务，就有可能面临被制裁或涉嫌洗钱的

---

① 张帅，代淑婷.大数据在商业银行反洗钱中的应用探讨[J].时代金融，2021（1）：89-91.
② 王如迅.商业银行反洗钱智能方法实践探讨[J].金融科技时代，2023（3）：30-34.

风险，进而可能被禁止使用美元结算，使其国际结算业务遭受打击。若我国金融机构能使用人民币结算体系等非美元结算体系开展跨境业务，则可以很大程度上消解被排除在美元体系之外的不利影响。

事实上，目前已有"终结美元主导地位"的呼吁存在，例如，巴西总统路易斯·伊纳西奥·卢拉·达席尔瓦在其上任后首次对华进行国事访问之际，呼吁金砖国家集团将自己的替代货币用于贸易①。就实践而言，除巴西外，俄罗斯、伊朗、阿联酋、印度等30多个国家开始在外贸结算或投资中转向使用人民币，减少美元结算②。在结算工具方面，已经有国家建立了非美元清算系统。例如，俄罗斯自2014年就着手准备"金融信息传输系统"（system for transfer of financial messages，SPFS），即"俄罗斯版SWIFT系统"，以摆脱美元清算系统的束缚。在乌克兰危机爆发后，美英加等国于2022年2月禁止俄罗斯数家银行使用SWIFT支付系统，意味着这些俄罗斯银行将无法与境外银行进行有效沟通③。但是，俄罗斯银行仍能通过SPFS开展境内支付及部分国际业务。虽然SPFS的覆盖面仍比SWIFT小得多，但其覆盖面扩大的势头不断增强，截至2023年2月，SPFS拥有469个参与机构，包括14个国家的115个外国实体④。此外，为了应对美国对伊朗的制裁，欧盟德、英、法三国也推出了"贸易往来支付工具"（instrument in support of trade exchanges，INSTEX），以绕过美国对伊朗的制裁。

随着"一带一路"倡议的实施，人民币国际化的程度进一步加深，人民币国际结算份额创新高。据SWIFT最新统计，2023年1月，人民币在国际结算中的份额达3.20%，继美元（39.92%）、欧元（36.56%）、英镑

---

① 金融时报：巴西总统卢拉呼吁终结美元主导地位，https://d3fwwpf4m4oy0c.cloudfront.net/premium/001099346?s=w&exclusive#s=w，最后访问时间2023年6月25日。

② "人民币结算"风起，有何影响？，https://www.thepaper.cn/newsDetail_forward_22678888，最后访问时间2023年6月25日。

③ "金融核弹"！刚刚，美英欧加宣布：禁止俄罗斯使用SWIFT国际结算系统！，https://m.thepaper.cn/baijiahao_16877482，最后访问时间2023年6月25日。

④ 俄媒：俄罗斯央行宣布禁止俄金融机构在国内交易时使用SWIFT系统，intl.ce.cn/sjjj/qy/202303/22/t20230322_38455542.shtml，最后访问时间2023年6月26日。

（6.30%）之后，居全球第四位①。在结算基础设施方面，中国央行也建立了 "人民币跨境支付系统"（cross-border interbank payment system，CIPS）。CIPS 目前在快速发展之中，根据跨境银行间支付清算有限责任公司披露的数据，截至 2023 年 3 月末，CIPS 共有参与者 1 427 家，直接参与者 79 家，间接参与者 1 348 家②。以上正在建设的系统是突破美元支付清算体系的重要尝试，但其业务量还与美元支付清算系统有较大差距，尚无法实现全球金融机构和企业客户的关联，因此要改变美元清算体系的支配性地位依然任重道远。

（四）完善我国反洗钱法律域外适用

在立法层面可借此契机设立阻断条款，并不断完善我国法律的域外适用，以维护我国企业利益。

一方面，阻断性立法是反制美国 "长臂管辖" 的重要方式。在美国通过修改立法不断扩大其对境外金融机构管辖范围的背景下，可在《反洗钱法》中增加阻却条款，直接阻止美国对我国金融机构进行反洗钱 "长臂管辖"。在中国三银行信息调取案中，中国三家银行援引我国《商业银行法》中的保密性规定作为抗辩理由，但美国法院未予认可，而我国商务部出台的《阻断外国法律与措施不当域外适用办法》立法层级较低，实际效果仍无法确定，且无法阻止美国监管机构向中国金融机构调取存放在中国境内的银行账户记录。因此若能在《反洗钱法》中增加阻却条款，阻止美国反洗钱法律的不当域外适用及美国司法、行政机关的不当域外取证，则可加强对我国金融机构的法律保护。2021 年 6 月公布的《反洗钱法（修订草案公开征求意见稿）》第 49 条规定："外国当局未按照对等原则，也未与中国协商一致，直接要求中国境内金融机构提交中国境内信息或者扣押、冻结、划转中国境内财产

---

① 人民币国际结算份额创新高，超过日元升至全球第四，http://kr.mofcom.gov.cn/article/jmxw/202202/20220203281008.shtml，最后访问时间 2023 年 6 月 26 日。

② 人民币国际化持续推进 CIPS 步入发展快车道，https://baijiahao.baidu.com/s?id=1762926171826705363&wfr=spider&for=pc，最后访问时间 2023 年 6 月 26 日。

的，或者基于不当域外适用法律要求中国境内金融机构作出其他行动的，金融机构不得服从。"该规定可以理解为一种阻断性规定，禁止美国执法机构的不当域外取证和冻结、扣押我国金融机构境内资产的行为，以维护我国的司法主权和企业的正当权益。

另一方面，完善我国反洗钱法律的域外适用体系也可以间接制衡美国的"长臂管辖"。我国也可在《反洗钱法》中增加具有域外效力的条款，将境外主体的行为纳入我国法律的规制范围，间接制衡美国的反洗钱"长臂管辖"。《反洗钱法（修订草案公开征求意见稿）》第9条规定了对中国境外发生的洗钱和恐怖主义融资活动的管辖权，该规定明确了我国反洗钱法律的域外效力，为我国管辖境外特定非法行为提供了法律依据，有利于打击跨国洗钱犯罪，同时有利于在反洗钱领域形成对美国"长臂管辖"的间接制衡。

第七章 >>>

美国"长臂管辖"对我国对外合作的影响

近年来，美国视中国为战略对手，采取了一系列遏制措施，在贸易、投资、技术交流等各方面对中国实施战略围堵。2022年10月12日，美国白宫发布《2022年国家安全战略》，将中国列为最大的竞争对手，这种竞争的态势将长期存在。在美对华遏制的一系列行动中，"长臂管辖"作为一项政治工具，发挥了重要的作用，给我国对外经济合作带来了巨大的风险。

一、阻挠我国海外基础设施建设

海外基础设施建设是中国对外合作的重要组成部分。近年来，随着我国制造能力和技术创新能力的迅速提升，以现代化铁路网、高速公路网、自动化港口和机场为代表的基础设施项目已经走出国门，并成功带动中国的装备、技术、标准 "走出去"，成为中国与世界分享发展红利的重要方式。商务部统计数据显示，2022年，我国对外承包工程业务完成营业额10 424.9亿元人民币，较上年增长4.3%，新签合同额17 021.7亿元人民币，增长2.1%①。我国的基建承包商也已经成为全球海外基建的主要力量。对外承包工程企业形成了完整的产业链，涵盖了工程、设计、装备制造、运营维护、物流、投资等全环节。2023年8月，《工程新闻记录》（ENR）发布最新的国际承包商250强榜单，中国企业有79家入围，占比超过30%，有4家企业进入了前10名，展示了中国企业的强劲实力。特别是在深入推动共建 "一带一路" 中，基础设施互联互通能够促进沿线国家和地区之间资源要素流通得更加顺畅、高效，因此一直是共建 "一带一路" 的优先领域。正因我国海外基础设施建设的突出优势和显著成就，该领域逐渐成为各国关注的重点。为确保地区影响力，美国在2019年和2021年出台两个与海外基础设施建设相关的计划，分别是 "蓝点网络" 计划和 "重建更美好世界" 倡议（Build Back Better World，B3W），旨在通过政府援助和私人投资填补发展中国家庞大的基建空白，并通过设置全球基建标准与中国 "一带一路" 进行战略竞争。鉴于此，美国 "长臂管辖" 作为重要对外工具，已经对我国海外基础设施建设造成了影响，且潜在威胁巨大。

（一）单边制裁直接阻挠我国重大项目建设

基础设施合作项目为区域间资源联动创造了条件，对所在国经济社会发

---

① 2022年我国对外承包工程业务简明统计（mofcom.gov.cn）。

展具有重要的带动作用，特别是我国的技术优势、融资创新等方式能够弥补项目所在国的短板，因此受到各国欢迎。近年来，中国企业承担了大量海外重大基建项目，包括港口、铁路、能源设施等。随着全球经济复苏，未来全球基建市场将逐渐扩大，例如牛津研究院发布的报告中提出，到2040年全球基建投资需求将达到94万亿美元。应该说，海外基础设施项目合作将成为我国对外合作的主要内容和关键抓手。因此，美国"长臂管辖"对基础设施建设合作项目的影响将直接决定我国对外合作的质量。

正是基于对我国海外基础设施建设能力的关注和顾忌，美国直接针对我国海外基础设施项目发动了制裁。2020年9月15日，美国财政部发布公告称，根据《全球马格尼茨基人权法案》和美国有关行政令，对中国优联集团实施制裁。制裁的原因有两个：一是该公司开发的柬埔寨七星海项目破坏环境，二是机场和港口可能被用于军事目的。七星海项目位于柬埔寨国公省的沿海区域，在中柬综合投资开发试验区内，由中国优联集团与柬埔寨政府签订，租用土地360平方千米，项目总投资达38亿美元。该项目规模庞大、功能完整，是柬埔寨最先进的交通设施。尽管柬埔寨政府和中国优联集团多次澄清，七星海国际机场和港口都为民用，仅作为运输枢纽，且柬埔寨宪法不允许在本国领土建立任何外国军事基地。但美国官员和媒体仍质疑，七星海项目是从中国云南抵达中南半岛沿海的重要基地，中国可以将这些深水港和大型机场用于军事目的，会极大抵消美国在新加坡樟宜军事基地对东南亚、南海及马六甲海峡的控制作用。因此，美国启动了单边制裁。美国的制裁对整个工程进度造成一定程度的阻碍，导致七星海国际机场的启用计划拖延。

（二）次级制裁威胁我国关键合作项目推进

美国对关键战略性基础设施的打击一直是其维护自身经济、政治霸权的重要手段；而从美国对"北溪2号"项目的制裁就能看出次级制裁已成为围堵重大关键项目的有效工具。

"北溪2号"是俄罗斯与欧洲之间重要的天然气输送管道，由俄罗斯天然气工业股份公司和5家欧洲公司共同合作开发运营。这条天然气管道对于俄罗斯和欧洲来说具有重要的战略意义。具体来说，天然气出口是俄罗斯财政收入的重要来源，而欧盟对天然气的需求量非常大，严重依赖进口，是俄罗斯最大的出口市场。特别是对于俄罗斯来说，"北溪2号"通过波罗的海和北海的海底管道，能够直接把产地和主要消费国联结在一起，从而绕开波兰、乌克兰等东欧国家直接向欧洲国家输送天然气，降低了地缘政治风险。"北溪2号"天然气管道项目2015年起正式开始动工，耗资95亿欧元，俄罗斯天然气公司承担一半的费用，德国、荷兰、法国、奥地利等国家的企业各提供10%的融资。

2019年12月20日，时任美国总统特朗普签署了《2020财年国防授权法案》，对"北溪2号"天然气管道项目实施制裁。其中，特别对参与"北溪2号"项目的欧洲企业实施制裁，具体措施包括禁止相关企业人员前往美国、冻结被制裁企业及相关人员在美国的财产等。拜登出任美国总统以来，进一步在《2021财年国防授权法案》中扩大对俄欧"北溪2号"天然气管道项目的制裁，并因"北溪2号"项目制裁了俄罗斯11个实体。美国制裁的目的非常明确，一方面，是要防止俄罗斯借助"北溪2号"项目提高对欧洲外交的影响力；另一方面，为本国页岩气大规模出口欧洲创造市场机会。美国实施制裁后，除俄罗斯管道铺设船仍继续开展铺设工作外，其他参与修建的欧洲企业均被迫退出，"北溪2号"项目的进展速度明显放缓。

美国频繁制裁"北溪2号"项目也给我们敲响了警钟。中国与俄罗斯、伊朗、叙利亚等受美国制裁国家有重要的能源基础设施合作，如中俄东线天然气管道项目等。目前，美国并未直接对这些项目进行制裁，但未来一旦美国认定这些基础设施项目对地缘政治、美国经济利益存在威胁，其发动次级制裁，实施"长臂管辖"的可能性很大。

（三）反海外腐败成为悬在头顶的利剑

虽然美国至今未对中国大陆企业实施反海外腐败执法，但涉华腐败案件一直是其执法重点；特别是针对我国海外基础设施建设项目的重要和关键问题，美国以反海外腐败为代表的"长臂管辖"近年来越来越关注中国对外工程承包企业。早在2018年11月，美国司法部就公开发表"中国行动"计划（China Initiative），表示将借助《反海外腐败法》（FCPA）等美国法律，针对中国企业实施更广泛的"长臂管辖"。其具体目标措施中特别提出，为了保护美国国有资产不被侵害，要查明涉及与美国企业竞争的中国企业是否存在《反海外腐败法》规定的情形，关注相关案件，必要时进一步评估是否需要启动相应的立法以及制定相应的行政措施。

值得注意的是，中国对外工程承包企业"走出去"的过程中，很多国家出于自身风俗习惯、市场规则对"腐败"的判断标准与FCPA有巨大差距。在项目所在国合法的日常招待、商业往来等也有可能被《反海外腐败法》认定为违法。例如，第三方居间咨询极易触发FCPA执法，但却是非洲、拉美、东南亚、中东欧等国家通行的市场规则。这种情况为美国反海外腐败执法提供了借口和突破口，对外工程承包企业被执法的客观概率大大增加。一旦被执法，对外工程承包企业将面临巨额罚款、声誉受损、核心零部件被美国断供、美元支付结算被停止等后果，直接导致基础设施建设工程停摆，进而影响我国企业的整体信誉和对外合作的质量。

二、威胁我国对外经贸合作

党的二十大报告明确指出："中国坚持对外开放的基本国策，坚定奉行互利共赢的开放战略。"促进开放发展，加快构建以国内大循环为主体、国内国际双循环相互促进的新发展格局是我国新时代的关键战略任务。加强对外贸易、投资，深化拓宽对外经贸关系，既是充分利用国内国际两个市场两种资源、提高全球资源配置能力的重要手段；也是锻造"压舱石"、争取战略主动，营造有利于我国发展的国际环境的必要途径。如前文所述，美国出口管制、经济制裁、反洗钱、反腐败等"长臂管辖"工具，也最为直接地作用于贸易、投资以及资金往来，对我国对外贸易、双向投资的影响最为集中，风险最为突出。

（一）加大我国企业供应链断裂风险

随着中美竞争日趋白热化，美国越发频繁地滥用 "长臂管辖" 打击中国企业，阻止中国战略新兴产业的发展。2016年，美国商务部以违反出口管制法，向伊朗出口管制物项为由，将中兴通讯股份有限公司列入 "实体清单"，拉开了美国以出口管制为工具制裁和遏制中国企业的序幕。2018年12月，美国又以类似借口逮捕了华为公司CFO孟晚舟，开始围绕华为实施一系列出口管制措施。2019年5月，将华为公司及其70家附属公司列入 "实体清单"，禁止美国企业向华为出售任何产品和技术，并对华为员工展开了一系列窃取商业机密的调查；2020年5月，升级制裁，开始挥动 "长臂管辖" 限制美国之外的全球半导体厂商、芯片代工厂向华为供货；2020年5月，美国针对华为首次修订 "外国直接产品规则"，要求外国企业如果知道管制物项将运至华为及其114个非美国关联实体，必须向美国商务部申请许可证；2020年8月，美国商务部再次修订、扩张 "外国生产直接产品规则" 的范围，只要外国直接产品属于或生产过程中用到了美国管制物项，无论谁是生产者，要卖给华为都需要事先申请许可证，这几乎切断了所有包含美国软件、技术的产品供应。在华为之后，大量中国高新技术企业被列入 "实体清单"，许多甚至没有具体的原因，仅笼统地表述为 "可能损害美国国家安全和外交政策利益"。美国以这种方式，限制和禁止第三方企业向中国企业提供美国技术、设备、零部件、原材料，从而切断了中国企业的供应链。

面对美国日益苛刻和扩展的出口管制 "长臂管辖"，中国企业可能难以通过国际贸易获得需要的核心零部件，导致无法开展商业活动。在遭受美国 "长臂管辖" 的重灾区——半导体行业，越来越多的中国半导体企业被列入美国出口管制 "实体清单"，亚洲、欧洲等地的半导体厂商、芯片制造商的芯片、模组因为涉及美国技术或原料，无法向中国企业供货，进而使得中国半导体企业难以按照合同履行向自身客户的供货义务，这就导致被列入清单的中国企业直接面临供应链上下游断裂的风险，企业的生存发展空间受到挤压。

值得注意的是，美国商务部的出口管制法规中，要求外国企业根据"外国直接产品规则"等规定申请许可证，表面上并未直接"禁止"，但目前在半导体领域向清单实体销售涉美物项的申请，几乎不可能获得美国商务部的批准。例如，英国路透社2023年1月报道，美国拜登政府已停止批准美国公司向华为出口大多数产品的许可证，这将更大程度地切断华为与美国产品之间的联系。

此外，美国"长臂管辖"还给中国企业带来了国际供应链环境恶化的挑战。受制于美国的技术优势以及美国的外交策略，部分国家及地区也主动或被动地采取美国出口管制类似的措施。例如，日本2023年修订《外汇和外国贸易法》，对六大类23种高性能半导体制造设备加强了出口管制。尽管日本强调不针对特定国家，但仍难以掩盖其追随美国遏制中国产业竞争力提升的目的。由此可见，中国企业未来面临的不仅是来自美国的单边出口管控，还必须面对"长臂管辖"带来的第三方断供危机，甚至可能会面对国际供应链环境逐步恶化的风险。

（二）威胁我国与传统经贸伙伴的合作

如前所述，次级制裁又称"二级制裁"，是指美国通过制裁、惩罚、恐吓第三方，切断对手的对外贸易、投资路径，以实现对对手的大面积封锁，从而实现其政治、外交目的。美国政府将次级制裁作为推进美国总体对外战略的工具，在挑选次级制裁对象时表现出明显的针对性和选择性，以打压竞争对手[1]。比如，在对伊朗、委内瑞拉和古巴的制裁中，美国大量使用了次级制裁，切断了第三方政府和企业对这些国家的"物质支持"。但对于我国而言，美国大量使用次级制裁的几个国家是中国长期的合作伙伴，是中国企业的深耕市场之一。因此，美国的次级制裁给中国企业带来了巨大的困扰。

以伊朗为例。为围堵伊朗，实现制裁目的，美国使用了大量"次级制

---

① 王锦.特朗普政府制裁手段特点分析[J].现代国际关系，2020（2）：16-23，62.

裁",用以惩罚与其进行贸易的"第三方"。甚至于"次级制裁"这个概念和手段的"发明"就源于对伊制裁。美国2016年1月发布的《关于在执行日取消联合全面行动计划中特定制裁措施的指导方针》中直接出现了对"次级制裁"的说明。该文件指出,对伊朗的次级制裁通常指向非美国人,针对的是在美国管辖范围外实施的涉及伊朗的特定活动,且该活动不涉及美国人。具体而言,相关主体不涉及美国人指的是:①相关主体不属于美国人;②相关交易没有利用或者通过美国人来促成、批准或保证;③相关交易没有使用美国的金融系统;④相关交易不涉及美国原产货物和美国含量超过特定比例的货物。制裁手段通常为断绝美国与其的商业往来、扣押其在美国的财产或处以罚金等①。鉴于此,各国在伊朗的投资受到了影响。但伊朗一直是中国在中东地区重要的经贸伙伴和主要石油进口国。2015年7月,美国、中国、俄罗斯、英国、德国、法国和伊朗就限制伊朗发展核武器及伊朗的制裁达成协议,以及2016年1月奥巴马政府解除对伊制裁后,中石油、法国道达尔及伊朗伙伴于2017年组成联合体,签署了伊朗南帕尔斯11期天然气开发合同,这一项目被看成中国与中东油气合作的重要里程碑,对深化"一带一路"倡议,扩大与伊朗合作具有深远影响。但2018年11月,美国特朗普政府再次宣布对进口伊朗石油的国家进行制裁。2018年12月,中石油暂停投资南帕尔斯天然气开发项目。2019年9月,美国宣布对5名中国公民以及6家中国实体进行制裁,理由是故意从伊朗转移石油。迫于制裁压力,2019年10月,中国石油天然气集团公司撤出了该天然气开发项目,造成了巨大的经济损失。

在近两年的乌克兰危机中,次级制裁也成为美国阻断中国与俄罗斯合作的"达摩克利斯之剑"。中俄作为全面战略协作伙伴,经贸往来频繁。且基于中俄之间合作"无上限"的原则,未来中俄之间在经贸方面的合作前景巨大。但美国针对俄罗斯的次级制裁已严重阻挠中国企业与俄罗斯企业的合

---

① 贾辉,鞠光.识别美初级制裁和次级制裁[J].中国外汇,2019(18):20-22.

作。自乌克兰危机以来，美国联合盟友对俄罗斯实施了多轮全方位经济制裁，在打击俄罗斯经济、贸易等领域的同时，也大大增加了其他国家实体与个人日常生产经营活动的不确定性与受制裁风险。例如，根据2017年8月2日时任美国总统特朗普签署的《以制裁反击美国敌人法》，美国可对以下行为实施次级制裁：一是非美国人在知晓或应当知晓美国经济制裁政策的情况下，对美国针对俄罗斯的经济制裁政策构成重大违反（materially violate）；二是非美国人在知晓或应当知晓美国经济制裁政策的情况下，为被纳入SSI和"SDN清单"中的俄罗斯实体和个人及其直系亲属开展重大交易或欺骗性的交易提供便利；三是非美国人在知晓或应当知晓美国经济制裁政策的情况下，从事与俄罗斯政府国防部门或情报部门有关的重大交易；四是非美国人在知晓或应当知晓美国经济制裁政策的情况下，对被不公正（俄罗斯政府官员或其亲属获取不公正好处）私有化的俄罗斯国有资产进行重大投资（单笔或一年内多笔累计超过1 000万美元）。同时该法案授权美国总统在与盟国协商后可以对非美国人投资或服务于俄罗斯能源出口管道建设的行为进行额外制裁。此外，该法案要求美国总统对向俄罗斯政府提供下列帮助的企业或个人进行行业制裁：一是进行重大网络攻击活动的任何人；二是牵涉俄罗斯境内或俄罗斯控制区域的人权侵犯行为的非美国人；三是存在严重腐败行为的俄罗斯政府官员及其亲朋好友；四是将武器（包括导弹、生化武器、先进的常规武器等）及相关物资转移至叙利亚，或为叙利亚政府获得或发展上述武器提供重大金融服务、相关物资或技术帮助的非美国人。根据这一法案，中国企业与俄罗斯企业之间的交易很可能被认定为违反美国制裁、与俄罗斯企业开展重大交易或提供交易便利，从而成为美国制裁的对象。鉴于此，夹在美国和俄罗斯之间中国企业非常尴尬，对俄业务风险陡增。

（三）降低我国企业国际市场融资能力

资金是企业经济活动的第一推动力、持续推动力。能否获得稳定的资金来源对企业开展对外经贸合作具有决定性意义。美元作为最重要的国际结算货币和世界储备货币,有着无法替代的地位;同时,美国的资本市场具有全球吸引力,占据主导地位。因此,美国有能力阻断全球化企业的融资渠道、结算和支付渠道。无论是反洗钱还是金融制裁,一旦美国发动"长臂管辖",将对我国企业的整体运营和对外合作项目造成致命打击。

从企业自身看。一旦遭遇金融制裁,将丧失国际竞争力。以"SDN清单"为例。凡被列入"SDN清单"的企业或个人,其所拥有的位于美国、来自美国或者由美国个人与实体控制的财产将被冻结,且所有"美国人"被禁止与"SDN清单"上的个人或实体有任何业务往来。若该"SDN清单"具有次级制裁效力(与朝鲜、俄罗斯、伊朗等国家相关的制裁清单),美国境外的个人或实体也将被禁止与其有任何业务往来。还需注意的是,"SDN清单"实行穿透式管理,"SDN清单"上实体或个人拥有50%以上财产性利益的企业也将被视为被列于"SDN清单"中,即所谓"50%原则"。与这些企业进行交易也将受到制裁,导致制裁范围进一步扩大,其结果是企业丧失合作伙伴,沦为商业"孤岛"。俄罗斯Deripaska制裁案中,Deripaska是俄罗斯寡头企业、世界第二大铝业公司——俄罗斯铝业的所有人。2018年4月6日,Deripaska被纳入"SDN清单"时,Deripaska家族持有EN+集团76.8%的股份,且EN+集团的股票在伦敦上市交易;而EN+集团持有俄罗斯铝业48%的股份,俄罗斯铝业在香港联交所上市;EN+集团控股了俄罗斯最大的民营电力公司——JSC Euro Sib Energo。此外,Deripaska持有俄罗斯最大的汽车公司——GAZ集团83%的股份。2018年4月6日,OFAC将Deripaska及其拥有和控制的俄罗斯铝业、JSC Euro Sib Energo和EN+集团纳入"SDN清单"。被纳入清单后,产生了严重的后果:一是净资产减少。从2018年4月6日被纳入"SDN清单"至2019年3月15日,Deripaska净资产减少了81%,将近75亿美元。二是对外合作被迫停滞。因担心美国经济制裁,塞浦路斯的银行关闭了Deripaska拥有的企业在该银行的账户,德国大众搁置了购买GAZ汽车股份的计划。三是丧失企业的控制权。俄罗斯铝业、JSC Euro Sib Energo和EN+集团,进行重大重组和公司治理重构,

Deripaska在这些企业中的股东分红被冻结，无法使用。四是日常服务无法获取。因担心美国经济制裁，Deripaska联系的大部分非美国律师拒绝为其提供法律服务，非美国金融机构拒绝为Deripaska提供向律师支付服务费的汇款服务。可见，纳入"SDN清单"对Deripaska个人及其控制的公司几乎是致命的打击。

　　从金融机构的角度看。美国在全球货币体系中占据绝对优势地位，可通过CHIPS和SWIFT实施金融制裁。CHIPS承担了95%以上的美元支付清算，是全球最主要的美元支付系统；SWIFT则是目前国际上最主要的资金清算系统，为全球金融机构提供信息传输服务。对于从事国际结算业务的金融机构来说，金融制裁就是悬在头顶的"达摩克利斯之剑"。从美国财政部"561清单"可以看到制裁和"长臂管辖"对金融机构的影响。"561清单"是根据《伊朗金融制裁条例》第31章第561条第201款和第203款的规定建立的制裁清单。制裁的核心内容有以下两个方面：对特定外国金融机构在美国开立或维持代理行账户或通汇账户实施严格限制；禁止美国金融机构为特定外国金融机构开立或维持代理行账户或通汇账户。第201款规定，美国财政部一旦发现一家外国金融机构蓄意（knowingly）地尝试或已涉足《伊朗全面制裁、问责和撤资法》规定的6项禁止性活动中的1项或多项重大活动，那么这家外国金融机构将被列入"561清单"[①]。无法在美国开立或继续保有代理行账户或通汇账户就意味着被排除出美元交易和结算系统，也就无法在国际市场进行业务操作。美国对俄罗斯的金融制裁就采用了这种方式：一是2020年禁止俄罗斯国有金融机构参与美欧金融市场交易，要求维萨（Visa）和万事达（MasterCard）停止向俄罗斯被制裁银行提供支付服务等；二是在2022年乌克兰危机后，美国、欧盟、法国、德国、意大利、英国、加拿大共同决定将部分俄罗斯银行从SWIFT系统中删除。美国的金融制裁直接导致俄罗斯金融机构无法开展业务，大量企业和个人的海外业务被迫中断或转

---

① 郑联盛.美国金融制裁：框架、清单、模式与影响[J].国际经济评论，2020（3）：123-143.

移，评级机构下调俄罗斯主权信用评级，卢布出现大幅贬值，大量美元资金流出俄罗斯等，给俄罗斯金融体系的稳定性带来了较大冲击。鉴于金融制裁对金融机构的毁灭性打击，金融机构在与被制裁企业的合作中更为谨慎，可能出现"过度合规"的问题，当美国"长臂管辖"涉及企业后，银行很可能选择切断合作关系，放弃交易机会以求自保，由此导致企业的融资渠道和金融服务进一步收紧。

总体来说，金融制裁和反洗钱监控本身具有巨大的杀伤力，随着大国博弈加剧，未来中国企业在开展经贸合作中遭遇金融制裁和反洗钱"长臂管辖"的风险将进一步升级。

三、干扰我国对外科技合作

科学技术具有世界性、时代性，国际科技合作是大势所趋。聚焦创新驱动、促进均衡发展是我国高质量发展的题中之义，也是我国对外合作可持续发展的关键动力之一。美国以竞争和遏制为目的，挥舞"长臂管辖"的大棒，将出口管制、经济制裁、数据流动等各种领域串联起来，对我国科技领域祭出组合拳，同时通过各种方式诱导或迫使其他国家接受其创新标准和规则，给我国带来了重大和深远的风险。

（一）跨境数据流动冲突不断加剧

美国《澄清域外合法使用数据法案》（以下简称《云法案》）单方面赋予了美国政府对全球大多数互联网数据的"长臂管辖权"，对中国与第三方国家数字合作造成了掣肘，更重要的是，美国是在用"长臂管辖"推动建立以美国为核心的全球数据霸权，从而谋求更高、更广泛的控制力。鉴于此，中国在数据流动领域与美国及其盟友的冲突已不可避免。

一方面，根据《云法案》，美国可利用市场优势地位，影响中国企业参与对外科技合作。首先，在全球数据流动规则尚未成形的情况下，各国关于数据流动、存储、获取的法律框架各自不同，且部分国家由于发展阶段不同，或迫于美国的政治施压与经济诱导，很可能在数据流动规则上倾向于美国方案，在数字合作中，我国存储于境外的信息将难以监控，随时有被美国政府获取的风险。其次，中国企业将面临严峻的法律冲突，陷入两难。中国《网络安全法》及其相关条例、欧盟《一般数据保护条例》等都规定，网络运营者在信息跨境传输时应尊重信息主体的意愿，并提供数据安全保护，必要时向第三国提供数据还应得到许可。但这与《云法案》中规定的美国政府域外获取信息的权力是相悖的。鉴于互联网企业全球运营的特点，中国企业将在履行中国、美国，甚至欧盟法律义务的问题上陷入两难。

另一方面，美国以"长臂管辖"胁迫国际社会接受其数据流动规则。以东盟为例，东盟是全球数字经济增长最快的地区，近年来中国与东盟正以推动数字经济合作伙伴关系为抓手加强合作，共同签署了《中国－东盟战略伙伴关系 2030 年愿景》《中国－东盟关于"一带一路"倡议同〈东盟互联互通总体规划 2025〉对接合作的联合声明》《第 14 次中国－东盟电信部长会议联合声明》等一系列文件。2020 年是中国－东盟数字经济合作年，双方提出建立数字经济合作伙伴关系的倡议。在此基础上，中国在 PCEP 谈判中贡献了数据跨境流动的中国方案，并被东盟接受。但同时，美国出于战略竞争的目的，采取政治施压与经济诱导双管齐下的方式，以数据"长臂管辖"为工具不断在东盟推广美国数据规则。2019 年以来，美国在东盟实施了"数字连接与网络安全伙伴关系""东盟网络政策对话""美国－东盟智能城市伙伴关系""美国－东盟联通行动数字经济系列计划"等行动，在美国联合日本发起的"数字互联互通和网络安全伙伴关系"（DCCP）中，美国承诺将投入 25 亿美元，并重点提出利用数字互联互通促进人权，打击数字保护主义和"敌对国家"对数据的"非法"使用。在各方博弈中，一旦以东盟为代表的发展中国家接受美国价值观，以意识形态认同作为数字合作的门槛，对我国对外科技合作将造成巨大的破坏。

（二）数字基础设施合作受到冲击

习近平主席多次强调，数字经济正在成为重组全球要素资源、重塑全球经济结构、改变全球竞争格局的关键力量。在对外合作领域，我国提倡共治共享，促进互利融合，积极推动数字基础设施的共建共享，推进数字基础设施互联互通。截至2022年，我国已经累计建设了34条跨境陆缆和多条国际海缆，正在与全球合作伙伴共同构建网络空间命运共同体。2017年5月，习近平主席在"一带一路"国际合作高峰论坛开幕式演讲中正式提出"数字丝绸之路"。"数字丝绸之路"是数字经济发展与共建"一带一路"倡议的有机结合，以平等为基础，以开放为特征，以信任为路径，以共享为目标。此后，2018年4月和2019年4月，习近平主席继续强调，要建设"数字丝绸之路"、创新丝绸之路。中国的数字丝绸之路建设，缩小了不同国家和地区之间的数字鸿沟，克服了文化差异，推动了世界经济的发展，获得了沿线国家的认同，也实现了大量的项目合作。在此背景下，美国将"数字丝绸之路"作为重点关注对象，出台了专门的"应对"机制。

一方面，特朗普政府推出"数字互联互通与网络安全伙伴关系"机制，加强与"一带一路"沿线国家的数字合作；同时支持本国企业、盟国企业扩大在沿线国家的业务，特别是数字基础设施建设，给予沿线国家针对中国的"替代性选择"。

另一方面，美国还对中国企业进行"围追堵截"，通过规则输出清洗数字基础设施领域的中国企业和中国技术。2020年8月，美国启动清洁网络计划，提出在电信运营商、手机应用商店、手机App、云服务、海底光缆等5个领域排除中国企业，实现"清洁环境"。具体的措施包括不受美国信任的中国电信公司不能为美国提供国际电信服务，从美国的应用商店下架不受信任的中国App，阻止华为和其他不受信任的中国手机厂商预装或下载美国的手机应用，限制中国云服务提供商收集、存储和处理美国数据和信息的能力，阻止中国公司竞标建设连接美国和其他国家网络的海底光缆项目。随后，美国积极把这项美国本土计划向盟友推销，试图建立"清洁国家联盟"。据外媒报道，到2020年年底，有近50个国家、170家电话公司和许多世界领先公司已经签署了加入该计划的协议，包括北约30个盟国中的27个，经济合作与发展组织37个成员国中的31个，欧盟27个成员国中的26个，"三海"12个国家中的11个。2022年4月，美国又与60个全球合作伙伴发布《未来互联网宣言》，提出要构建"开放、自由、全球、互操作、可靠和安全的互联网"。这一举动可以看作"清洁网络计划"的增强版，本质上是要在全球互联网中实现美国主导的"数字联盟"，将中国技术和中国企业排除在数字基础设施之外，从而打击中国在数字基础设施领域以及数字经济领域的竞争力。

（三）科技创新合作可能被切断

科技创新是我国发展的新引擎，是引领现代化建设的重要动力。我国科技部的数据显示，截至2022年，中国已与160多个国家和地区建立科技合作关系，签订114个政府间科技合作协定；中国深度参与近60个国际大科学计划和大科学工程，参与度不断提升；中国分三批启动53家"一带一路"联合实验室建设，培训超过1.5万名国外科技人员，资助专家近2 000人次。我国还以政府间科技合作协议为指南，推出了大量合作项目，形成了企业、大学、研究机构等各类创新主体全面参与的局面。但在美国"长臂管辖"下，我国参与全球和区域性科技创新合作仍存在较大风险。

一方面，科技人员交流受美国的威胁较大。2017年以来，为保持技术领先优势，弥补技术出口管制的漏洞，美国率先加强跨国人员交流监管，防止向外国人转移敏感技术。实际上，美国也是世界上最早提出"视同出口"概念和规则的国家。根据美国出口管制法律，外国人在美国大学、科研机构学习，去美国企业参观有关技术、设备，以及外国人赴美展开合作研究，接触或使用有关技术、设备，美方单位都需要向BIS申请出口许可。针对中国科技人员的往来交流，早在2005年，美国商务部就提出，应根据出生地原则进一步限制中国等部分外籍人员参与受控的高科技研发活动，即在中国等特定国家和地区出生的科研人员，即使不拥有该国家和地区的国籍，也视同为相关技术向该国家和地区出口，需要向美国商务部申请出口许可证。2020年5月29日，美国国务卿蓬佩奥发布行政令，限制中国公民赴美留学修读美国高校STEM专业研究生，并暂停为"执行和支持中国军民融合战略的实体"支持的学术或研究活动。2020年6月，美国总统特朗普又签署了一项行政命令，暂停了部分非移民签证，包括临时H-1B签证和J-1签证，其中前者是在美高精尖技术科技工作者通常使用的签证，后者则是参加美国国务院批准的"交流访问者计划"（exchange-visitor programs）的各类外籍人士使用的签证。此外，美国还在国内开展"中国行动计划"，以国家安全为由，对华裔及中国籍在美专家科研活动进行干预。美国这些行为在一定程度上造成了外溢效应，部分欧洲国家和发展中国家对与中国开展合作产生疑虑，既害怕技术被窃取，又害怕美国的"长臂管辖"，导致我国人才引进与技术交流的难度增大、风险走高。

另一方面，获取发达国家知识产权的难度大幅增加。鉴于美国科技大国的地位，在国际创新合作中，很多项目需要使用美国知识产权。但根据美国2021年参议院通过的《无尽前沿法案》第2115节，经授权取得资金的项目所研发产生的所有知识产权都不得向某些特定外国主体转移。该些特定外国主体包括：被列入"SDN清单"的主体；由中国、俄罗斯、朝鲜或伊朗政府拥有、控制或服从其管辖或指示的主体；从事《1996经济间谍法案》规定的与侵犯商业秘密相关经济间谍行为的主体；违反《出口管制改革法案》（ECRA）或《国际紧急经济权力法》（IEEPA）的主体等。这就明确地将知识产权与出口管制、经济制裁等挂钩，这些工具本身具有"长臂"性质，无论是美国实体和个人，还是第三方，都难以将相关的知识产权授权给被制裁的中国企业甚至是中国项目，未来开展科技合作获取前沿技术的难度显著增大。

除上述手段外，美国还通过反垄断、投资安全审查等工具对中国的对外科技合作或投资进行阻挠。例如2021年12月，中国私募股权智路资本收购韩国企业美格纳半导体公司（Magnachip）的计划，由于未能获得美国外国投资委员会（CFIUS）的批准，被迫宣布终止，价值14亿美元的高科技投资合作项目付诸东流。

四、冲击我国对外合作基础

一直以来，在构建人类命运共同体的理念指引下，我国秉持相互尊重、公平正义、合作共赢的原则，深化拓展平等、开放、合作的全球伙伴关系。可以说，我国对外合作真正的基石是共同价值观和认同感。正因如此，美国一方面通过反腐败、反洗钱等"长臂管辖"工具，加剧对中国企业的污名化；另一方面采取直接制裁，抹黑我国，导致其他国家在与我国的合作中产生"犹疑"和"警惕"，给我国对外合作基础造成了负面影响。

（一）借"强迫劳动"进行污蔑抹黑

美国通过制裁叠加"长臂管辖"工具围堵我国对外合作的重要措施之一是对我国新疆地区的直接制裁。新疆是我国"丝绸之路经济带核心区"和"连接周边口岸及亚欧大陆的大通道"，与周边国家有着重要合作项目、稳定的合作机制和良好的合作关系。特别是就其通道功能而言，新疆是西出国门、东联内地的战略枢纽和国际能源大通道，是中国与中亚、西亚、南亚乃至欧洲的通道，是设施联通、贸易畅通、资金融通的通道。因此，"新疆问题"就成为美国干扰和遏制我国对外合作的一张"底牌"。

2021年12月23日，美国总统拜登签署第H.R.6256号法案《防止强迫维吾尔人劳动法》，根据该法案确立了一项推定原则，即任何全部或部分在新疆开采、生产或制造，或是由已确认的实体生产的货品、用具、物品和商品，都是通过强迫劳动完成的，因此根据《1930年关税法》的规定被禁止进入美国。这项法律导致来自"任何国家"的各类货品，特别是属于棉花、番茄和多晶硅等产品，或任何原材料或零部件是于新疆生产、制造或进行某种加工的，都不能进入美国。

《防止强迫维吾尔人劳动法》是美国依据国内法对外国企业和个人采取的单边强制措施，属于典型的 "长臂管辖"。这一法案一方面通过进口限制，阻碍了中国产品进入美国市场；另一方面，更重要的是，通过毫无根据的污蔑和抹黑，实现 "溢出效应" 和 "联动效应"，降低国际社会对我国的认同感，在一定程度上冲击了我国对外合作基础。

（二）借 "民主价值" 形成对抗氛围

随着全球经济复苏乏力，为了转移本国矛盾，美国政府积极在意识形态上做文章，试图通过 "妖魔化" 中国的方式，把中国放在所谓民主和自由的对立面，为进一步打压中国创造借口。拜登在就任美国总统后的首次新闻发布会上就表示，中美之间的博弈是 "民主与专制之间的战斗"，并声称 "我们必须证明民主管用"。为此，美国持续使用各种手段对我国进行抹黑，营造对抗的氛围。

香港问题就是美国找到的又一个借口。早在2014年、2016年和2017年，美国民主、共和两党议员就曾3次提出《香港人权与民主法案》，但因会期问题都未能在两院获得审议。2019年6月，美国国会中国委员会主席麦戈文联合共和党参议员卢比奥、共和党众议员史密斯提出2019年《香港人权与民主法案》，该法案仅用时一个月即经时任总统特朗普签署成为美国国内法律。

该法案声称，所谓香港 "人权" 与美国在香港的利益直接相关；同时调整了对香港的出口管制政策，防止中国从香港特区获得敏感技术；还授权冻结 "侵犯" 香港 "人权" 的外国人在美国境内的资产。此外，该法案还要求美国政府督促英国、澳大利亚、加拿大等盟国相互配合，联合向中国施压以促进所谓香港 "民主和人权"。

2020年，为 "回应"《中华人民共和国香港特别行政区维护国家安全法》的出台，美国火速出台 "香港自治法"，并颁布 "香港正常化行政命令"。这部法律出台的时间之短更为惊人，从法案首次在众议院讨论到被特朗普签署并正式生效，仅用了14天。与"香港人权与民主法案"相比，"香港自治法"着重针对个人和实体实施制裁，既包括一级制裁，也就是对涉港人士和实体的制裁；也设置了次级制裁，进一步强化了香港问题的国际性和对我国的围堵。

纵观涉香港法案的出台过程，美国挥舞制裁和"长臂管辖"大棒的原因，无非是占据道德制高点，以所谓"共同价值观"为抓手，借意识形态施压盟友对中国进行打压。不可否认，美国的做法产生了一定的外溢效应，我国所在的舆论环境受到冲击，不得不一再澄清和驳斥，在一定程度上给我国对外合作的基础带来了冲击。

第八章 >>>

国际社会应对美国"长臂管辖"的实践

> 目前，世界上许多国家都公开表达了对美国"长臂管辖"批评和抵制的态度。这其中，不仅有长期以来遭受美国制裁的国家，如俄罗斯、朝鲜、叙利亚等国①，也包含美国部分传统"盟友"，如法国、德国、意大利等欧盟国家②。这些国家也曾遭受美国"长臂管辖"的屠戮，致使本国企业遭受重创。自20世纪90年代末以来，德国、法国、意大利等欧洲国家企业相继受到美国"长臂管辖"制裁，数百亿美元罚款流入美国腰包，许多大型跨国公司被瓦解，多年积累的行业竞争力被摧毁殆尽。美国的所作所为，不仅严重损害了他国主权安全，影响了被制裁国家的国计民生，更违背了市场经济原则和国际经贸规则，破坏了全球产业链、供应链的安全稳定。

---

① 叙利亚外交部表示："美国官员可以撒谎，但叙利亚地震灾区的照片不会说谎。尽管面临制裁，叙利亚人民依然以充满力量和坚定的意志力来应对灾难。"古巴总理曼努埃尔·马雷罗表示："1962年2月7日，美国正式宣布对古巴实施全面封锁。61年的封锁给古巴带来严重损失，阻碍了古巴国家发展并对全民造成影响，古巴将不会停止要求美方解除这种不工作的封锁。"朝鲜外务省也发文称："美国一边散播种种谣言，图谋把我国'妖魔化'，一边在'人权'、制裁和军事等各领域同其追随势力一道，加强全方位地对朝打压攻势。朝鲜将针对美国任何军事企图都按照'以核制核，以正面对抗回答正面对抗'的原则作出超强回应。"

② 法国经济部部长布鲁诺·勒梅尔曾抨击美国政府："我们真的想成为美国的附庸吗？"法国国际关系和战略研究院研究员阿里·拉伊迪在《隐秘战争》一书中一针见血地指出，美国通过"长臂管辖"堂而皇之地对任何国家施压，无论盟国还是敌国，完全是"只手遮天"。

为应对美国"长臂管辖",在表达抗议的同时,国际社会也积极行动起来,通过完善法律框架、提高合规要求、积极应对诉讼、擅用经贸规则、筹建独立结算体系、重塑多边主义以及多渠道运用政治外交手段等方式,维护本国正当利益以及公平正义的国际环境。

一、完善法律框架

在应对美国"长臂管辖"时,许多国家和区域组织都选择了以完善法律的方式来应对,因为该方式最为直接和高效。在出口管制、经济制裁、反海外腐败等多个领域对美"长臂管辖"的应对中,这种应对方式都取得了相当多的成功。

为了反制美国"长臂管辖",一些国家和区域性组织制定了相关法律加以反制。在单个国家层面,为应对美国通过国内法实施"长臂管辖",英国、德国、加拿大等多个国家相继出台了阻断法律。例如,1980年,针对美国法的域外适用,英国制定了《贸易利益保护法令》(The Protection of Trading Interests Act),规定"避免英国主权由于外国法的域外适用而被侵犯,对外国法律和政府措施操控国际贸易的行为进行抵抗和制约",其中涵盖不执行外国法院的禁止以及外国政府对英国向特定国家出口货物的限制命令不予执行等。此外,作为美国的制裁对象,德国认为美国经济制裁域外适用严重侵害了德国企业的利益。德国为维护自身利益,出台了《对外贸易与支付条例》(Foreign Trade and Payments Ordinance),该条例禁止在对外贸易和支付中发布德国人参与对另一国的制裁的声明。德国企业如果违反了上述规定,如仅仅因为美国经济制裁而拒绝开展或终止与美国制裁对象有关的业务,或在协议中约定遵守美国经济制裁法律法规、将可能遭受50万欧元的罚款。

加拿大也反对他国法律法规的域外适用,于1985年2月出台了《外国域外措施法》(Foreign Extraterritorial Measures Act)。该法赋予了加拿大政府对不可接受的外国法律域外适用作出回应的权利，从而保护加拿大的主权，包括保护加拿大的国际贸易和商业利益。《外国域外措施法》最初针对的是美国反垄断调查，而非美国经济制裁。然而，截至2020年7月1日，《外国域外措施法》所列的、不可接受的外国法律仅有"赫尔姆斯–伯顿法"，也就是说，自生效至今，该法的修改以及依据该法进行的监管行动只涉及美国对古巴禁运对加拿大的溢出效应。不同于德国，加拿大主要与受美国制裁的古巴进行贸易往来。2019年4月17日，加拿大和欧盟针对特朗普政府重启"赫尔姆斯–伯顿法"第3条发表联合声明称，美国推进对古巴制裁的域外适用违反了国际法，加拿大和欧盟决定在WTO框架下共同维护加拿大企业和欧盟企业的利益，禁止执行法院基于"赫尔姆斯–伯顿法"第3条所作出的判决，加拿大和欧盟的法院允许针对美国人依据"赫尔姆斯–伯顿法"第3条提起的诉讼提出反诉。

俄乌冲突爆发后，美国再次向俄罗斯施加"长臂管辖"。为此，俄罗斯出台了《关于影响（反制）美国和其他国家不友好行为的措施的法律》（以下简称《俄罗斯反制裁法案》）对美国"长臂管辖"进行应对，依据此法俄罗斯可对美国采取报复性措施。同时，《俄罗斯反制裁法案》中将"长臂管辖"定义为"不友好行为"。该法案中明确规定："俄罗斯政府有权向美国及其他任何对俄罗斯、俄公民和法人采取不友好措施的国家，以及参与到对俄制裁中的受这些国家管辖、直接或间接受它们控制的机构、法人和公民采取反制措施。反制措施的形式包括终止或暂停与不友好国家或机构的国际合作，禁止或限制与不友好国家或机构进行产品和原料进出口贸易，禁止或限制受这些国家管辖或控制的机构参与俄政府采购项目和国有资产私有化项目等。"俄罗斯政府有权自该法案生效之日起，为应对美国"长臂管辖"而出台各种相应反制措施。

在区域组织层面，欧盟最早在1996年颁布《欧盟阻断法》（Blocking Statute，以下简称《阻断法》）。该项法律可以使欧盟实体不会因美国对伊朗、古巴、叙利亚等国的制裁而影响其与第三国合作伙伴的正常交易。欧盟

《阻断法》则非常有针对性地规定了 "有效隔断美国某些具有针对性的法律在欧盟境内的效力和执行、对主体执行美国的某些特定法律予以禁止、赋予相关主体就美国特定法律给其带来损失而进行索赔的权利"，以此为基础，欧盟明示了自身立场，坚定且不留余地地造成了与美国政府直接对峙的局面①。

在出口管制方面，如1996年美国对利比亚、伊朗和古巴等三国发起了贸易制裁，为了避免欧盟本土企业遭受美国 "次级制裁" 的连带影响，欧盟理事会发布了第2271/96号理事会条例。该条例不仅对域外法院针对欧盟企业国际商贸行为在欧盟执行效力裁决的效力予以了阻断，也对欧盟企业遵守域外立法这一要求采取了禁止态度，从而通过上述方式达到阻断美国 "长臂管辖" 制裁法律效果的目的。在之后的案例中，欧盟《阻断法》也确实起到了一定的积极作用，在实践中具有与美国不当单边制裁相抗衡的积极意义。

在应对美国经济制裁 "长臂管辖" 方面，早在1996年11月，为应对美国出台的、具有域外管辖权的 "赫尔姆斯-伯顿法" 和 "达马托法案"，欧盟理事会就颁布了《反对第三国立法域外适用的条例》。欧盟理事会认为《反对第三国立法域外适用的条例》的颁布旨在对抗第三国域外适用的经济制裁法律法规对欧盟成员国的国民、企业与他国间合法经贸往来的不利影响。

此外，由于美国多次对欧盟重点企业实施反海外腐败 "长臂管辖"，美欧双方矛盾日益激化，欧盟逐步完善法律框架，准备通过阻断性立法来对美国经济制裁法律的域外效力进行本质上的挑战。应对措施大体包括对数据保护的范围进行扩充，屏蔽美国司法调查的源头；加强欧盟阻断法令的执行以及保证现有对美国 "长臂管辖" 进行阻断的法律可以正常地发挥其应有的作用；对欧盟专门用于打击经济和金融犯罪的工具进行增加和完善等3个方面。在扩大数据保护范围、阻断美国司法调查源头方面，2019年6月，法

---

① 戚凯.美国 "长臂管辖" 与全球经济治理[J].东北亚论坛，2022（4）：64-76.

国国民议会发布《重建法国和欧洲主权、保护我们的企业反制域外管辖的法律和措施》报告，这份报告认为法国应以1968年出台的《阻断法》（Loi de Blocage）为基础，建立覆盖整个欧盟地区的早期预警机制，同时加大制裁力度，扩大欧盟数据保护的范围，专门制定一项旨在阻止欧盟企业向外国司法部门传输数据的保护性法律，同时建立欧盟成员国之间的信息共享机制。在加强欧盟阻断法令的执行方面，早在1996年，为避免次级制裁的影响，欧盟就借鉴法国"阻断法"的经验颁布了阻断法令，保护欧盟免受第三国域外使用立法的影响。

专栏8-1　欧盟制定应对美国"长臂管辖"的阻断性立法[①]

为反制美国"长臂管辖"，欧盟理事会于1996年11月22日通过了《关于反对第三国立法域外适用的第2271/96号条例》（以下简称《反域外适用条例》）。美国重新启动对伊朗的制裁后，为保护欧盟企业利益，欧盟又于2018年6月6日通过了《〈关于反对第三国立法域外适用的条例〉附件修正案的第2018/1100号条例》（以下简称《反域外适用条例修正案》）。国内外学者将此类条例称为"阻断性立法"（Blocking Statutes），专指阻断特定行为或外国法域外效力的法律。

欧盟阻断性立法包括正文和附件，《反域外适用条例修正案》对《反域外适用条例》的正文部分未进行实质性修改，只是对附件内容进行了修订。《反域外适用条例》第5条是欧盟阻断性立法的核心条款，即禁止遵守制度，禁止受影响的欧盟实体遵守美国相关法律法规。

《反域外适用条例》明确了5类免受美国"长臂管辖"负面影响的对象：作为欧洲共同体居民以及某一成员国国民的任何自然人；任何在欧洲共同体内成立的法人；以自由原则为会员国之间和会员国与第三国之间的海上运输提供服务的第4055/86号条例》（以下简称《欧洲经济共同体第4055/86号条例》）第1条第2款所述的自然人或法人；任何作为欧

---

① 白雪，邹国勇.美国"长臂管辖"的欧盟应对：措施、成效与启示[J].武大国际法评论，2021（5）：53-75.

洲共同体居民的其他自然人，除非该自然人在其国籍国境内；在欧洲共同体内包括其领水、领空和在某一成员国管辖或控制下的任何飞机或者船舶上以专业人员身份行事的任何其他自然人。

同时，《反域外适用条例》规定了一系列报告制度，如第2条规定了欧盟委员会的信息报告制度（reporting effects to the commission）；第3条规定了信息保密制度（confidential of information）；第7条和第8条规定了欧盟委员会保障该条例实施的义务，包括通知和全面公开报告制度、必须遵守的时限、增删条例附件的法律法规和信息公开制度。

此外，欧盟的阻断性立法为欧盟实体设置了受到美国"长臂管辖"后的救济机制，包括拒绝承认及执行制度和损失的追偿制度。

二、提高合规要求

在面对美国依据国内法"长臂管辖"时，各国企业也逐步意识到"打铁还须自身硬"，加强本国企业内部合规是反制美国"长臂管辖"至关重要的一环。因此，各国开始提高在企业合规方面的要求。

例如，2019年12月18日，法国国家反腐败局根据"萨潘Ⅱ"法案要求公布《反腐败合规指南》（Guide Pratique Anticorruption）。根据该项指南，企业须以自身实际情况为出发点，塑造一套合规体系，同时该项指南建议每个企业任命一名合规官（Responsable de la Fonction Conformité）并为其及合规团队进行足够的资源保障。针对合规官一职的职责，该项指南指出应不仅限于反腐败，还应当向反洗钱、内部交易等领域扩充范围；同时建议合规官参与企业决策、确保合规资源的充足性、设立赔偿责任制度等具体措施，致力于帮助企业建立符合法律法规要求的合规制度。尽管该项指南的内容多为建议而非强制性的，但是执法机构对公司检查时的评分会被企业对该项指南的遵循程度影响。

20世纪80年代日本东芝事件，成为日本跨国企业合规建设的重要转折点。由于违反"巴统"规定，东芝子公司东芝机械以高价向苏联出口4台数控机床，引起美国国会议员的关注。在媒体介入后，东芝事件逐渐浮出水面，美国舆论一片哗然，要求严惩"东芝机械"及其控股股东东芝公司。尽管日本政府已经对东芝公司作出重罚，但美国政府仍依据其国内《出口管制法》（1985年）修正案规定的"凡是违反美国参加的正式、非正式多国协定者，一律对其实施进口制裁"，取消政府与东芝公司所有合同，并要求东芝公司在美国分公司出口任何产品都必须获得出口许可证。之后，日本政府和企业全面加强出口管制管理体系，尤其是重视日本企业的合规制度建设。在政府、产业界以及研究机构多方努力下，日本企业出口管制合规体系已经非常成熟和完善，也鲜有日本企业在美国出口管制实体清单的情况。

专栏8-2　日本企业出口管制合规制度登记体系

日本安全保障贸易中心（以下简称CISTEC）是日本唯一一家非营利、非政府机构的出口管制机构。其成立背景源于1987年东芝机械设备发生了非常严重的违反出口管制法规的事件，并付出了惨痛代价。作为对该事件的反思，日本政府联合产业界共同出资成立了CISTEC。2011年，CISTEC从日本政府中独立出来，成为一般财团法人。目前，CISTEC仍同日本政府保持密切的合作关系，但不再接受日本政府的资助以保持中立的立场及态度。

CISTEC运营的基本理念是通过充当在安全保障出口管制领域"官、产、学"相互连接纽带的角色，实现日本安全保障出口管制"有效合理"运行，为世界和平作出贡献。目前，CISTEC共有员工45人，这些人员包括直接雇用、政府派遣、企业派遣以及前企业员工等。目前，CISTEC的主要经费来自企业会员会费（约占40%）以及举办研讨会、出版发行以及数据库等收入（约占60%）。截至目前，CISTEC共有会员企业469家，基本覆盖日本出口企业。会员企业涵盖电子设备、机械、贸易、信息以及精密仪器等领域。

在与日本政府协作中，协助政府建立企业合规制度登记体系是CISTEC进行的最成功案例之一。当前，日本政府鼓励企业建立合规制度。同时，敏感产品出口企业建立合规制度是法律义务。出口企业在达到日本经产省规定的标准时，可以将本企业合规制度提交至经产省进行登记。登记后，企业才可以申请各项出口许可。

此外，已经进行过合规制度登记的企业，在通过自我检查并满足一定标准的情况下，可以申请将公司名称在日本经产省网站上进行公布。目前，日本约有1 450家企业进行了合规制度登记，其中625家企业名称在经产省网站上公布。

建立合规制度对出口企业和政府都有好处。就出口企业而言，建立合规制度可以帮助企业依法出口、明确内部手续责任、高效率通过内部检查、向社会作出良好的示范宣传、减少非法出口事件的发生以及帮助企业顺利申请各项许可。对政府来说，企业建立合规制度可以有效预防和减少违法出口，从而使政府中从事出口管制领域工作的有限人力资源可以专注处理较为重大敏感的案件。

在帮助企业建立合规制度时，CISTEC将企业分为2组六大类，并将这种分类方式在经产省网站上进行了公布。

	制造企业	贸易企业
大型企业	1A	1B
中型企业	2A	2B
小型企业	3A	3B

按照上述分类方式，CISTEC为企业构建合规制度的主要内容包括总则、基本方针、组织、手续、财务管理、监察、培训、文件管理、子公司及相关企业指导、报告以及惩罚机制等十一大项。

三、积极应对诉讼

当前，法院的管辖范围在美国"长臂管辖"的作用下被扩大化，使其有权管辖那些本无权管辖的案件。在了解美国司法程序的基础上，已经有多个企业主动应诉，正面质疑美国"长臂管辖"权。

在2010年的莫里森诉澳大利亚国有银行一案中，反域外法适用推定原则在法官判决中被不断强调。以反域外法适用推定原则为基础，除非某项规则所具有的域外适用效力是国会刻意而为之，否则只能假定该规则主要规制其国内事务。美国香蕉公司诉联合水果公司案首次提出了此原则，此次莫里森诉澳大利亚国有银行一案的判决中对该原则的重申也表明了在域外法的适用问题上对美国滥用"长臂管辖"采取限制措施的总体趋势。2017年12月和2018年2月，针对美国《2018财年国防授权法案》中"禁止所有政府机构购买和使用卡巴斯基公司产品和服务"的条款，俄罗斯安全软件企业卡巴斯基公司在不同的法院针对美国政府提起了两次诉讼，诉称美国政府的这一举动没有基本的"正当程序"，是对宪法的违背和"褫夺公权法案"。虽然卡巴斯基公司没有取得诉讼胜利，但是给受管制企业积累了正面应诉"长臂管辖"的经验。

空客腐败案也被誉为保护法国免受美国"长臂管辖"的里程碑。一直以来，美国长期利用"长臂管辖"手段对空中客车集团进行"围追堵截"，削弱其国际竞争优势，其目的是为美国本土大型飞行器制造企业——波音公司消灭竞争对手，抢夺国际市场份额，打造"一家独大"的垄断性企业以攫取更多经济利益。面对美国利用"长臂管辖"对空中客车集团提出的指控，法国司法部门合理运用"萨潘Ⅱ"法案，避免了针对空中客车集团的诉讼，并将大部分罚款"截留"在法国本土，成功捍卫了法国的经济主权，保护了本国企业。现在看来，法国政府对于美国诉空客的腐败案之应对可谓"法国反制美国'长臂管辖'司法实践"的典范，其具体原因有如下几条：首先，此次诉讼是历史上第一次由法国国家金融检察官办公室与英国司法部门联合开展的调查。此外，法国政府积极与美国司法部门合作，化被动为主动，最终将审判的主动权掌握在自己手中，成功抵挡住了美国司法部门对空客公司"抄家底"式的调查，保护了企业财产和机密信息。其次，"萨潘Ⅱ"法案的出台不可谓不及时，同时法国司法部门对法案中公共利益司法公约条款的巧妙利用也使得空客免于刑事诉讼。最后,大部分罚款被法国政府"截留"在本土也有效避免了法国企业的资产被美方占有。

专栏8-3　法国完善反腐败法案抗衡美国"长臂管辖"

2016年11月,法国通过《透明、反腐斗争及经济生活现代化法案》("萨潘Ⅱ"法案),以作为对抗和防御美国"长臂管辖"的法律手段。该法案"在打击跨国腐败方面将法国立法提高到国际标准,从而在抗衡美国相关域外法权方面下了一着先手棋"①。

依据该项法案,法国成立了国家反腐败局,以此为基础建立和完善了法国当前的腐败预防机制,还加大了腐败的惩治力度。同时,法国政府还依据该法案提高了对企业合规的要求,还有例如"建立跨国公司公约"等具体条款都帮助法国企业构建了更加牢固和完善的防御系统,以尽可能抵御和抗衡美国的'长臂管辖'。有学者认为,"萨潘Ⅱ"法案"对于法国抗衡美国'长臂管辖'具有深远影响"②。

第一,强化识别能力。这项法案着重强化了法国司法部门对腐败行为的识别能力。此外,法案中有关传播涉密信息的相关禁止性规定有效规避了美国司法部门借由"长臂管辖"手段全面获得法国企业的商业秘密。

第二,严格合规要求。当前,法国《透明、反腐斗争及经济生活现代化法案》设置了相较于美国《反海外腐败法》和英国《贿赂法案》更为严格的企业合规要求。此举可以有效将企业被动应对美国"长臂管辖"的隐患从源头上消除。

第三,借鉴别国做法。事实上,法国在《透明、反腐斗争及经济生活现代化法案》中就参照了美国的做法,建立起法国版的推迟起诉协议——公共利益司法公约。这一做法不仅可以有效帮助法国司法部门获得审判"主动权",还可以成功将涉案企业罚款截留在法国本土。

---

① 杨成玉.法国组合拳反制美"长臂管辖"[J].瞭望,2020(40-41):25-32.
② 同上。

第四，扩展管辖范围。《透明、反腐斗争及经济生活现代化法案》在反腐败问题上对法国企业和在法外国企业同样适用，这一设置成功拓展了法律管辖权范围，也为应对美国"长臂管辖"增添了筹码。

法国政府通过合理运用《透明、反腐斗争及经济生活现代化法案》，在空中客车腐败案上成功挫败了美国"长臂管辖"，成为法国反制美国"长臂管辖"的司法实践典范。

事件经过：2013年空中客车集团战略市场部佣金违规行为在内部审查中被发现。审查结果显示，自2008年起，空中客车集团每年花费数亿欧元，雇用200余名第三方中间人，在一些国家和地区通过商业贿赂等手段推销本公司产品，完成交易。

2016年，英国出口信贷担保局检举空中客车公司向其申请的信贷存在问题。同年8月，英国严重欺诈案办公室开始介入调查。2017年3月，法国国家金融检察官办公室也开始对空中客车公司开展调查。

同年，美国司法部要求空中客车公司将法国国家金融检察官办公室和英国严重欺诈案办公室开展调查所形成的资料中涉及美国管辖权的资料提交给美国司法部。在整理材料的过程中，空中客车公司觉察到：在拟向美国司法部提交的材料中，可能存在违反美国《反海外腐败法》和联合国《武器贸易条例》的行为。这些行为可能引发美国的"长臂管辖"，致使公司进一步面临美国司法部门的刑事处罚。

面对上述情况，依据法国《透明、反腐斗争及经济生活现代化法案》中"公共利益司法公约"中的"坦白从宽"原则，2017年空中客车集团主动坦白违规行为，积极配合法国司法部门的各项调查，从而避免美国"长臂管辖"引发的司法处罚。

2020年1月29日，空中客车集团与法国国家金融检察官办公室达成公共利益司法公约，空中客车集团支付近36亿欧元达成和解，避免受到刑事诉讼。而这也是法国国家金融检察官办公室历史上首次与英国司法部门开展联合调查，并赢得了审判的主动权，防止空中客车集团被美国司法部门彻查，保护了本国企业的商业秘密。通过有效运用法案中公共利益司法公约条款，空中客车集团得以免于刑事诉讼，更重要的是大部分罚款也被"截留"在法国本土。

四、擅用经贸规则

由于各成员之间的域外争端都可以通过有效利用WTO争端解决机制进行协调和解决，实际上这是WTO为成员之间的贸易争端提供的一个相对公平的解决环境。作为WTO成员，美国依据其出口管制相关法律法规所采取的所有措施和行动必须符合《关税及贸易总协定》项下的透明和非歧视等要求。然而现阶段，在WTO体制下，美国不仅没有遵守上述要求履行成员义务，与其他成员在WTO争端解决机制下进行域外争端解决，而且通过对国家安全概念进行任意解读从而扩大出口管制法域外管辖，这种霸权主义的做法应当受到限制和抵制。

而欧盟在应对这一问题方面的做法就非常值得借鉴和推广。长期以来，美国对古巴等国家施加经济制裁，并由此引发了对欧盟的次级制裁。这种行为限制了贸易的自由化，是对WTO基本义务的背离。为此，欧盟质疑美国"长臂管辖"在WTO框架下的合法性。由此，美欧之间就这一问题产生了诸多贸易争端。1982年，为保护受美国禁运影响的欧洲企业，欧共体积极在WTO框架下寻求争端解决途径。1996年10月，欧盟针对"赫尔姆斯－伯顿法"和美国对古巴的禁运，将美国诉诸WTO《关于争端解决规则与程序的谅解》（Understanding on Rules and Procedures Governing the Settlement of Disputes，DSU）项下的机制（以下简称DSU机制）并于当年成功争得了WTO争端解决机构对于欧盟成立一个"'赫尔姆斯－伯顿法'与美国WTO承诺的相容性"的专门审议小组的同意，最终以协商方式结束了这些争端。欧盟向WTO争端解决机制起诉美国，试图将由"长臂管辖"导致的欧美双方的贸易争端在WTO框架内解决。欧盟采取这样的做法，一方面是由于DSU机制对美国约束作用有限，另一方面也是为了增添欧盟对美谈判的筹码。

从欧盟坚决向WTO争端解决机制起诉美国的做法和态度来看，欧盟并不是想挑战美国，其核心关注点在于"对美国具有域外效力的制裁行为对他国主权过度干涉进行原则性抵制"①，同时对美国未经磋商和审议就单方面采取经济制裁的这种行为表达了抗议之情。欧盟在WTO争端解决机制中对美国发起挑战，本质上是对美国此类霸权主义行径的一种警示，希望能够引起美方的重视从而使其更改制裁法令。实践证明，在WTO框架下，这样的方式是合法且有效的，一旦美国就制裁法令对欧盟产生的负面影响作出让步，欧盟则立即暂停争端解决程序，但仍保留重新启动程序的权利。欧盟通过WTO争端解决机制迫使美国走上谈判桌，是富有成效的举动。有学者将欧盟此举称为"创新冲突解决方式"（creative conflict management）。这是欧盟在应对美国"长臂管辖"措施中的权宜之计，也是明智之举②。

五、独立结算体系

美元的全球中心货币地位是美国实施"长臂管辖"的重要基础。如果可以绕开美元清算体系，筹建独立结算体系，对规避美国"长臂管辖"将具有明显效果。作为因美国反海外腐败"长臂管辖"遭遇重创的国家，法国一直呼吁扩大欧元国际储备、提升交易能力，鼓励欧盟成员国欧元结算同被制裁国家间的各项交易，进一步开拓将欧元从政策性银行汇至被制裁国家央行的路径，同时进一步完善欧元区货币金融市场。然而当今世界具备组建独立结算体系的经济体凤毛麟角，目前只有欧盟具备一定条件并开展了此项实践。

2018年，欧盟宣布计划建立一个独立于美元支付系统的结算系统，即贸易支持工具（Instrument for Supporting Trade Exchanges，INSTEX），用以帮助欧盟内部的企业与伊朗进行正常的贸易与交易。2019年1月31日，针对美国重启与伊朗核相关的经济制裁"长臂管辖"，法国、德国和英国等3个

---

① 白雪，邹国勇.美国"长臂管辖"的欧盟应对：措施、成效与启示[J].武大国际法评论，2021（5）：53-75.
② 同上。

国家的外长宣布创设INSTEX，旨在为欧盟和伊朗间的合法贸易提供便利。

目前，欧元是这项运作机制的结算货币，机制所涵盖的范围也局限于药品等非石油产品，从而避免在这个问题上正面"挑战"美国。2019年11月，比利时、丹麦、芬兰、荷兰、挪威和瑞典等6个国家宣布其将成为INSTEX的股东。2020年3月31日，英、法、德三国政府证实INSTEX成功地完成了第一笔交易，为欧洲向伊朗出口医疗产品提供了便利。同时，伊朗也在积极拓宽贸易渠道，通过允许其他国家使用黄金、日用品等商品进行交换等方式弥补贸易、金融领域转账系统的不足。目前，伊朗通过上述方式可使国内企业完成与外国企业的现金收入、支付与结算。

此外，欧洲各国也致力于通过欧元国际化应对美国"长臂管辖"。例如，2018年10月，法国参议院发布《美国"长臂管辖"：欧盟如何反制？》报告指出，美国"长臂管辖"中更重要和范围更广泛的是利用美元的全球中心货币地位实施的制裁，欧盟应推进欧元国际化，提高全球使用欧元的权重，努力使欧元成为国际贸易的结算货币。2021年10月22日，在欧盟峰会上，法国总统马克龙提出"应当进一步推动欧元国际化，来保护欧盟企业免受美国通过美元以及美式标准施加的'长臂管辖'"[1]。同时，欧盟委员会也在2021年公布了一份旨在强化欧元地位的战略文件，提出建设欧洲银行联盟，扩大欧元结算交易，开发数字欧元等计划。

> **专栏8-4　欧洲—伊朗结算机制——INSTEX**
>
> 　　欧洲INSTEX支付系统是德国、法国、英国为了防止美国制裁其与伊朗的交易而建立的，该支付体系名称为"支持贸易往来工具"（Instrument for Supporting Trade Exchanges，INSTEX）。这一工具建立的主要原因在于当前SWIFT系统由美国控制，美国可以通过它来监视全世界的资金流动并作出制裁，因而德国、法国、英国被迫建立了新的

---

[1] 央视网. 马克龙：推动欧元国际化以应对美国"长臂管辖"[N]. 2021年10月23日，https://news.cctv.com/2021/10/23/ARTIhU9WaUvQoYOtYWIqzHeL211023.shtml.

体系。

　　这一系统建立的导火索主要是美国退出伊朗核协议，并且在后续的发展中不仅对伊朗进行经济制裁，还针对帮助伊朗开发核武器或者进口伊朗原油的国家实施次级制裁。美金融系统"长臂管辖"导致许多欧洲企业进退两难：一方面该类企业在伊朗当地保有大量利益，不可能轻易放弃；另一方面该类企业比较依赖伊朗的原油，这样的制裁会使其遭受巨大损失。例如，2018年8月，法国能源巨头道达尔石油公司退出在伊朗的能源项目，放弃与伊朗签署的48亿美元的巨额业务；西门子、奔驰、标致等企业也纷纷退出伊朗。德国驻伊朗商会总代表冯·伯恩施泰因（Dagmar von Bohnstein）直言，许多德企犹豫了很久才决定退出伊朗市场。

　　应对这一情况，绕过SWIFT支付系统就成为关键。因此，欧洲各国联手建立INSTEX结算机制，使欧盟出口商、进口商收付伊朗业务货款无须经过美国金融系统进行清算，这也是该系统的主要价值。

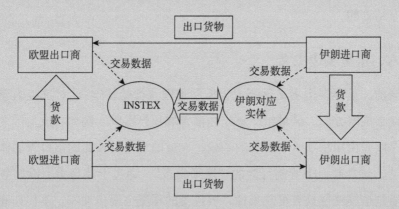

　　2019年12月1日，比利时、丹麦、芬兰、荷兰、挪威、瑞典宣布加入"支持贸易往来工具"（INSTEX）机制。但是"去美元化"不是一蹴而就的，事实上其他货币的支付体系都还在建设当中，INSTEX系统目前也只是用到了美国没有制裁伊朗的部分贸易中，离石油结算交易尚有一段距离。而欧盟自身现在也是危机重重，随着英国脱欧问题落地，欧盟失去一支重要的中心力量。另外多元化货币结算体系之间如何互相结

算,一家货币独大的局面是不可能了,那么究竟哪几种货币能够成为全球货币,还需要更长的时间去见证。

俄罗斯也在支持本国支付系统建设,加快"去美元化"进程。首先,俄罗斯预见西方国际可能会通过切断俄罗斯银行与SWIFT支付系统联系的方式对俄罗斯实施金融打击,从而早在2014年就建立了俄罗斯版本的"金融信息传输系统"(SPFS)。截至现在,俄罗斯大概有1/5的国内汇款可以通过SPFS系统进行,唯一的问题是外资银行在该系统内部参与不多。为解决这一问题,俄罗斯正尝试通过各种办法吸引更多的外国银行加入SPFS支付,以此为突破口,抵抗西方的金融制裁。其次,增持人民币资产作为国际储备,加大向非西方资本市场转向的幅度等也是俄罗斯正在使用的抵制手段。同时,俄罗斯在与独联体和亚太国家的贸易结算中,也在不断增加卢布或伙伴国本币的比重。比如,在俄罗斯对独联体国家出口商品中,有1/2以上是用卢布结算的。

六、重塑多边主义

当前,重塑多边主义逐渐成为反制美国"长臂管辖"、对抗美国霸权主义的终极战略方向。区域组织首先在该领域积极实践。例如,成员国之间的协议是欧盟两用物项管制制度的基础,成员国之间对彼此的出口管制体系互相承认,建立起一个管制行为的"隐形模板"。通过上述努力,欧盟各成员国的管制措施变得具有可预见性,被接受的程度也逐步加深。不仅如此,现阶段欧盟也积极打造与其他国家的深度合作链接,以达到共同应对美国"长臂管辖"的目的。例如,2018年,欧盟与日本签订了经济伙伴协定。该协定的制定目标就是应对美国贸易保护主义下的经济制裁。这份协定通过大面积取消两国农林水产品及工业品的关税,提供大量工作岗位,开展多方位高级别对话,使欧日双方经济活力再度大幅提升。两大经济体将力量融合,成功应对了美国单方面增加关税等制裁措施,防范了美国对其实体的管制风险。

除区域组织外，各国也在寻求通过多边主义重塑，联合更多力量，应对美愈演愈烈的"长臂管辖"行为。例如，法国国民议会在《重建法国和欧洲主权、保护我们的企业反制域外管辖的法律和措施》报告中强调重视欧洲一体化的建设和推进，塑造欧盟核心竞争力和国际话语权。同时重点提出了希望欧盟成员国团结起来进行对外交涉、扩大许可证范围，确保欧洲医药、卫生、能源及汽车等领域免受"次级制裁"，以及推动欧盟在世界范围内重新树立"协商、协议和沟通"的多边主义。同时，欧盟及成员国要具有捍卫欧洲外交和经济主权的政治意识，发挥G20和G7等多边机制的作用，主导相关议题设置，对抗美国单边主义行径，捍卫多边主义。

专栏8-5 欧盟—日本经济伙伴关系协定①

欧盟和日本双方在2018年签订了《欧洲联盟与日本经济伙伴关系协定》（Agreement between the European Union and Japan for an Economic Partnership，EPA）。这份协定的最终达成历经了18轮谈判，总共耗时5年。经欧日双方约定，协定于2019年2月1日正式生效。

在2008年金融危机爆发后，欧盟和日本试图从外部寻找方法和出路，解决自身经济问题。双方加强合作最主要的原因是希望共同在金融危机和全球化变局下发掘市场潜力和提升规则塑造力。谈判的初始阶段，由于双方存在较大分歧，谈判一度陷入僵局。然而，自2016年特朗普就任美国总统后大幅转变了美国的贸易政策，这种政策的不稳定性严重冲击了世界政治经济秩序。面对这一突如其来的巨大变化，欧日双方果断作出重大让步，加速了谈判进程。

《欧洲联盟与日本经济伙伴关系协定》的文本共计23章，424条。协定包括货物和服务贸易、投资自由化、电子商务、知识产权、政府采购、

---

① 宋锡祥，张贻博.《欧盟—日本经济伙伴关系协定》透视及中国的应对之策[J].国际商务研究，2019（3）：57-68.

可持续发展等领域及关税减免、产品特定原产地规则、地理标志等7个附件。主要特征包括：即时取消或大幅降低货物关税，通过采取相同技术标准解决非关税壁垒，共同开放种类繁多的服务市场，向对方中小企业提供便利以及在环保、劳工、气候等领域强调可持续发展。

《欧洲联盟与日本经济伙伴关系协定》的生效不仅对欧盟和日本双方，乃至对世界范围的影响也具有长期性和广泛性。由于该协定将大大提升欧日双方的经济开放性和贸易便利化程度，使欧日两个世界范围内排名靠前的经济体之间经济融合度更加深化，该协定的签订可能会使包括中国在内的新兴经济体发展遭受一定冲击。而事实上，欧盟和日本双方不仅签订了经济伙伴协定，还在第25届欧日峰会上签订了《欧日战略伙伴关系协定》（SPA）。该协定则主要从政治、安全的战略对话与协作入手，将欧日双边关系提升到新的战略高度。由此可见，欧盟和日本都在尝试通过联合国际上的更多盟友，提高自身的政治经济砝码，争取在世界政治经济舞台上扮演更加重要的角色。

七、政治外交手段

平等、对等和相互的尊重是一国国内法的域外适用必须遵循的国际法基本源，是国内法域外适用的基础。当前，受到美国"长臂管辖"滥用侵害的国家，也开始运用除法律手段外的其他手段抵御美国国内法的域外滥用。现阶段，政治外交手段正在被越来越多相关国家采用，对美国"长臂管辖"进行抵抗和反弹。

1950年前后，美国发起针对瑞士手表行业的反垄断调查。美国依据其《反垄断法》，作出"瑞士手表制造商信息中心有限公司"经营行为构成垄断的裁决。瑞士对这一裁决表达了不满态度，对美国的这一行径提出了严正的抗议。瑞士政府认为美国此举已经干涉了瑞士内政，性质十分恶劣。美国为这场反垄断调查作出了最终的让步。瑞士的做法正是通过运用政治外交手段对美国的"长臂管辖"进行对抗，采取类似手段的还有英国和当时的欧共体等国家和区域组织。1981年，美国对苏联实施制裁，限制其他国家向苏联出口货物。英国、日本和当时的欧共体对美国的这一行径感到强烈不满，认为其域外管辖违反了国际法；英国还援引其国内法《贸易利益保护法》禁止几家英国公司遵守美国的出口管制和命令，致使美国解除了对欧洲企业的限制。综上可见，事实上"长臂管辖"和对"长臂管辖"的反制本质上仍是世界政治关系的一种博弈。美国"长臂管辖"能否实施、实施的力度，别国对美国"长臂管辖"的态度和反制结果，还是以实力为基础。至少目前看来，当时的美国对掌握一定国际话语权的西方伙伴和盟友还是会保持一份克制，做到不把事情"做绝"，而是在法治框架内寻求建立微妙"平衡"的。

俄乌冲突爆发以来，以美国为首的西方国家旋即趁此机会增加对俄罗斯的各项制裁。一方面，为了削弱俄罗斯支持本国货币、遏制通货膨胀蔓延的能力，西方迅速冻结了俄罗斯价值高达3 000亿美元的将近1/2的黄金和外汇储备。另一方面，部分俄罗斯银行果然在冲突爆发的第一时间就被以美国为首的西方国家赶出了环球银行金融通信协会（SWIFT）支付系统，试图以这样的"终极绝招"摧毁俄罗斯金融体系。与此同时，又有七国集团宣布取消俄罗斯贸易最惠国待遇。美国、欧盟、英国与日本也不约而同地对向俄罗斯出口的高科技产品采取了不同类型的限制措施。针对俄罗斯重要的出口产品——石油，一方面，美国、加拿大和英国停止了自俄罗斯的原油进口；另一方面，美国还联合了英国和欧盟，对炼油设备和技术面向俄罗斯的出口进行了管控和限制。在人员往来方面，美国、欧盟和英国对俄罗斯总统普京及其他俄罗斯高官实施旅行禁令，冻结其在美国、欧盟、英国的资产，对俄罗斯飞机关闭领空。

对比从前西方国家对俄罗斯的一次次制裁，俄乌冲突爆发后的这一轮制裁表现出了范围更广、力度更大，对金融、能源和科技领域更有针对性的特点。在审视了当前俄罗斯面临的制裁压力后，俄罗斯政府加紧在政治外交领域进一步巩固和深化同友好国家及中立国家的多领域合作，争取更多的国际支持，以此为手段应对美国"长臂管辖"以及以美为首的西方国家对俄进行的制裁。有分析称，后续俄罗斯可能根据西方国家制裁的新形势，进一步强化其反制措施，可能的选项包括但不限于：针对"不友好国家"，将卢布结算范围扩大到石油、煤炭、金属和其他大宗商品，给卢布提供更多支持；进一步减少或暂停对西方国家供应能源、金属、粮食和其他大宗商品；寻求与非西方国家合作，建立替代性国际金融体系[①]。

---

① 柳丰华. 俄罗斯是如何应对西方"升级版"制裁的？[J].当代世界，2022（4）：71-72.

第九章 >>>

我国应对美国"长臂管辖"的思考

　　美国在各领域的"长臂管辖"旨在单方面扩张美国政府在国际政治、经济事务中的管辖权，该行为严重威胁他国主权和国家利益。不论是美国的盟友还是敌人，随时随地可能遭受美国"长臂管辖"直接或间接的冲击，这给全球政治经济稳定造成严重负面影响，因此引起国际社会的广泛反对和抗争。在大国博弈的背景下，美国越发频繁地使用"长臂管辖"在出口管制、经济制裁、反腐败以及反洗钱等领域对我国实施打压，相关企业深受其害。为更好地应对美国"长臂管辖"，我国应充分借鉴他国经验，完善顶层设计，健全法律体系，夯实国家能力建设，积极参与全球治理，灵活运用工具，加强企业合规，调动各方力量从各个层面进行应对。

一、坚持底线思维，主动防范化解风险

我国发展进入新的战略机遇期，风高浪急是常态，面对美国"长臂管辖"等重大考验，我们应坚持底线思维，系统提高防范化解风险的能力，化被动为主动。

一是增强忧患意识，保持战略定力。党的二十大报告深刻描述了我国在全面建设社会主义现代化国家过程中，国家安全面临的复杂严峻形势。习近平总书记指出，在各种重大斗争中，我们要坚持增强忧患意识和保持战略定力相统一[1]。具有忧患意识，做到居安思危才能充分评估我国在应对美"长臂管辖"时面临的风险与挑战，并提前做好预案。保持战略定力，做到"每临大事有静气"才能在应对中时刻保持清醒，保证工作的有效性。实现增强忧患意识和保持战略定力的高度统一和有机结合，才能更好地应对美国的"长臂管辖"，在长期且复杂的斗争中获取胜利。

专栏9-1　党的二十大报告关于我国未来发展面临形势的判断[2]

当前，世界百年未有之大变局加速演进，新一轮科技革命和产业变革深入发展，国际力量对比深刻调整，我国发展面临新的战略机遇。同时，世纪疫情影响深远，逆全球化思潮抬头，单边主义、保护主义明显上升，世界经济复苏乏力，局部冲突和动荡频发，全球性问题加剧，世界进入新的动荡变革期。我国改革发展稳定面临不少深层次矛盾躲不开、绕不过，党的建设特别是党风廉政建设和反腐败斗争面临不少顽固性、多发性问题，来自外部的打压遏制随时可能升级。我国发展进入战略机遇和风险挑战并存、不确定难预料因素增多的时期，各种"黑天鹅"、

---

① 人民网.依靠顽强斗争打开事业发展新天地（学习习近平总书记重要讲话精神，迎接党的二十大）[EB/OL].（2022-09-30）. https://baijiahao.baidu.com/s?id=1745342843046124345&wfr=spider&for=pc.

② 新华社.习近平：高举中国特色社会主义伟大旗帜　为全面建设社会主义现代化国家而团结奋斗——在中国共产党第二十次全国代表大会上的报告[EB/OL].（2022-10-25）. https://www.gov.cn/xinwen/2022-10/25/content_5721685.htm.

"灰犀牛"事件随时可能发生。我们必须增强忧患意识，坚持底线思维，做到居安思危、未雨绸缪，准备经受风高浪急甚至惊涛骇浪的重大考验。

二是坚定不移扩大开放，深度参与全球分工合作。党的十八大以来，我国在对外开放方面取得一系列成果，我国已经成为140多个国家和地区的主要贸易伙伴，货物贸易总额居世界第一，吸引外资和对外投资居世界前列，形成更大范围、更宽领域、更深层次对外开放格局[1]。面对美国持续推动对华"脱钩断链"的背景，我国应继续坚定不移扩大开放，深度参与全球分工合作。充分发挥各类开发区、保税区、综合改革试验区等平台作用，打造国际高水平营商环境和规则标准，稳步扩大制度型开放。依托我国超大规模市场优势，吸引全球资源要素，更好地利用国际和国内"两个市场、两种资源"，持续增强重点领域全产业链优势，深度参与全球产业分工和合作，拉紧国际产业链对我国的依存关系，通过市场经济利益，提高美国及其盟友对华脱钩成本与损失。

专栏9-2　党的二十大报告关于我国推进高水平对外开放的论述[2]

依托我国超大规模市场优势，以国内大循环吸引全球资源要素，增强国内和国际"两个市场、两种资源"联动效应，提升贸易投资合作质量和水平。稳步扩大规则、规制、管理、标准等制度型开放。推动货物贸易优化升级，创新服务贸易发展机制，发展数字贸易，加快建设贸易强国。合理缩减外资准入负面清单，依法保护外商投资权益，营造市场化、法治化、国际化一流营商环境。推动共建"一带一路"高质量发展。优化区域开放布局，巩固东部沿海地区开放先导地位，提高中西部和东北地区开放水平。加快建设西部陆海新通道。加快建设海南自由贸易港，实施自由贸易试验区提升战略，扩大面向全球的高标准自由贸易区网络。

---

① 新华社.习近平：高举中国特色社会主义伟大旗帜　为全面建设社会主义现代化国家而团结奋斗——在中国共产党第二十次全国代表大会上的报告[EB/OL].（2022-10-25）. https://www.gov.cn/xinwen/2022/10/25/content_5721685.htm.

② 同上。

有序推进人民币国际化。深度参与全球产业分工和合作，维护多元稳定的国际经济格局和经贸关系。

三是发扬斗争精神，努力增强斗争本领。坚定不移贯彻总体国家安全观，统筹维护和塑造国家安全。面临复杂多变的国际环境和艰巨繁重的任务，要坚决与保护主义、霸权主义、单边主义进行坚持不懈的斗争，坚定信心、迎难而上，准确识变、科学应变、主动求变。在应对美国 "长臂管辖" 时，跟踪做好趋势研究，分析把握事情发展变化的客观规律，根据形势变化，加强战略预置。坚持问题导向，把握在应对美国 "长臂管辖" 中的正确斗争方向，在斗争中总结经验，不断提高斗争本领，做到敢于斗争、善于斗争[①]。

二、健全法律体系，护航我国对外合作

党的十八大以来，中国的立法工作取得新成就，出口管制等涉外法律法规日益完善，未来仍需在实践中总结、积累经验，认真听取产业界反馈，不断完善主管部门的配套措施，确保执法效果，从法律体系上规避美国对我国的 "长臂管辖"，维护我国企业国际合作中的核心权益。

一是建立健全系统的反制裁法律体系。2021年6月10日，第十三届全国人民代表大会常务委员会第二十九次会议通过《反外国制裁法》[②]。2023年6月28日，第十四届全国人民代表大会常务委员会第三次会议通过《对外关系法》，并于2023年7月1日正式施行[③]。在坚持服务大局，运用法治思维和法治方式应对重大风险挑战的理念指导下，根据实践和形势需要，以《反外国制裁法》《对外关系法》为核心和法律依据，健全完善反 "长臂管辖" 法

---

① 人民网.发扬斗争精神，增强斗争本领[EB/OL].（2019-09-11）. https://baijiahao.baidu.com/s?id=1644374748972369183& wfr=spider&for=pc.

② 新华社.中华人民共和国反外国制裁法[EB/OL].（2021-06-11）. https://www.gov.cn/xinwen/ 2021-06/11/content_5616935.htm.

③ 新华社.中华人民共和国对外关系法[EB/OL].（2023-06-29）. https://www.gov.cn/govweb/yaowen/liebiao/202306/content_6888929.htm.

律法规制度，增强反外国制裁立法的针对性和可操作性，提高依法管控风险、依法应对挑战的能力。

二是完善我国阻断法配套措施。2021年1月，我国商务部发布《阻断外国法律与措施不当域外适用办法》，其核心即"阻断"外国行政和司法机关将其国内法和措施不当域外适用于中国相关主体，这也是中国相关部门借鉴他国先进经验，立足中国国情采取的重要举措。《阻断外国法律与措施不当域外适用办法》颁布后，尽管释放出我国应对"霸道制裁"手段法令化的信号，但在实际适用中，也会存在企业依然不能完全避免受到美国"长臂"触角的影响。同时，《阻断外国法律与措施不当域外适用办法》第11条规定，中国公民、法人或者其他组织根据禁令，未遵守有关外国法律与措施并因此受到重大损失的，政府有关部门可以根据具体情况给予必要的支持。但在实际中如何支持，目前尚没有明确的配套措施，亟须相关政府部门在攻守兼备的基础上，谨慎执行，尽快制定相关细化政策。还可考虑在各领域涉外法律中直接增加和完善阻却条款，以维护我国的司法主权和企业的正当权益。除此之外，我国还应积极联系各国政府，建立政府间会商制度或其他沟通机制，共同阻断美国经贸领域的"长臂管制"。

三是完善我国法律的域外适用体系。党的十八大以来，中国的立法工作取得新的成就，出口管制等涉外领域的法律法规日益完善，但我国域外适用管辖权均在国际法关于管辖权的一般原则框架以内，这导致中国在与美国的司法管辖竞争中处于绝对劣势地位[①]。因此，我国应尽快推进法律域外适用立法改革，在出口管制、金融监管、反垄断、反海外腐败等涉外领域法律中完善相关条款，解决标准模糊、适用条件不明确等问题，更好地将境外主体的行为纳入我国法律的规制范围，为我国企业在跨国司法事务中适用本国法律，以及我国相关行政机关对等管辖美国企业违法行为提供法律制度依据，间接制衡美国的"长臂管辖"。

---

① 张岳然，张晓磊，杨继军.美国"长臂管辖"权域外滥用与中国应对策略[J].国际贸易，2021（3）：36-43.DOI：10.14114/j.cnki.itrade.2021.03.005.

三、灵活运用工具，维护市场主体利益

美国的“长臂管辖”扩大了法院的管辖范围，使其有权管辖那些本无权管辖的案件。因此，我国企业在应对美国“长臂管辖”时可以从美国国内法以及国际经贸规则两个层面入手，利用规则应对规则。

在美国司法层面，积极正面应对诉讼。当我国的自然人和法人遭遇“长臂管辖”时，可以借鉴其他国家和企业应对美国域外管辖的经验，积极地、有准备地参与到美国国内法律程序之中。一是可以聘请有丰富的美国诉讼经验的专业法律团队解读其国内法律，利用司法规则维护自身利益。二是可以寻求美国当地利益相关集团的支持与配合，正面应诉与政治游说相结合，在不侵犯国家利益的前提下配合美国调查取证，正确陈述案件事实，争取于己有利的结果。三是可以充分学习了解美国“长臂管辖”的基本规则，寻找其援引国内法进行域外执法的漏洞，援引其他域外不合理管辖的判例，质疑其域外执法权的合理性。尽管国外鲜有挑战美国执法体系的成功案例，但是确实可以制造正面社会影响，有利于国际舆论朝着有利于我国企业的方向发展。此外，可以争取调解和谈判，转对抗为合作实现共赢有时是更为妥善的处理结果。

在国际经贸规则层面，寻求外部力量共同应对。在面对美国“长臂管辖”时，企业还可以诉诸多边体系寻求帮助。长期以来，美国一直运用国内法处理国际事务，将国内法凌驾于国际法之上，泛化“国家安全”并借口实施“长臂管辖”。美国滥用“安全例外”规则的行为曾多次遭到WTO的批评，要求其作出改变。企业在面对美国霸权行径时，可以考虑利用WTO争端解决机制等多边机制，坚定维护自身合法的权益。在企业方或者行业代表将争端诉讼提交WTO后，不能只是消极等待审批结果，应及时联合各界在媒体发声，寻求来自国内外各利益攸关方的支持，引导舆论走向，应对美国“长臂管辖”。

四、专注修炼内功，提升应对反制能力

小国亡于外敌，大国毁于内乱。习近平总书记指出："改革开放以来，我们遭遇过很多外部风险冲击，最终都能化险为夷，靠的就是办好自己的事、把发展立足点放在国内。"①加强国家能力建设，夯实国内科技、产业、经济基础，以自身的高质量发展应对外部风险挑战，做到"任凭风浪起，稳坐钓鱼台"，从根本上提高我国在面对外部打压时的威慑、应对及反制能力。

一是提高科技创新能力。科技创新是当前国际竞争和大国博弈的主战场，高科技领域成为美国对我国实施打压围堵的重灾区，而重点产业关键核心技术受制于人是我国面临的突出问题。要提高我国应对外部风险挑战的能力，有效解决"卡脖子"问题，就必须加快突破关键核心技术。坚持问题导向，在事关发展全局和国家安全的领域，如高端芯片、工业软件、科学仪器设备等，重点布局全力攻关，从根本上改变关键核心技术受制于人的局面。同时，强化基础研究，基础研究是科学研究的基石，强化基础研究前瞻性布局，在新兴产业上锻造技术优势，下好自主创新先手棋。

二是构建自主可控产业体系。要着力打造自主可控、安全可靠的产业链、供应链，力争重要产品和供应渠道多元化，形成必要的产业备份系统。拉长长板，巩固提升优势产业的国际领先地位，锻造一些"撒手锏"技术，持续增强重点领域全产业链优势，提升产业质量，拉紧国际产业链对我国的依存关系，形成对外部人为断供的强有力反制和威慑能力。补齐短板，在关系国家安全的领域和节点构建自主可控、安全可靠的国内生产供应体系，在关键时刻可以做到自我循环，确保在极端情况下经济正常运转。

三是建立健全金融体系。建立完善的预警指标体系，对我国外汇储备安全进行监控和预警，以保证对我国外汇储备安全作出准确而迅速的判断。美元的全球中心货币地位是美国实施"长臂管辖"的重要基础。如果可以绕开

---

① 新华社.习近平：关于《中共中央关于制定国民经济和社会发展第十四个五年规划和二〇三五年远景目标的建议》的说明[EB\OL].（2020-11-03）.https://www.gov.cn/xinwen/2020-11/03/content_5556997.htm.

美元清算体系，筹建独立结算体系对规避美国 "长臂管辖" 将具有明显效果。因此，推动建设 "去美元化" 跨境结算体系迫在眉睫。我国可以在目前的金融监管能力和金融市场发展情况基础上，分步骤推进人民币国际化，从在对外贸易中使用人民币结算、境外开设我国银行分支机构，到建立人民币离岸金融中心、培育人民币债券海外发行市场，逐渐提升人民币的国际地位，确定人民币国际货币的重要地位。

四是加强情报信息能力建设。美国的情报机构、司法和执法机关等在全球范围内收集各类信息和数据，将许多国家、组织、企业和个人置于美国法的管制之下[①]。我国应当在充分保护国内重点产业发展水平、项目进展情况、技术突破情况等敏感信息的前提下，强化情报信息在应对外部风险挑战当中的支撑作用，积极发挥国内智库对于开源信息的搜集、整理和分析能力，并加强我国对全球信息数据的搜集和掌控能力，通过情报信息做到 "知己知彼"，从而在与美斗争博弈中掌握 "非对称" 反制的主动权。

五、参与全球治理，打造利益共同体

当前，越来越多的国家可能遭受美国 "长臂管辖" 的直接或间接冲击，美国 "长臂管辖" 行为一直受到国际社会的猛烈抨击。我国应广泛加强与其他各国的多双边联系，分国施策、求同存异，集聚更多力量，积极打造更大范围利益共同体，共同抵制美国 "长臂管辖"。

一方面，善用多边组织维护自身权益。在美国 "长臂管辖" 频现的经济制裁、出口管制以及反腐败等领域，充分利用联合国、WTO等国际平台积极发声，放大世界各国在应对美国经济制裁 "长臂管辖" 方面的共同利益和诉求，并以此为基础，加强与其他国家的合作，在政治与外交政策方面统一行动，共同抵制美国 "长臂管辖"。此外，重塑多边主义也逐渐成为反制美国 "长臂管辖" 的战略方向。美国以国内法为基础的 "长臂管辖"，是为其

---

① 肖永平. "长臂管辖权" 的法理分析与对策研究[J]. 中国法学，2019（6）：39-65.

全球霸主地位保驾护航，严重违反国际公法的"主权独立原则"和WTO等倡导的相关精神。越来越多的国家已经更清晰地认识到，对抗美国的霸权主义必须联合更多的力量，我国应借此契机积极参与并倡导重塑多边主义。

另一方面，积极参与和倡导新规则构建。积极参与国际立法协调，限制美国域外管辖权的滥用，保障各国司法主权，对我国国家利益进行切实保护。此外，积极参与新兴领域规则的谈判与制定。以数字贸易为例，积极参加世界贸易组织与贸易有关的电子商务议题谈判，加强与欧洲等发达经济体开展数字贸易规则对话，明确全球数字贸易规则的基本原则，不断加强议题的引导能力，积极探索反映与我国有利的规则体系。在跨境数据流动与监管方面，尽快形成机制性研究与磋商安排，从区域性数据流动规则入手，逐步形成符合世界贸易组织标准的规则体系，争取主动权，制衡和反击美国的"小圈子"规则。

六、加强企业合规，塑造中国品牌形象

合规是安全之本、违规是风险之源。打铁还需自身硬，在面对美国依据国内法"长臂管辖"时，各国企业也逐步意识到，加强本国企业内部合规是反制美国"长臂管辖"至关重要的一环。完备的合规体系应当成为中国企业具备的核心竞争力。

一是提高合规经营的意识。对于进行国际经营的中国企业而言，国内法律往往鞭长莫及，所以建立完备的国际业务管理体制，构建严格的境外风险管控体系，严格落实各类风险防控措施，强化企业的合规建设十分重要。企业等市场主体应当充分认识到合规经营的重要性。在此过程中，政府可以发挥引导作用，向企业宣传合规经营的重要性，指导协会、行业组织、第三方机构等为企业搭建合规建设的交流和指导平台，切实提高企业的合规经营意识和能力。

二是建立健全内部合规机制。企业内部合规机制是规范企业经营、防控风险的第一道防线。完善的企业内部合规机制不仅可以防患于未然，还可以

在事后争取最大限度地降低违规损失。企业应综合考虑自身规模、行业特征、业务模式、客户性质等因素，根据中国法律及国际惯例，参照政府相关指导文件建立健全企业内部合规机制，完善事前预防、事中监管以及事后应对，全流程提高企业的风险防范和应对能力。

三是加强合规队伍能力建设。合规工作专业性强，相关从业人员既要懂法，又要有实操经验，才能做到将合规工作真正融入企业日常经营活动中。特别是，美国"长臂管辖"涉及领域广泛，相关法律庞杂。企业可以根据自身业务规模及发展需求组建相应的合规团队，培养专业力量，必要的时候可以通过聘请外部法律顾问参与企业合规工作，以提高工作专业性。

附　录

经济制裁长臂管辖相关法条节选

《2010 年伊朗全面制裁、问责和撤资法》CISADA

第104节　对从事某些交易的金融机构的强制性制裁

（a）调查结果：

（1）金融行动特别工作组是一个政府间机构，其宗旨是制定和促进国家和国际打击洗钱和资助恐怖主义的政策。

（2）33个国家，加上欧盟委员会和海湾阿拉伯国家合作委员会，都属于金融行动特别工作组。金融行动特别工作组的成员国包括美国、加拿大、大多数西欧国家、俄罗斯、中国、日本、韩国、阿根廷和巴西。

（3）2008年，反洗钱金融行动特别工作组将其任务扩展至应对"资助扩散等新出现的威胁"，即资助大规模杀伤性武器的扩散，并为其成员出版了"指导文件"，以协助他们执行联合国安理会有关大规模杀伤性武器的各项决议，包括联合国安理会第1737号决议（2006年）和第1803号决议（2008年），这两项决议专门针对伊朗的扩散活动。

（4）金融行动特别工作组一再呼吁成员：

（A）建议其管辖范围内的金融机构特别注意与伊朗的商业关系和交易，包括与伊朗公司的商业关系和交易；

（B）采取有效的反措施，保护其金融部门免遭来自伊朗的洗钱和资助恐怖主义的风险；

（C）防止伊朗及伊朗公司和金融机构利用代理关系绕过或规避反措施和风险缓解做法；以及

（D）在考虑伊朗金融机构在其管辖范围内开设分行和附属机构的请求

时，考虑与洗钱和资助恐怖主义有关的风险。

（5）在金融行动特别工作组2010年2月的一次会议上，特别工作组呼吁成员采取反措施，"保护国际金融体系免受来自伊朗的持续和巨大的洗钱和资助恐怖主义（ML/TF）风险"。

（b）国会关于对伊朗中央银行实施制裁的感想。

（1）承认联合国安全理事会为限制包括伊朗中央银行在内的伊朗金融机构参与的交易所作的努力；以及

（2）以最强烈的措辞敦促总统考虑立即行使总统权力，对伊朗中央银行和任何其他从事扩散活动或支持恐怖团体的伊朗金融机构实施制裁。

（c）关于外国金融机构持有的某些账户的禁令和条件。

（1）一般规定：在本法颁布之日起90天内，财政部长应制定条例，禁止或严格规定财政部长认为明知从事第(2)段所述活动的外国金融机构在美国开设或持有代理账户或应付款账户。

（2）所述活动——外国金融机构从事本段所述活动，如果该外国金融机构：

（A）协助伊朗政府（包括伊朗革命卫队或其任何代理人或附属机构）--（i）获取或开发大规模毁灭性武器或大规模毁灭性武器运载系统；或（ii）为根据《移民和国籍法》第219（a）条指定为外国恐怖组织的组织或支持国际恐怖主义行为（1996年《制裁伊朗法》第14条所界定）；

（B）为以下活动提供便利：

（i）根据联合国安全理事会第1737（2006）号、第1747（2007）号、第1803（2008）号或第1929（2010）号决议，或安全理事会同意的对伊朗实施制裁的任何其他决议，受到金融制裁的人；或（ii）代表第（i）款所述的人或按其指示行事的人，或由其拥有或控制的人；

（C）为开展（A）或（B）分段所述活动而从事洗钱活动；

（D）为伊朗中央银行或任何其他伊朗金融机构开展（A）或（B）分段所述活动提供便利；或

（E）为以下交易促成重大交易或提供重大金融服务

（i）其财产或财产权益根据《国际紧急经济权力法》(《美国法典》第50编第1701条及以下各条）属于被封锁的伊朗革命卫队或其任何代理人或附属机构；或

（ii）其财产或财产权依该法规定的事由被冻结的人

（I）伊朗扩散大规模毁灭性武器或大规模毁灭性武器运载系统；或（II）伊朗支持国际恐怖主义。

（3）惩罚——《国际紧急状态经济权力法》第206节（b）和（c）分节规定的惩罚适用于违反、企图违反、共谋违反或导致违反本分节（1）段规定的人，其程度与这些惩罚适用于实施该法第206（a）节所述非法行为的人的程度相同。

（4）对NIOC和NITC的认定。

（A）为第（2）（E）段的目的，财政部长应在《2012年减少伊朗威胁和叙利亚人权法》颁布之日起45天内——（i）确定NIOC或NITC是否是伊朗革命卫队的代理人或附属机构；（ii）向国会有关委员会提交一份报告，说明根据第（i）款作出的确定，并说明作出这些确定的理由。

（B）报告形式——根据第（A）（ii）分段提交的报告应以非机密形式提交，但可包含机密附件。

（C）对石油交易的适用性。——（i）制裁的适用除第（ii）款规定的情况外，如果财政部长确定NIOC或NITC是第（2）（E）款第（i）或（ii）项所述的人，则根据第（1）款规定应适用于外国金融机构在知情的情况下为NIOC或NITC促成或提供的一项或多项重大交易或重大金融服务，若此类服务目的在于从伊期购买石油或石油制品，则仅在总统根据《2012财政年度国际授权法》第1245（d）（4）（B）节作出决定时适用。若决定确定伊朗以外其他国家石油或石油产品供应充足，允许买家大幅减少从伊朗购买量。（ii）某些国家的例外。——如果财政部长确定伊朗国家石油公司或伊朗国家石油和天然气公司是第（2）（E）款第（i）或（ii）项所述的人，则根据第（1）款规定不适用于外国金融机构在知情的情况下为伊朗国家石油公司或伊朗国家油轮公司促成或提供的一项或多项重大交易或重大金融服务，如果《2012财政年度国防授权法》第1245（d）节第（4）（D）段规定的例外情况适用于在交易或提供服务时对外国金融机构拥有主要管辖权的国家。（iii）解释规则——第（i）和（ii）款中的例外不得解释为限制财政部长根据第（1）款规定对第（2）款描述的活动实施制裁的权力，只要该活动在没有NIOC或NITC参与的情况下符合该款描述的标准。

（D）定义——在本段中（i）NIOC："NIOC"指伊朗国家石油公司。（ii）NITC："NITC"指伊朗国家油轮公司。

（d）国内金融机构对其拥有或控制的人员的行为的处罚。

（1）一般规定：在本法颁布之日起90天内，财政部长应制定条例，禁止国内金融机构拥有或控制的任何人在知情的情况下与伊朗革命卫队或其任何代理人或附属机构进行交易或使其受益，因为根据《国际紧急状况经济权力法》（《美国法典》第50编第1701节及以下各节），伊朗革命卫队或其任何代理人或附属机构的财产或财产权益被冻结。

（2）惩罚——《国际紧急状态经济权力法》第206（b）条（《美国法典》第50编第1705（b）条）规定的惩罚应适用于国内金融机构，其适用程度与适用于实施该法第206（a）条所述非法行为的个人的惩罚相同，条件是：

（A）该国内金融机构拥有或控制的人士违反、企图违反、串谋违反或导致违反根据本分款第（1）段规定；及

（B）该国内金融机构知道或应该知道该人违反、企图违反、串谋违反或导致违反该规定。

（e）对为外国金融机构开立账户的金融机构的要求。

（1）一般原则——财政部长应制定法规，要求在美国为外国金融机构开立代理账户或应付款账户的国内金融机构采取以下一项或多项措施：

（A）对外国金融机构可能开展的（c）（2）分款所述活动进行审计。

（B）向财政部报告与任何此类活动有关的交易或提供的其他金融服务。

（C）据本国金融机构所知，证明该外国金融机构没有在知情的情况下从事任何此类活动。

（D）制定尽职调查政策、程序和控制措施，如《美国法典》第31编第5318（i）条所述的尽职调查政策、程序和控制措施，以合理侦查财政部长是否发现外国金融机构在知情的情况下从事任何此类活动。

（2）处罚——《美国法典》第31编第5321（a）条和5322条规定的处罚适用于违反本分节第（1）段规定的人，其方式和程度与适用于在其他方面受第5321（a）或5322条约束的人的处罚相同。

（f）豁免——财政部长豁免适用根据（c）款或第104A款对外国金融机构施加的禁令或条件，或豁免根据（d）款对国内金融机构施加的处罚，豁免决定应在财政部长作出下述活动当天或30天后作出

（1）确定这种豁免对美国的国家利益是必要的；以及

（2）向国会有关委员会提交一份报告，说明作出这一决定的理由。

（g）对机密信息进行司法审查的程序。

（1）一般情况。——如果根据（c）分节第（1）或（4）段或第104A节作出的裁定、因任何此类裁定而施加的禁令、条件或处罚，或根据（d）分节施加的处罚是基于机密信息［定义见《机密信息程序法》第1（a）节（18 U. S. C. App. S. C. App.）的定义］，且法院对该裁定或禁令、条件或处罚的实施进行审查，财政部长可在不公开的情况下向法院提交此类信息。

（2）解释规则——本分款中的任何内容均不得解释为赋予或暗示对根据（c）分款第（1）或（4）段或第104A款作出的任何裁定、根据任何此类裁定施加的任何禁令、条件或处罚、或根据（d）分款施加的任何处罚进行司法审查的权利。

（h）实施条例时的磋商——在实施本条和根据本条规定的内容时，财政部长——（1）应与国务卿磋商；（2）可由财政部长自行决定，与其他机构和部门以及财政部长认为适当的其他有关各方磋商。

（i）定义

（A）账户；代理账户；直通付款账户——"账户""代理账户"及"直通付款账户"等词的含义与《美国法典》第31编第5318A条所赋予该等词的含义相同。（B）代理人——"代理人"一词包括某人为掩盖其身份而代表其进行交易而设立的实体。（C）金融机构——"金融机构"是指《美国法典》第31编第5312（a）（2）条第（A）、（B）、（C）、（D）、（E）、（F）、（G）、（H）、（I）、（J）、（M）或（Y）项中规定的金融机构。（D）外国金融机构；国内金融机构——"外国金融机构"和"国内金融机构"的含义由财政部长确定。（E）洗钱："洗钱"一词指将非法现金或现金等价物运入、运出或运经一个国家，或运入、运出或运经一家金融机构。

（2）其他定义——财政部长可在根据本节规定的内容进一步界定本节中使用的术语。

第104A节　扩大对从事某些活动的金融机构的强制性制裁并就此提交报告

（a）一般情况：在《2012年减少伊朗威胁和叙利亚人权法》颁布之日起90天内，财政部长应修订根据第104（c）（1）条规定的内容，使其适用于（b）款所述的外国金融机构，其适用范围和方式与这些条例适用于财政部长发现明知故犯地从事第104（c）（2）条所述活动的外国金融机构的范围和方式相同。

（b）所描述的外国金融机构。——（1）在知情的情况下为第104（c）（2）条所述活动提供便利，或参与或协助该活动，包括代表另一人、按另一人的指示或作为另一人的中间人行事，或以其他方式协助另一人从事该活动；（2）试图或合谋协助或参与此类活动；或（3）由部长发现被有意从事此类活动的外国金融机构拥有或控制。

（c）必须提交的报告。

（1）一般而言。——（A）根据第104（c）（1）条规定的条例对伊朗金融体系和经济以及对进出伊朗的资本流动的影响；（B）资金流入和流出为第

104（c）（2）（E）（ii）条所述金融机构的方式，特别注意利用其他伊朗金融机构和其他外国金融机构为该条所述金融机构收取和转移资金的情况。

（2）报告形式——根据第（1）款提交的每份报告应以非机密形式提交，但可包含机密附件。

（d）定义：

（1）金融机构——"金融机构"一词指《美国法典》第31编第5312（a）（2）条第（A）、（B）、（C）、（D）、（E）、（F）（G）、（H）、（I）、（J）、（K）、（M）、（N）、（R）或（Y）项中规定的金融机构。

（2）外国金融机构——"外国金融机构"一词的含义由财政部长根据第104（i）条确定。

（3）伊朗金融机构——"伊朗金融机构"是指：

（A）根据伊朗法律或伊朗境内任何司法管辖区组织的金融机构，包括此类机构的外国分支机构；

（B）位于伊朗境内的金融机构；

（C）由伊朗政府拥有或控制的金融机构，不论其位于何处；及

（D）由（A）、（B）或（C）分段所述金融机构拥有或控制的金融机构，无论其位于何处。

第105A节　对向伊朗转让可能被用于侵犯人权的货物或技术实施制裁

（a）总则——总统应根据本节（c）分节的规定，对本节（b）分节要求的名单上的每个人实施制裁。

（b）名单

（1）一般情况：总统应在《2012年减少伊朗威胁和叙利亚人权法》颁布之日后90天内，向国会有关委员会提交一份名单，列出总统认定在颁布之日或之后故意从事第（2）段所述活动的人。

（2）所描述的活动。

（a）一般而言。——（i）向伊朗、任何根据伊朗法律组建或以其他方

式受伊朗政府管辖的实体或任何伊朗国民转让或协助转让（C）分段所述货物或技术，以供在伊朗境内使用或用于伊朗；（ii）在第（C）分段所述货物或技术被转让给伊朗后，就此类货物或技术提供服务（包括与硬件、软件和专门信息有关的服务，以及专业咨询、工程和支持服务）。

（B）对合同和其他协议的适用性——一个人从事（A）分段所述的活动，不论该活动是根据《2012年减少伊朗威胁和叙利亚人权法》颁布日期之前、当日或之后签订的合同或其他协议进行的。

（c）所述货物或技术。——本分段所述货物或技术是总统认定可能被伊朗政府或其任何机构或部门（或被代表伊朗政府或其任何机构或部门的任何其他人）用于严重侵犯伊朗人民人权的货物或技术、包括——（i）枪支或弹药（如《美国法典》第18编第921节所定义）、橡皮子弹、警棍、胡椒喷雾剂或化学喷雾剂、眩晕手榴弹、电击武器、催泪瓦斯、水炮或监视技术；（ii）敏感技术（定义见第106（c）条）。

（3）允许终止可制裁活动的特别规则——如果总统以书面形式向国会有关委员会证明以下情况，则总统无须将某人列入第（1）段规定的名单：

（A）该人不再从事或已采取重大可核实的步骤停止第（2）段所述的活动，否则总统会因该活动而把该人列入名单；及

（B）总统已得到可靠保证，该人今后不会在知情的情况下从事第（2）段所述的任何活动。

（4）更新名单：总统须向国会有关委员会提交第（1）款所指的最新名单。

（A）每次总统须根据第105（b）（2）（A）条向该等委员会提交更新名单；及

（B）有新资料时。

（5）报告形式；公开发表。

（A）形式——第（1）款要求的名单应以非机密形式提交，但可包含机密附件。

（B）向公众公布——第（1）款要求的名单的非机密部分应向公众公布，并张贴在财政部和国务院的网站上。

（c）处罚的适用。

（1）在不违反第（2）款的情况下，总统应针对本节第（b）款要求的名单上的人实施第105（c）款所述的制裁。

（2）移交伊朗革命卫队。——对于因向伊朗革命卫队转让或协助转让第（b）（2）（C）款所述货物或技术，或在向伊朗革命卫队转让此类货物或技术后就此类货物或技术提供服务而被列入第（b）款要求的名单者，总统应——（A）对该人实施第105（c）款所述制裁；（B）根据1996年《制裁伊朗法》第6（a）节所述制裁实施总统认为适当的其他制裁。

第105C节　对参与转移用于伊朗人民的货物的人实施制裁

（a）实施制裁——（1）一般情况——总统将对（b）分节要求的名单上的每个人实施第105（c）节所述的制裁。（2）例外——根据第（1）款实施制裁的要求不包括对货物进口实施制裁的权力。

（b）参与走私的人员名单。（1）在获得相关信息后，总统应向国会有关委员会提交一份名单，列出总统认定在《2012年伊朗自由和反扩散法》颁布之日或之后参与腐败或其他活动的人员，这些活动涉及——（A）挪用货物，包括农业商品、食品、药品和医疗器械，用于伊朗人民；或（B）挪用销售或转售此类货物的收益。（2）报告的形式：公开性——（A）形式——第（1）款要求的清单应以非机密形式提交，但可包含机密附件。（B）向公众公布——第（1）款要求的清单的非机密部分应向公众公布，并张贴在财政部和国务院的网站上。

（c）物品定义——在本节中，"物品"一词具有《2012年伊朗自由和反扩散法》第1242（a）节中赋予该词的含义。

第106节　禁止与向伊朗出口敏感技术的人签订采购合同

（a）一般规定：除（b）分款规定的情况外，并根据总统可能规定的条例，行政机构首长不得在本法颁布之日 90 天或其后与向伊朗出口敏感技术的人签订或续签采购货物或服务的合同。

（b）豁免某些产品的授权——总统有权豁免（a）款规定的禁令，但仅限于《1979 年贸易协定法》第308（4）款所界定的任何外国或根据该法第301（b）款指定的工具的合格产品。

（c）敏感技术定义

（1）一般而言。"敏感技术"是指硬件、软件、电信设备或任何其他技术，总统认定这些技术将专门用于

（A）限制无偏见的信息在伊朗自由流动；或

（B）破坏、监视或以其他方式限制伊朗人民的言论。（2）例外——"敏感技术"一词不包括总统无法根据《国际紧急经济权力法》第203（b）（3）条进行管制或禁止出口的信息或信息材料。

（d）政府问责局关于采购禁令效果的报告。——在本法颁布之日起一年内，美国总审计长应向国会有关委员会、参议院武装事务委员会和众议院军事委员会提交一份报告，评估如果（a）分款规定的禁令不生效，行政机构在多大程度上会与向伊朗出口敏感技术的人签订或续签采购货物或服务的合同。

2016 年朝鲜制裁和政策强化法

第104节　指定人员

（a）强制指定。除第208 节规定的情况外，总统应根据本分节指认总统认定的任何人——（1）故意直接或间接向北朝鲜进口、向北朝鲜出口或从北朝鲜再出口美国管制出口的任何货物、服务或技术，因为这些货物、服务或技术被用于大规模杀伤性武器或此类武器的运载系统，并对任何人使用、

开发、生产、拥有或获取此类武器或全部或部分用于运载这类武器的装置或系统作出实质性贡献；（2）在明知的情况下，直接或间接提供与制造、维护或使用任何此类武器、装置或系统有关的培训、咨询或其他服务或援助，或从事与向北朝鲜进口、出口或再出口到北朝鲜或从北朝鲜进口、出口或再出口有关的重大金融交易；（3）故意直接或间接向朝鲜进口、出口或再出口奢侈品；（4）明知而参与北朝鲜政府的新闻检查，或对新闻检查负责，或为新闻检查提供便利；（5）明知而参与北朝鲜政府的严重侵犯人权行为，或对严重侵犯人权行为负责，或为严重侵犯人权行为提供便利；（6）明知而直接或间接从事支持北朝鲜政府或任何高级官员或代表北朝鲜政府或为其行事的人的洗钱、伪造货物或货币、大宗现金走私或毒品贩运活动；（7）明知而代表北朝鲜政府通过使用计算机网络或系统针对外国人、政府或其他实体从事破坏网络安全的重大活动；（8）在知情的情况下，直接或间接向北朝鲜政府或代表北朝鲜政府行事的任何人出售、供应或转让大量贵金属、石墨、金属原料或半成品、或铝、钢、煤或软件，供直接与大规模毁灭性武器及此类武器的运载系统、其他扩散活动、朝鲜劳动党、武装部队、内部安全或情报活动、或政治犯集中营或强迫劳动营的运作和维护有关的工业流程使用，包括在北朝鲜境外使用；（9）故意直接或间接向北朝鲜进口、向北朝鲜出口或从北朝鲜再出口任何武器或相关材料；或

（10）故意企图从事第（1）至第（9）项所述的任何行为。

（b）附加免责声明。

（1）所描述的禁止行为。除第208节规定的情况外，总统可根据本分节指认总统认定的以下任何人：

（A）明知而从事、促成、协助、赞助或提供财政、物质或技术支持，或提供货物和服务以支持根据适用的联合国安全理事会决议指认的任何人；

（B）故意促成——（i）北朝鲜政府官员或代表该官员行事的任何人受贿；（ii）北朝鲜政府官员或代表该官员行事的任何人挪用、盗窃或贪污公款，或为该官员或代表该官员行事的任何人的利益而挪用、盗窃或贪污公

款；或（iii）使用第（i）或（ii）款所述任何活动的任何收益；或

（C）在知情的情况下，为（A）或（B）项所述活动提供重要的财政、物质或技术支持，或提供货物或服务。

（2）指认的效力。——（A）对该人实施第204、205（c）或206条所述制裁，其范围和方式与根据（a）分款指认的人相同；（B）实施《美国法典》第31编第5318A条所述任何适用的特别措施；（C）禁止任何外汇交易--（i）受美国司法管辖；（ii）该人在其中有任何利益；以及（D）禁止金融机构之间或由任何金融机构、通过任何金融机构或向任何金融机构进行信贷转移或付款，只要这些转移或付款——（i）受美国司法管辖；以及（ii）涉及该人的任何利益。

（c）资产封锁——总统应行使《国际紧急状态经济权力法》赋予总统的所有权力，在必要范围内封锁和禁止被指认者、北朝鲜政府或朝鲜劳动党的财产和财产权益的所有交易，如果这些财产和财产权益在美国境内、由美国人拥有或控制。

（d）对附属公司和代理人的适用性——根据（a）或（b）分款对某人的指认以及根据（c）分款对财产和财产权益的冻结，应适用于被确定为由其财产和财产权益根据本条被冻结的任何人直接或间接拥有或控制，或直接或间接为其或声称为其或代表其行事的人。

（e）交易许可——如果总统认定任何交易缺乏足够的财务控制，以确保该交易不会为（a）或（b）分节所述的任何活动提供便利，总统将拒绝或撤销该交易的任何许可。

第205节　强化检查权

（a）必须提交的报告——在本法颁布之日起180天内，总统应向国会有关委员会提交一份报告，说明在哪些外国港口和机场，对来自北朝鲜、运载北朝鲜财产或由北朝鲜政府运营的船只、飞机和运输工具的检查不足以有效防止第104（a）节所述任何活动的便利化。

（b）加强海关检查要求——国土安全部部长可要求加强对通过总统根据（a）款确定的港口或机场运入美国的任何货物的检查。

（c）扣押和没收：可根据以下规定扣押和没收在美国管辖范围内用于便利第104（a）条所述任何活动的船只、飞机或运输工具：（1）《美国法典》第18编第46章；或（2）1930年《关税法》第五编。

行政命令第13846号重新对伊朗实施某些制裁

第1节　阻止与支持伊朗政府购买或获取美国银行票据或贵金属、某些伊朗人以及伊朗能源、航运和造船部门及港口运营商有关的制裁

（a）兹授权财政部长在与国务部长协商后，在确定以下情况时对某人实施本条（b）款所述措施

（i）自2018年8月7日或之后，此人为伊朗政府购买或获取美国银行票据或贵金属提供了实质性协助、赞助或金融、物质或技术支持，或提供了支持伊朗政府购买或获取美国银行票据或贵金属的货物或服务；

（ii）自2018年11月5日或之后，为伊朗国家石油公司（NIOC）、纳夫提兰国际贸易公司（NICO）或伊朗中央银行提供过实质性协助、赞助或金融、物质或技术支持，或提供过支持伊朗国家石油公司（NIOC）、纳夫提兰国际贸易公司（NICO）或伊朗中央银行的货物或服务；

（iii）自2018年11月5日或之后，此人曾实质性地协助、赞助或提供财政、物质或技术支持，或向或支持以下人员提供货物或服务

（A）任何被列入由美国海外资产管理办公室（Office of Foreign Assets Control）维护的特别指定国民和被封锁人员名单（SDN List）（除此以外）的伊朗人。

（B）被列入特别指定国民和被封锁人员名单，其财产和财产权益根据本节（a）款或第13599号行政命令被封锁的任何其他人（其财产和财产权益仅根据第13599号行政命令被封锁的伊朗存款机构除外）；或

（iv）根据总统的授权，并按照授权的条件，依照《国际金融合作法》第1244（c）（1）（A）节对此人实施制裁，因为此人：

（A）属于伊朗能源、航运或造船部门；

（B）在伊朗经营港口；或

（C）故意为以下人员的任何活动或交易提供重要的财政、物质、技术或其他支持，或提供货物或服务以支持这些活动或交易：根据《国际金融管制法》第1244（c）（2）（A）条确定为伊朗能源、航运或造船部门一部分的人；根据《国际金融管制法》第1244（c）（2）（B）条确定为在伊朗经营港口的人；或列入特别敏感国名单的伊朗人［《国际金融管制法》第1244（c）（3）条所述人员除外］。

（b）对于财政部长根据本节确定符合本节（a）（i）至（a）（iv）分节所列任何标准的任何人，所有在美国境内、今后进入美国境内、或由任何美国人拥有或控制或今后进入美国境内的财产和财产权益均被冻结，不得转让、支付、出口、提取或以其他方式处理。

（c）本节（b）小节中的禁令适用于以下情况，但法规或根据本命令可能发布的条例、命令、指令或许可证中规定的情况除外，而且，即使在本命令生效日期之前或在有具体规定的情况下，在禁令生效日期之前签订了任何合同或颁发了任何许可证或执照，也不例外。

第2节　与伊朗汽车行业、某些伊朗人以及伊朗石油、石油产品和石化产品贸易有关的代理和应付款账户制裁

（a）兹授权财政部长与国务部长协商，在确定外国金融机构在以下情况下有意进行或协助进行任何重大金融交易时，对该外国金融机构实施本节（b）分节所述制裁：

（i）自2018年8月7日或之后，向伊朗出售、提供或转让与伊朗汽车部门有关的重要货物或服务；

（ii）自2018年11月5日或之后，代表被列入特别敏感国家名单的任何伊朗人（其财产和财产权益仅根据第13599号行政命令被冻结的伊朗金融机构除外）或被列入特别敏感国家名单的任何其财产和财产权益根据本命令第1（a）分节或第13599号行政命令被冻结的其他人（其财产和财产权益仅根据第13599号行政命令被封锁的伊朗金融机构除外）；

（iii）自2018年11月5日或之后与NIOC或NICO进行交易，但向NIOC或NICO出售或提供《伊朗伊斯兰国际法》第5（a）（3）（A）（i）条所述产品除外，条件是此类产品的公允市场价值低于该条规定的适用美元阈值；

（iv）自2018年11月5日或之后，从伊朗购买、获取、销售、运输或营销石油或石油产品。

（v）自2018年11月5日或之后，从伊朗购买、获取、销售、运输或营销石油化工产品。

（b）对于财政部长根据本节确定符合本节（a）（i）至（a）（v）分节规定的任何标准的任何外国金融机构，财政部长可禁止该外国金融机构在美国开设代理账户或应付款直通账户，并禁止或对其维持代理账户或应付款直通账户施加严格条件。

（c）本节（a）（ii）至（a）（iv）分节仅在下列情况下适用于外国金融机构为从伊朗购买石油或石油产品而进行或促成的重大金融交易：

（i）总统根据《2012财政年度国防授权法》第1245（d）款第（4）（B）和（C）项确定，伊朗以外国家的石油和石油产品供应充足，允许外国金融机构或通过外国金融机构从伊朗购买的石油和石油产品数量大幅减少；和

（ii）2012年《国防授权法案》第1245（d）分款第4（D）分段规定的根据该分款第（1）段实施制裁的例外情况不适用。

（d）本条（a）（ii）款不适用于外国金融机构为向伊朗或从伊朗销售、供应或转移天然气而进行或促成的重大金融交易，条件是该金融交易仅用于对该外国金融机构有主要管辖权的国家与伊朗之间的贸易，且因该贸易而欠伊朗的任何资金均记入对该外国金融机构有主要管辖权的国家的账户。

（e）本节（a）（ii）至（a）（v）分节不适用于为向伊朗提供（包括出

售）农产品、食品、药品或医疗器械而进行交易或为交易提供便利的任何人。

（f）本节（b）小节中的禁令适用，但法规或根据本命令可能颁布的条例、命令、指示或许可证中规定的除外，而且，即使在本命令生效日期之前或在有具体规定的情况下在禁令生效日期之前签订了任何合同或颁发了任何许可证或许可证，也不例外。

第3节　与伊朗汽车行业和伊朗石油、石油产品和石化产品贸易有关的"菜单式"制裁

（a）授权国务卿与财政部长、商务部长、国土安全部长和美国贸易代表协商，并酌情与进出口银行行长、联邦储备系统理事会主席及其他机构和官员协商，在确定某人有以下行为时，对其实施本命令第4或第5节所述的任何制裁措施：

（i）自2018年8月7日或之后，在知情的情况下参与重大交易，向伊朗销售、供应或转让与伊朗汽车行业有关的重要货物或服务；

（ii）自2018年11月5日或之后，在知情的情况下参与从伊朗购买、获取、销售、运输或营销石油或石油产品的重大交易；

（iii）自2018年11月5日或之后，明知而参与从伊朗购买、获取、销售、运输或营销石化产品的重大交易；

（iv）是国务卿根据本节认定符合本节（a）（i）至（a）（iii）分节所列任何标准的人的继承实体；

（v）拥有或控制一个被国务卿根据本节确定为符合本节（a）（i）至（a）（iii）分节所列任何标准的人，并知道该人从事这些分节所述的活动；或

（vi）由国务大臣根据本节确定为符合本节（a）（i）至（a）（iii）分节所列任何标准的人拥有或控制，或与之共同拥有或控制，并在知情的情况下参与这些分节所述活动。

（b）本条（a）（ii）款仅在以下情况下对某人适用：

（i）总统根据《2012年国防授权法案》第1245（d）分款第（4）（B）和（C）分段确定，伊朗以外的国家有足够的石油和石油产品供应，可大幅减少外国金融机构从伊朗或通过外国金融机构从伊朗购买的石油和石油产品数量；和

（ii）《2012年国防授权法案》第1245（d）分节第4（D）分段规定的根据该分节第（1）段实施制裁的例外情况不适用。

第4节　"菜单式"制裁的机构执行权力

当国务卿根据本命令第3节的规定，确定某人符合该节（a）（i）至（a）（vi）小节所述的任何标准，并选择对该人实施下文所列的任何制裁时，相关机构的负责人应酌情与国务卿协商，在必要时采取以下行动，以执行国务卿实施的制裁：

（a）美国进出口银行董事会应拒绝批准为向受制裁者出口任何货物或服务提供任何担保、保险、信贷发放或参与信贷发放；

（b）各机构不得根据任何法规或条例签发任何具体的许可证或授予任何其他具体的许可或授权，如果这些法规或条例要求将美国政府的事先审查和批准作为向受制裁者出口或再出口货物或技术的条件；

（c）对于身为金融机构的受制裁者：

（i）联邦储备系统理事会主席及纽约联邦储备银行行长须采取他们认为适当的行动，包括拒绝指定受制裁人士为美国政府债务票据的第一市场交易商，或终止继续指定该人士为美国政府债务票据的第一市场交易商；或

（ii）各机构应阻止被制裁者担任美国政府的代理人或美国政府资金的存放人；

（d）各机构不得向受制裁者采购任何货物或服务，也不得与受制裁者签订采购合同；

（e）如国务卿确定任何外国人是受制裁者的公司官员或负责人，或拥有

控制权的股东，则国务卿应拒发签证，国土安全部长应将其排除在美国境外；或

（f）相关机构的负责人应酌情对受制裁者的主要行政官员或官员，或履行类似职能和拥有类似权力的人，实施国务卿选定的本节（a）至（e）分节所述制裁。

（g）本节第（a）至（f）小节中的禁令适用于以下情况，但法规或根据本命令可能发布的条例、命令、指令或许可证中规定的情况除外，而且，即使在本命令生效日期之前或在有具体规定的情况下，在禁令生效日期之前签订了任何合同或颁发了任何许可证或执照，也不影响本节第（a）至（f）小节中的禁令。

第5节 "菜单式"制裁的额外执行权力

（a）当总统、国务卿或财政部长根据总统授权并按照授权条款，确定应根据《安全法》《反恐怖主义法》《贸易协定》或《国际金融法令》对某人实施《安全法》第6（a）节所述制裁，并选择了下文所列的一项或多项制裁对该人实施制裁，或当国务卿根据本命令第3节的条款，确定某人符合该节（a）（i）至（a）（vi）分节所述的任何标准，并选择了下文所列的一项或多项制裁对该人实施制裁、确定某人符合该节第（a）（i）至（a）（vi）分节所述的任何标准，并选择对该人实施以下一项或多项制裁时，财政部长应与国务卿协商，在必要时采取以下行动，以执行总统、国务卿或财政部长选择和维持的制裁：

（i）禁止任何美国金融机构在任何12个月期间向受制裁者提供总额超过10,000,000美元的贷款或信贷，除非该人从事减轻人类苦难的活动，且贷款或信贷是为此类活动提供的；

（ii）禁止任何受美国司法管辖且被制裁者在其中有任何利益的外汇交易；

（iii）禁止在金融机构之间或由任何金融机构、通过任何金融机构或向

任何金融机构转移信贷或支付款项，只要这种转移或支付受美国管辖，并涉及受制裁人的任何利益；

（iv）封锁所有在美国境内的、其后进入美国境内的、或被制裁者的任何美国人目前或其后拥有或控制的财产和财产权益，并规定不得转让、支付、出口、提取或以其他方式处理这些财产和财产权益；

（v）禁止任何美国人投资或大量购买受制裁者的股票或债务工具；

（vi）限制或禁止直接或间接从被制裁者进口商品、技术或服务到美国；或

（vii）根据总统、国务卿或财政部长（视情况而定）的选择，对受制裁者的主要执行官或官员，或履行类似职能和拥有类似权力的人员实施本节（a）（i）至（a）（vi）分节所述的制裁。

（b）本节第（a）小节中的禁令适用于以下情况，但法规或根据本命令可能发布的条例、命令、指令或许可证中规定的情况除外，而且，即使在本命令生效日期之前或在有具体规定的情况下，在禁令生效日期之前签订了任何合同或颁发了任何许可证或执照，也不影响本节第（a）小节中的禁令。

第6节　与伊朗里亚尔有关的制裁

（a）特此授权财政部长与国务部长协商，在确定外国金融机构自2018年8月7日或之后有以下行为时，对该外国金融机构实施本节（b）分节所述制裁：

（i）故意进行或协助进行任何与购买或出售伊朗里亚尔或衍生产品、掉期、期货、远期或其他类似合同有关的重大交易，而这些合同的价值是以伊朗里亚尔汇率为基础的；或

（ii）在伊朗境外持有大量以伊朗里亚尔计价的资金或账户。

（b）对于财政部长根据本节确定符合本节（a）（i）或（a）（ii）分节所列标准的任何外国金融机构，财政部长可：

（i）禁止该外国金融机构在美国开利代理账户或应付账户，并禁止或严

格规定该外国金融机构在美国维持代理账户或应付账户；或

（ii）封锁该外国金融机构在美国、其后进入美国或由美国人拥有或控制的所有财产及财产权益并规定不得转让、支付、出口、提取或以其他方式处理该等财产及财产权益。

（c）本节（b）小节中的禁令适用，但法规或根据本命令可能发布的条例、命令、指令或许可证中规定的情况除外，而且，即使在本命令生效日期之前或（如有具体规定）在禁令生效日期之前签订了任何合同或颁发了任何执照或许可证。

第7节 对转给伊朗人民的货物、向伊朗转让可能用于侵犯人权的货物或技术以及审查的制裁

（a）兹授权财政部长与国务卿协商或根据国务卿的建议，在确定某人有下列行为时，对该人实施本节（b）分节所述措施：

（i）自2013年1月2日或其后参与腐败或其他活动，涉及挪用准备运给伊朗人民的货物，包括农产品、食品、药品和医疗器械；

（ii）自2013年1月2日或之后，参与腐败或其他与挪用本节（a）（i）小节所述货物的销售或转售所得收入有关的活动；

（iii）自2012年8月10日或其后，明知或协助向伊朗、根据伊朗法律组建或以其他方式受伊朗政府管辖的任何实体或伊朗任何国民转让可能被伊朗政府或其任何机构或部门或代表伊朗政府或任何此类机构或部门的任何其他人用于严重侵犯伊朗人民人权的货物或技术，以供在伊朗境内使用或就伊朗境内使用；

（iv）自2012年8月10日或其后，明知却故意提供与转让给伊朗的货物或技术有关的服务，包括与硬件、软件或专门信息或专业咨询、工程或支持服务有关的服务，而伊朗政府或其任何机构或部门，或代表伊朗政府或其任何机构或部门的任何其他人，很可能会利用这些货物或技术对伊朗人民实施严重侵犯人权行为；

（v）自 2009 年 6 月 12 日或其后，对伊朗进行检查或从事其他活动，禁止、限制或惩罚伊朗公民行使言论或集会自由，或限制接触出版或广播媒体，包括协助或支持伊朗政府或伊朗政府拥有或控制的实体故意操纵频率，干扰或限制国际信号；

（vi）曾为本节（a）（i）至（a）（v）分节所述活动或其财产和财产权益根据本节被冻结的任何人提供实质性协助、赞助或财政、物质或技术支持，或向其提供货物或服务，或为支持这些活动提供货物或服务；或

（vii）由其财产和财产权益根据本节被冻结的任何人直接或间接拥有或控制，或为其或声称为其或代表其行事。

（b）对于财政部长根据本节确定符合本节（a）（i）至（a）（vii）分节规定的任何标准的任何人，所有在美国境内的、今后进入美国境内的、或由任何美国人拥有或控制的或今后进入美国境内的财产和财产权益均被冻结，不得转让、支付、出口、提取或以其他方式处理。

（c）本节（b）小节中的禁令适用于法规或根据本命令可能发布的条例、命令、指令或许可证中规定的范围之外的情况，尽管在本命令生效日期之前或在有具体规定的情况下，在禁令生效日期之前签订了任何合同或颁发了任何许可证或执照。

美国《出口管制条例》相关法条节选

一、734.3 受《出口管制条例》约束的物品

（a）除本节（b）款中排除的项目外，以下项目均受 EAR 的约束：

（1）在美国境内的所有物品，包括在美国外贸区或通过美国从一个外国到另一个国家过境的物品；

（2）所有原产于美国的物品，无论位于何处；

（3）包含受控美国原产商品的外国制造商品、与受控美国原产软件"捆绑"的外国制造商品、与受控美国原产软件混合的外国制造软件，以及与受控美国原产技术混合的外国制造技术：

（i）如本部分第734.4（a）节所述，为任何数量；或

（ii）数量超过本部分第734.4（c）或 734.4（d）节所述的最低限度水平；

（4）如《出口管制条例》第734.9条所述，某些外国生产的指定"技术"和"软件"的"直接产品"；和

对（a）（4）段的注释：根据许可例外 ENC 出口的美国原产加密物品开发或生产的某些外国制造物品受 EAR 的约束。参见《出口管制条例》第740.17（a）条。

（5）位于美国以外的任何工厂或工厂的主要部件生产的产品，它们是《出口管制条例》第734.9 条所述的特定"技术"或"软件"的"直接产品"。

二、734.4 最低限度的美国成分

（a）没有最低限度等级的物项。

（1）从外国出口外国制造的计算机，其调整后的峰值性能（APP）超过 ECCN 4A003.b所列的水平，并包含 ECCN 3A001分类的美国原产受控半导

体（存储电路除外），没有最低限度要求；或超过 ECCN 3A4.b 中列出的应用程序，并包含归类为 ECCN 994A3 的美国原产受控半导体（内存电路除外）或高速互连设备（ECCN 001A4.j）到古巴、伊朗、朝鲜和叙利亚。

（2）外国生产的加密技术，如果采用 ECCN 5E002 控制的美国原产地加密技术，则无论美国原产地含量多少，均受《出口管制条例》的约束。

（3）当设备用于"开发"或"生产"的"先进节点集成电路"并且"先进节点集成电路"符合《出口管制条例》第 3 条第 001 款该定义第（1）段规定的参数时，满足《出口管制条例》第 744 部分第 1 号补充文件中商业管制清单 ECCN 3B001.f.1.b.2.b 中参数的设备没有最低限度要求，除非外国制造的物品最初出口的国家有出口管制清单上指定的商品。

（4）ECCN 9E003.a.1 至 a.6、a.8、.h、.i 和 .l 控制的美国原产技术在国外重新绘制、使用、咨询或以其他方式混合时，没有最低限度要求。

（5）包含 ECCN 0A919.a.1 中所述一种或多种商品的外国制造的"军事商品"，如果其目的地是《出口管制条例》第 740 部分第 1 号补充文件国家组 D：5 所列国家，则没有最低限度的限度。

（6）9x515 和"600 系列"。

（i）对于包含 9x515 或"600 系列"ECCN 第 .a 至 .x 段中列举或以其他方式描述的美国原产 9x515 或"600 系列"物品的外国制造物品，当运往《出口管制条例》第 740 部分第 1 号补充文件国家组 D：5 所列国家时，没有最低限度。

（ii）对于包含美国原产 9x515 或"600 系列".y 物品的外国制造物品，如果运往《出口管制条例》第 1 部分补充第 2 号国家组 E：1 或 E：740 所列国家或中华人民共和国（PRC），则没有最低限度。

（7）根据海外资产管理办公室颁布的某些规则，尽管《出口管制条例》有最低限度的规定，但美国拥有或控制的实体从国外出口的某些产品可能被禁止。此外，最低限度规则并没有免除美国人的义务，即根据《出口管制条例》第 744.6 条的规定，不得支持大规模杀伤性武器和导弹的扩散。

（b）某些第5类第2部分项目的特殊要求。包含本段所列美国原产物品的非美国制造物品受《出口管制条例》的约束，除非它们符合本节（c）或（d）段的最低限度和目的地要求以及本段的要求。

（1）原产于美国的商品或软件，如果受ECCN 5A002、ECCN 5B002、ECCN 5D002分类的等效或相关软件的管制，以及ECCN 5A004或5D002分类的"密码分析项目"或数字取证项目（调查工具），必须符合以下条件：

（i）根据ECCN 5D002分类的公开加密源代码，符合742.15（b）中规定的标准，参见EAR的734.3（b）（3）。在最低限度的计算中，此类源代码不必计为受控的美国原产内容；

（ii）根据《出口管制条例》第740.17（b）（3）条进行分类后，被BIS授权获得许可例外ENC；

（iii）根据EAR第740.17（b）（2）条进行分类后，BIS授权获得许可例外ENC，并且非美国制造的产品不会被发送到EAR第1部分补充第2号中国家组E：1和E：740中的任何目的地；或

（iv）根据EAR第740.17（b）（1）条获得许可例外ENC授权。

（2）源自美国的加密项目归类在ECCN 5A992、5D992或5E992.b下。

（c）10%最低限度规则。除本条（a）及（b）（1）（iii）段另有规定外，除本条（b）（1）（i）、（b）（1）（ii）及（b）（2）段另有规定外，下列转口产品在运往世界任何国家时均不受《出口管制条例》的约束。有关计算值的指导，请参阅本部分的附录2。

（1）外国制造的商品的再出口，其中包含受管制的美国原产商品或与美国原产软件"捆绑"在一起，价值为外国制造商品总价值的10%或以下；

对第（c）（1）段的注释：（1）原产于美国的软件不符合最低限度排除条件，并且在与外国制造的物品分开出口或再出口（即未与外国制造的物品捆绑或合并）时，应遵守《出口管制条例》。（2）就本节而言，"捆绑"是指与项目一起重新导出并为项目配置的软件，但不一定以物理方式集成到项目中。（3）（c）（1）款规定的最低限度排除仅适用于商业管制清单（CCL）

上所列且仅具有反恐（AT）控制理由的软件或被指定为EAR99的软件（受EAR管辖，但未列入CCL）。对于所有其他软件，必须对软件本身是否受《出口管制条例》的约束进行独立评估。

（2）外国制造的软件的再出口，其价值为外国制造软件总价值的10%或以下；或

（3）与受管制的美国原产技术混合或从受控美国原产技术中提取的外国技术的再出口，其价值占外国技术总价值的 10% 或以下。在您可以依赖外国制造技术与受控美国原产技术混合的最低限度排除之前，您必须提交一次性报告。有关提交要求，请参阅第 2 部分的补充 734。

（d）25% 最低限度规则。除本节（a）段另有规定外，除本节（b）段的规定外，以下再出口产品在运往《出口管制条例》第 1 部分补编第 2 号补充协议第 1 号国家组 E：740 或 E：2 所列国家以外的国家时，不受《出口管制条例》的约束。有关计算值的指导，请参阅本部分的附录。

（1）外国制造的商品的再出口，其中包含受管制的美国原产商品或与美国原产软件"捆绑"在一起，价值为外国制造商品总价值的 25% 或以下；

对（d）（1）段的注释：（1）原产于美国的软件不符合最低限度排除条件，并且在与外国制造的物品分开出口或再出口（即未与外国制造的物品捆绑或合并）时受 EAR 的约束。（2）就本节而言，"捆绑"是指与项目一起重新导出并为项目配置的软件，但不一定物理集成到项目中。（3）（d）（1）款规定的最低限度排除仅适用于商业管制清单（CCL）上所列且仅具有反恐（AT）控制理由的软件或被归类为EAR99的软件（受《出口管制条例》的约束，但未列入《商业管制清单》）。对于所有其他软件，必须对软件本身是否受《出口管制条例》的约束进行独立评估。

（2）外国制造的软件的再出口，其价值为外国制造软件总价值的25%或以下；或

（3）与受管制的美国原产技术混合或从受控美国原产技术中提取的外国技术的再出口，其价值占外国技术总价值的 25% 或以下。在您可以依赖外

国制造技术与受控美国原产技术混合的最低限度排除之前，您必须提交一次性报告。有关提交要求，请参阅第2部分的补充734。

（e）您有责任进行必要的计算，以确定最低限度条款是否适用于您的情况。请参阅第2部分的第734号补充协议，了解有关计算美国受控内容的指导。

（f）参见《出口管制条例》第770.3条，了解适用于美国原产的混合技术和软件的原则。

（g）记录保存要求。根据 EAR 第762部分的记录保存要求，您必须将确定外国软件或技术中美国内容百分比的方法记录在案并保留在您的记录中。您的记录应表明您在计算中使用的值是实际公平市场价格还是从可比交易或生产成本、间接费用和利润得出的价格。

三、734.9 外国直接产品（FDP）规则

位于美国境外的外国生产的物品，如果它们是特定"技术"或"软件"的"直接产品"，或者由工厂或工厂的"主要部件"生产，而该工厂本身是特定"技术"或"软件"的"直接产品"，则受《出口管制条例》的约束。如果外国生产的物品受EAR的约束，则应单独确定适用于该外国生产物品的许可要求（例如，通过评估相关交易中的物品分类、目的地、最终用途和最终用户）。并非所有涉及受《出口管制条例》约束的外国生产物品的交易都需要许可证。那些确实需要许可证的交易可能有资格获得许可证例外。

（a）定义和型号认证。

（1）定义。本段中定义的术语特定于 EAR 第734.9条。这些术语用单引号表示。双引号中的术语在 EAR 第772部分中定义。

（i）主要成分。位于美国境外的工厂的主要组成部分是指对物品的"生产"至关重要的"设备"，包括测试"设备"。

（ii）[保留]

（2）型号认证。出口商、再出口商和转让商可以从供应商处获得书面

证明，声称如果未来的交易符合第734.9条规定的一项或多项外国直接产品（FDP）规则的目的地或最终用户范围，则该证明将受 EAR 的约束。《出口管制条例》不要求 BIS 在第1部分第734号补充条款中描述的示范证书，但通过其规定，该证书可以帮助出口商、再出口商和转让商解决有关物品是否受《出口管制条例》约束的潜在危险信号。BIS 提供的证书范本考虑由认证公司的官员或指定雇员签字，并包括第734部分补充第9号（b）段所述的所有信息。虽然该证书有望帮助公司了解《出口管制条例》在某一项目上的应用，但 BIS 并不认为这是公司尽职调查过程中唯一需要完成的步骤。见《出口管制条例》第1部分第734号补编和第1部分第734号补编。

（b）国家安全 FDP 规则。如果外国生产的物品同时符合本节（b）（1）段中的产品范围和本节（b）（2）段中的国家范围，则受《出口管制条例》的约束。

（1）国家安全 FDP 规则的产品范围。如果外国生产的物品符合本节（b）（1）（i）或（ii）段的条件，则产品范围适用。

（i）"技术"或"软件"的"直接产品"。外国生产的物品，如果同时满足以下两个条件，则符合本款的产品范围：

（A）外国生产的物品是美国原产的"技术"或"软件"的"直接产品"，需要书面保证作为许可的证明文件，如《出口管制条例》第3部分第2号补充协议第（o）（748）（i）段所定义，或作为《出口管制条例》第740.6条使用许可例外 TSR 的先决条件；和

（B）外国生产的物品受《出口管制条例》第774部分商业管制清单的适用 ECCN 中指定的国家安全管制。

（ii）工厂的产品或工厂的"主要组成部分"是"直接产品"。外国生产的物品，如果同时满足以下两个条件，则符合本款的产品范围：

（A）外国生产的物品是工厂的"直接产品"或工厂的"主要组成部分"，其本身是美国原产"技术"的"直接产品"，需要书面保证作为许可证的证明文件或作为使用《出口管制条例》第740.6条中许可证例外 TSR 的先

决条件；和

（B）外国生产的物项受《出口管制条例》第774部分商业管制清单的适用ECCN所指定的国家安全管制。

（2）国家安全 FDP 规则的国家范围。如果外国生产的物项的目的地列在D：1、E：1或E：2国家组别中，则符合本款的国家范围（见《出口管制条例》第1部分的补充第740号）。

（c）9x515 FDP 规则。如果外国生产的物品同时符合本节（c）（1）段中的产品范围和本节（c）（2）段中的国家范围，则受《出口管制条例》的约束。

（1）9x515 FDP 规则的产品范围。如果外国生产的物品符合本节（c）（1）（i）或（ii）段的条件，则产品范围适用。

（i）"技术"或"软件"的"直接产品"。外国生产的物品，如果同时满足以下两个条件，则符合本款的产品范围：

（A）外国生产的物品是ECCN 9D515或9E515中指定的美国原产"技术"或"软件"的"直接产品"；和

（B）外国生产的物料在 9x515 ECCN 中指定。

（ii）完整工厂的产品或工厂的"主要组成部分"是"直接产品"。外国生产的物品，如果同时满足以下两个条件，则符合本款的产品范围：

（A）外国生产的物品是工厂的"直接产品"或工厂的任何"主要部件"，其本身是ECCN 9E515中规定的美国原产"技术"的"直接产品"；和

（B）外国生产的物料在 9x515 ECCN 中指定。

（2）9x515 FDP 规则的国家或地区范围。如果外国生产的物项的目的地列在D：5、E：1或E：2国家组别中，则该物项符合本款的国家范围（见《出口管制条例》第740部分的补充文件1）。

（d）"600系列"FDP规则。如果外国生产的物品同时符合本节（d）（1）段中的产品范围和本节（d）（2）段中的国家范围，则受《出口管制条例》的约束。

（d）段介绍性文本的注1：

如CCL所述，ECCN 0A919被列入本段，因为它包括"600系列"、"技术"或"软件"的"直接产品"。

（1）"600系列"FDP规则的产品范围。如果外国生产的物品符合本节（d）（1）（i）或（ii）段的条件，则产品范围适用。

（i）"技术"或"软件"的"直接产品"。外国生产的物品，如果同时满足以下两个条件，则符合本款的产品范围：

（A）外国生产的产品是"600系列"ECCN中指定的美国原产"技术"或"软件"的"直接产品"；和

（B）国外生产的产品在"600系列"ECCN或ECCN 0A919中指定。

（ii）工厂的产品或工厂的"主要组成部分"是"直接产品"。国外生产的物品，同时满足下列两个条件的，属于本款产品范围：

（A）外国生产的物品是工厂的"直接产品"或工厂的"主要部件"，其本身是"600系列"ECCN中指定的美国原产"技术"的"直接产品"；和

（B）国外生产的产品在"600系列"ECCN中指定。

（2）"600系列"FDP规则的国家范围。如果外国生产的物项运往D：1、D：3、D：4、D：5、E：1或E：2国家组（见《出口管制条例》第740部分的补充文件1）所列国家，则符合本款的国家范围。

（e）实体清单FDP规则。如果外国生产的物项符合本节（e）（1）段中实体清单FDP规则脚注1规定的产品范围和最终用户范围或本节（e）（4）段中实体清单FDP规则脚注2规定的产品范围和最终用户范围，则受EAR的约束。

（1）实体清单FDP规则：脚注1。如果外国生产的物项同时符合本节（e）（1）（i）段中的产品范围和本节（e）（1）（ii）段中的最终用户范围，则该物项受《出口管制条例》的约束。参见《出口管制条例》第744.11（a）（2）（i）条，了解适用于根据本（e）（1）段受《出口管制条例》约束的外国生产物品的许可要求、许可审查政策和许可例外情况。

（i）产品范围实体清单 FDP 规则：脚注 1。如果外国生产的物品符合本节（e）（1）（i）（A）或（B）段的条件，则产品范围适用。

（A）"技术"或"软件"的"直接产品"。如果外国生产的物项是受《出口管制条例》约束的"技术"或"软件"的"直接产品"，并在《出口管制条例》第1部分补充第3号商业管制清单（CCL）的ECCN 3D001、3D991、3E001、3E002、3E003、3E991、4D001、4D993、4D994、4E001、4E992、4E993、5D001、5D991、5E001或5E991中指明，则该外国生产的物项符合本款（e）（1）（i）（A）的产品范围；或

（B）完整工厂的产品或工厂的"主要组成部分"是"直接产品"。如果外国生产的物品是由位于美国境外的工厂或工厂的"主要部件"生产的，而工厂或"主要部件"，无论是在美国制造还是外国制造，本身是CCL的ECCN 3D001、3D991、3E001、3E002、3E003、3E991、4D001、4D993、4D994、4E001、4E992、4E993、5D001、5D991、5E001或5E991中规定的美国原产"技术"或"软件"的"直接产品"，则外国生产的物品符合本款的产品范围。

第（e）（2）（i）段注1：外国生产的项目包括任何外国生产的晶圆，无论是否完成。

（ii）实体清单FDP规则的最终用户范围：脚注1。如果"知道"以下情况，则外国生产的物项符合本款（e）（1）（ii）项的最终用户范围：

（A）涉及脚注1指定实体的活动。外国生产的物项将被纳入或用于"生产"或"开发"任何实体生产、购买或订购的任何"零件"、"组件"或"设备"，并在《出口管制条例》第1部分补充第4号实体清单的许可证要求栏中注明脚注744；或

（B）脚注1指定实体为交易方。在《出口管制条例》第744部分第4号补充文件中实体清单的许可证要求栏中具有脚注1指定的任何实体，均是涉及外国生产物项的任何交易的一方，例如作为"买方""中间收货人""最终收货人"或"最终用户"。

（2）实体清单FDP规则：脚注4。如果外国生产的物项同时符合本节（e）（2）（i）段中的产品范围和本节（e）（2）（ii）段中的最终用户范围，则该物项受《出口管制条例》的约束。参见《出口管制条例》第744.11（a）（2）（ii）条，了解适用于根据本（e）（2）段受《出口管制条例》约束的外国生产物品的许可要求、许可审查政策和许可例外。

（i）产品范围实体清单FDP规则：脚注4。如果外国生产的物品符合本节（e）（2）（i）（A）或（B）段的条件，则产品范围适用。

（A）"技术"或"软件"的"直接产品"。外国生产的物项是受《出口管制条例》规限的"技术"或"软件"的"直接产品"，并在CCL的ECCN3D001、3D991、3E001、3E002、3E003、3E991、4D001、4D993、4D994、4E001、4E992、4E993、5D001、5D002、5D991、5E001、5E002或5E991中指明；或

（B）工厂或工厂的"主要组成部分"是"直接产品"。如果外国生产的物品是由位于美国境外的工厂的任何工厂或工厂的"主要部件"生产的，而工厂或"主要部件"，无论是在美国制造还是外国制造，本身是CCL的ECCN 3D001、3D991、3E001、3E002、3E003、3E991、4D001、4D993、4D994、4E001、4E992、4E993、5D001、5D002、5D991、5E001、5E002或5E991中规定的美国原产"技术"或"软件"的"直接产品"，则外国生产的物品符合本款的产品范围。

（ii）实体清单FDP规则的最终用户范围：脚注4。如果"知道"以下情况，则外国生产的物项符合本款（e）（2）（ii）项的最终用户范围：

（A）涉及脚注4指定实体的活动。外国生产的物项将被纳入或用于"生产"或"开发"任何实体生产、购买或订购的任何"零件"、"组件"或"设备"，并在《出口管制条例》第744部分第4号补充文件实体清单的许可证要求栏中注明脚注4；或

（B）脚注4指定实体为交易方。在《出口管制条例》第744部分第4号补充文件中实体清单的许可证要求栏中具有脚注4指定的任何实体，均是涉

及外国生产物项的任何交易的一方，例如作为"买方"、"中间收货人"、"最终收货人"或"最终用户"。

（f）俄罗斯/白俄罗斯/乌克兰自民党暂时占领的克里米亚地区。外国生产的物品如果同时符合本节（f）（1）段中的产品范围和本节（f）（2）段中的目的地范围，则受《出口管制条例》的约束。参见《出口管制条例》第746.8条，了解适用于根据本（f）段受《出口管制条例》约束的外国生产物品的许可证要求、许可证审查政策和许可证例外情况。

（1）俄罗斯/白俄罗斯/乌克兰自民党统治的临时占领克里米亚地区的产品范围。如果外国生产的物品符合本节（f）（1）（i）或（ii）段的条件，则产品范围适用。

（i）"技术"或"软件"的"直接产品"。如果外国生产的物品同时满足以下两个条件，则该外国生产的物品符合本款（f）（1）（i）项的产品范围：

（A）外国生产的物品是受《出口管制条例》任何ECCN中规定的《出口管制条例》产品组D或E中规定的美国原产"技术"或"软件"的"直接产品"；和

（B）外国生产的物项在CCL的任何ECCN或EAR第6部分的补充第7或746号中都有规定；或

（ii）工厂的产品或工厂的"主要组成部分"是"直接产品"。外国生产的物品如果同时满足以下两个条件，则符合本款（f）（1）（ii）的产品范围：

（A）如果外国生产的物品是由位于美国境外的任何工厂或工厂的"主要部件"生产的，而该工厂或"主要部件"，无论是在美国制造还是外国制造，本身是ECCN产品组D或E中指定的美国原产"技术"或"软件"的"直接产品"，则外国生产的物品符合本款的产品范围；和

（B）外国生产的物项在CCL的任何ECCN或EAR第6部分的补充第7或746号中都有规定。

（2）乌克兰自民党统治的俄罗斯、白俄罗斯、临时占领的克里米亚地区的目的地范围。外国生产的物项符合本款（f）（2）的目的地范围，如果

"知道"该外国生产的物项运往俄罗斯、白俄罗斯或乌克兰临时占领的克里米亚地区，或将被纳入或用于"生产"或"开发"任何"零件""组件"或"设备"中规定的任何"零件""组件"或"设备"，并在或目的地是俄罗斯、白俄罗斯或乌克兰暂时占领的克里米亚地区。

（g）俄罗斯、白俄罗斯"军事最终用户"FDP规则。如果外国生产的物项同时符合本节（g）（1）段中的产品范围和本节（g）（2）段中的最终用户范围，则受《出口管制条例》的约束。参见《出口管制条例》第746.8条，了解适用于根据本（g）段受《出口管制条例》约束的外国生产物品的许可证要求、许可证审查政策和许可证例外情况。

（1）俄罗斯/白俄罗斯-军事最终用户FDP规则的产品范围。如果外国生产的物品符合本节（g）（1）（i）或（ii）段的条件，则产品范围适用。

（i）"技术"或"软件"的"直接产品"。外国生产的物项符合本款（g）（1）（i）项的产品范围，如果该外国生产物项是受《出口管制条例》规管的"技术"或"软件"的"直接产品"，并在CCL任何类别的D或E产品组的任何ECCN中指明；或

（ii）完整工厂的产品或工厂的"主要组成部分"是"直接产品"。如果外国生产的物品是由位于美国境外的任何工厂或工厂的"主要部件"生产的，而该工厂的完整工厂或"主要部件"，无论是在美国制造还是外国制造，本身是产品组D中任何ECCN中指定的美国原产"技术"或"软件"的"直接产品"，或E在CCL的任何类别中，则外国生产的物品符合本款的产品范围。

（2）俄罗斯、白俄罗斯"军事最终用户"FDP规则的最终用户范围。如果"知道"以下情况，则外国生产的物项符合本款（g）（2）项的最终用户范围：

（i）涉及脚注3指定实体的活动。外国生产的物项将被纳入或用于"生产"或"开发"任何实体生产、购买或订购的任何"零件"、"组件"或"设备"，并在《出口管制条例》第3部分补充第4号实体清单的许可证要求栏中

注明脚注744；或

（ii）脚注3指定实体为交易方。在《出口管制条例》第744部分第4号补充文件中实体清单的许可证要求栏中脚注3指定的任何实体，均是涉及外国生产物项的任何交易的一方，例如作为“买方”“中间收货人”“最终收货人”或“最终用户”。

（g）段注3。就（g）段而言，“军事最终用户”是指《出口管制条例》第4部分补编第744号实体清单上列出的任何实体，并附有脚注3名称。

（h）高级计算FDP规则。如果外国生产的物品同时符合本节（h）（1）段中的产品范围和本节（h）（2）段中的目的地范围，则该物品应遵守EAR。参见《出口管制条例》第742.6（a）（6）条，了解许可证要求和许可证例外情况，以及第742.6（b）（10）条，了解适用于根据本（h）段受《出口管制条例》约束的外国生产物品的许可证审查政策。

（1）高级计算FDP规则的产品范围。如果外国生产的物品符合本节（h）（1）（i）或（ii）段的条件，则产品范围适用。

（i）“技术”或“软件”的“直接产品”。外国生产的物品如果同时满足以下两个条件，则符合本款（h）项的产品范围：

（A）外国生产的项目是受《出口管制条例》规管的“技术”或“软件”的“直接产品”，并在《出口管制条例》第3D001、3D991、3E001、3E002、3E003、3E991、4D001、4D090、4D993、4D994、4E001、4E992、4E993、5D001、5D002、5D991、5E001、5E991或5E002指明；和

（B）国外生产的物品是：

（1）　在CCL的ECCN3A090、3E001（3A090）、4A090或4E001（4A090）中指明；或

（2）ECCN3A001.z、4A003.z、4A004.z、4A005.z、5A002.z、5A004.z或5A992.z中指定的集成电路、计算机、“电子组件”或“组件”。

（ii）工厂的产品或工厂的“主要组成部分”是“直接产品”。外国生产的物品如果同时满足以下两个条件，则符合本款（h）项的产品范围：

（A）外国生产的物品是由位于美国境外的任何工厂或工厂的"主要部件"生产的，如果工厂或工厂的"主要部件"，无论是在美国制造还是外国制造，本身是ECCN3D001中指定的美国原产"技术"或"软件"的"直接产品"，CCL的3D991、3E001、3E002、3E003、3E991、4D001、4D090、4D993、4D994、4E001、4E992、4E993、5D001、5D991、5E001、5E991、5D002或5E002；和

（B）国外生产的物品是：

（1）在CCL的ECCN3A090、3E001（3A090）、4A090或4E001（4A090）中指明；或

（2）ECCN3A001.z、4A003.z、4A004.z、4A005.z、5A002.z、5A004.z或5A992.z中指定的集成电路、计算机、"电子组件"或"组件"。

（2）高级计算FDP规则的目标或最终用途范围。如果"知道"外国生产的物品是：

（i）目的地为国家组D：1、D：4或D：5中指定的目的地，不包括国家组A：5或A：6中规定的任何目的地，或将被纳入任何未指定为EAR99的"部件""组件""计算机"或"设备"中，这些目的地目的地位于国家组D：1、D：4、或D：5，不包括国家组别A：5或A：6中指明的任何目的地，或总部设在澳门或国家组别D：5指明的目的地的实体，或其最终母公司总部设在澳门的实体；或

（ii）由总部设在澳门或D：5国家组别中指定的目的地的实体或其最终母公司总部设在澳门或的实体"开发"的"技术"，用于"生产"掩模或集成电路晶圆或裸片。

对第（h）（2）段的注释：（h）项下的这些最终用途要求适用于总部设在澳门或D：5国家组别中指定的目的地的任何实体，或其最终母公司总部设在澳门的任何实体，是涉及外国生产物项的任何交易的一方，例如作为"买方""中间收货人""最终收货人"或"最终用户"。

（i）"超级计算机"FDP规则。如果外国生产的物项同时符合本节第（i）

（1）段中的产品范围以及本节第（i）（2）段中的国家和最终用途范围，则该物项受《出口管制条例》的约束。参见《出口管制条例》第744.23条，了解适用于根据本条第（i）款受《出口管制条例》约束的外国生产物品的许可证要求、许可证审查政策和许可证例外情况。

（1）产品范围。如果外国生产的物品符合本节（i）（1）（i）或（ii）段的条件，则产品范围适用。

（i）"技术"或"软件"的"直接产品"。如果外国生产的物项是受《出口管制条例》约束的"技术"或"软件"的"直接产品"，并在CCL的ECCN 1D3、001D3、991E3、001E3、002E3、003E3、991D4、001D4、993D4、994E4、001E4、992E4、993D5、001D5、991E5、001E5、991D5或002E5中指明，则外国生产的物项符合本条第（i）（002）（i）款的产品范围；或

（ii）工厂或工厂的"主要组成部分"是"直接产品"。如果外国生产的物品是由位于美国境外的任何工厂或工厂的"主要部件"生产的，则外国生产的物品符合本款的产品范围，而该工厂或"主要部件"，无论是在美国制造还是外国制造，本身是ECCN 3D001中规定的美国原产"技术"或"软件"的"直接产品"，CCL的3D991、3E001、3E002、3E003、3E991、4D001、4D994、4E001、4E992、4E993、5D001、5D002、5D991、5E001、5E002或5E991。

（2）国家和最终用途范围。外国生产的物项符合本款第（i）（2）项的国家和最终用途范围，如果"知道"外国生产的物项将是：

（i）用于设计、"开发"、"生产"、"操作、安装（包括现场安装）、维护（检查）、修理、大修或翻新"位于中国或澳门的"超级计算机"；或

（ii）纳入或用于"开发"或"生产"任何"部件"、"组件"或"设备"，这些"部件"、"组件"或"设备"将用于位于中国或澳门或运往中国或澳门的"超级计算机"。

（j）伊朗FDP规则。如果外国生产的物项同时符合本节（j）（1）段中的

产品范围和本节（j）（2）段中的目的地范围，则受《出口管制条例》的约束。参见《出口管制条例》第746.7条，了解适用于根据本（j）段受《出口管制条例》约束的外国生产物品的许可证要求、许可证审查政策和许可证例外情况。

（1）伊朗FDP规则的产品范围。如果外国生产的物品符合本节（j）（1）（i）或（ii）段的条件，则产品范围适用。

（i）"技术"或"软件"的"直接产品"。外国生产的物品符合本款（j）（1）（i）项的产品范围，如果该外国生产的物品同时满足以下两个条件：

（A）外国生产的物品是受《出口管制条例》第3类至第5类或第7类产品组D或E中任何ECCN规定的美国原产"技术"或"软件"的"直接产品"；和

（B）外国生产的物项在《出口管制条例》第7部分的补编中标明，或在《出口管制条例》CCL第3类至第5类或第7类的任何ECCN中指明；或

（ii）工厂或工厂的"主要组成部分"是"直接产品"。外国生产的物项符合本款（j）（1）（ii）项的产品范围，如果同时满足以下两个条件：

（A）外国生产的物品是由位于美国境外的任何工厂或工厂的"主要部件"生产的，如果该工厂或工厂的"主要部件"，无论是在美国制造还是外国制造，本身是美国原产"技术"或"软件"的"直接产品"，受EAR的约束，该EAR在3至5类或7类产品组D或E中指定ECCN；和

（B）外国生产的物项在《出口管制条例》第7部分的补充编号中标明，或在《出口管制条例》第746至3类或第5类的CCL上的任何ECCN中指定。

（2）伊朗FDP规则的目标范围。外国生产的物项符合本款（j）（2）的目的地范围，如果"知道"该外国生产的物项运往伊朗，或将被纳入或用于任何"零件"、"组件"或"设备"的"生产"或"开发"，包括《出口管制条例》第7部分第746号补充中确定的任何修改或设计的"组件"、"零件"、"附件"和"附件"，或在CCL的任何ECCN中指定类别位于伊朗境内或目的地为伊朗的CCL的3至5或7。

四、734.13 出口

（a）除第 734.17 条或第 734.18 条另有规定外，出口是指：

（1）以任何方式从美国实际装运或传输，包括将物品发送或带出美国；

（2）向在美国的外国人发布或以其他方式转让 "技术" 或源代码（但不是目标代码）（"视同出口"）；

（3）美国境内的个人转让以下物品的注册、控制权或所有权：

（i）受《出口管制条例》约束的航天器，但不符合许可证例外 STA 规定的出口条件（即为任何航天器提供天基物流、组装或维修的航天器）给任何其他国家的个人或国民；或

（ii）受《出口管制条例》约束的任何其他航天器，发给 D：5 国家组国家的个人或国民。

（b）在美国向外国人发布任何 "技术" 或源代码的行为，都被视为向外国人最近的国籍或永久居留国出口。

（c）出口将经一个或多个国家转运到《出口管制条例》中确定的目的地的物项，被视为出口到该目的地。

五、734.14 再出口

（a）除第 734.18 条和第 734.20 条另有规定外，再出口是指：

（1）受《出口管制条例》约束的物项从一个外国实际装运或传送到另一个外国，包括以任何方式向这些国家发送或接收受《出口管制条例》约束的物项；

（2）向发布或转让地以外的国家/地区的外国人发布或以其他方式转让受《出口管制条例》约束的 "技术" 或源代码（视为再出口）；

（3）由美国境外的人转让以下物品的注册、控制或所有权：

（i）受《出口管制条例》约束的航天器，但不符合许可证例外 STA 规定的再出口条件（即为任何航天器提供天基物流、组装或维修的航天器）给任

何其他国家的个人或国民；或

（ii）受《出口管制条例》约束的任何其他航天器，发给D：5国家组国家的个人或国民。

（b）除第734.20条所述外，在美国境外向另一国的外国人发布受 EAR 约束的"技术"或源代码均被视为再出口到该外国人最近的国籍国或永久居留国。

（c）受《出口管制条例》约束的物项再出口，经由一个或多个国家转口至《出口管制条例》所指明的目的地，即视为转口至该目的地。

六、772 术语定义 – 美国人

（a）就EAR第732.3（j）、736.2（b）（7）、740.21（e）（1）、744.6、744.10、744.11、744.12、744.13、744.14和745.2（a）（1）条而言，"美国人"包括：

（1）任何美国公民、美国永久居民外国人或《美国法典》第8卷第1324b（a）（3）条所定义的受保护个人；

（2）根据美国法律或美国境内任何司法管辖区组建的任何法人，包括外国分支机构；和

（3）在美国的任何人。

（b）参见第740.9、740.14和740.21（f）（2）条以及EAR第746和760部分，了解特定于这些章节和部分的"美国人"的定义。

[截至2004年7月22日]

反海外腐败法的反贿赂与账簿和记录条款节选

通过公法 105-366 更新（1998 年 11 月 10 日）

美国法典

第15篇．商业与贸易

第2B章 —证券交易

§ 78m. 定期和其他报告

（a）证券发行者的报告；内容

每一个按照本篇第781条登记的证券发行者，必须按照委员会认为必要或合适适当保护投资者和确保证券公平交易的规则和条例，向委员会提交以下材料——

（1）委员会规定的信息和文件（及其副本），使得按照本篇第781条提出的申请或登记中必须列入或同时提出的信息和文件保持合理的最新内容，除非委员会可能不要求提交在 1962 年 7 月 1 日之前已经完成的任何重要合同。

（2）委员会可能规定的年度报告（及其副本）—如果委员会有规则和条例规定必须由独立公共会计师出具证明—和季度报告（及其副本）。

每一个在全国证券交易所登记的证券发行者也必须向交易所提交关于这种信息、文件和报告的复制本原件。

（b）报告格式；账簿、记录和内部会计；指令

＊＊＊

（2）按照本篇第781条登记的一类证券的每一个发行者以及按照本篇第78o（d）条规定提出报告的每一个发行者必须——

（A）维持和保留账簿、记录和账目的合理的细节，足以准确而公正地反映发行者资产的交易和处置情况；

（B）设计和维持一个内部会计控制系统，足以提供合理的以下保证 --

（i）交易是按照管理部门的一般或具体授权进行；

（ii）保留必要的交易记录，以便（I）按照普遍接受的会计原则或任何其他适用的标准准备财务报表（II）保证资产的可靠性；

（iii）只有按照管理部门一般或具体的授权才能使用资产；以及

（iv）每隔一段合理的时间把资产的账目记录与资产现状核对，并对任何差异采取适当的行动。

（3）（A）对于关系到美国国家安全的事务，不得要求任何人因为与负责此类事务的任何联邦部门或者机构负责人合作采取行动而承担本款第（2）项下的义务或责任，如果与该联邦部门或者机构负责人合作采取的行动是根据该负责人具体的书面指令，并依据关于发布该指令的总统授权。在本项下发布的每一个指令必须详细说明援引本项规定的具体事实和情况。除非以书面指令加以延长，这种指令在发布一年后终止。

（B）根据本项发布此种指令的每一个联邦部门或者机构负责人必须保留关于此种指令的完整档案，每年10月1日向众议院情报常设特别委员会和参议院情报特别委员会提交报告，说明在上一年任何时间执行此种指令的情况概要。

（4）除非按照本款第（5）项的规定，对于不符合本款第（2）项规定的情况不得追究刑事责任。

（5）任何人不得故意回避或故意不实施第（2）项所说的内部会计控制系统或故意伪造任何账簿、记录或账目。

（6）按照本篇第78 l条登记的一类证券的发行者或按照本篇第78o（d）条规定提出报告的发行者，如果在本国或外国公司中拥有50%或更少的投票权，第（2）项的规定只要求发行者在发行者认为合理的情况下，本着诚意运用其影响力，使得该本国或外国公司按照第（2）项的规定设计或维持内部会计控制系统。这种情况包括发行者在本国或外国公司的所有权所占的比例以及该公司所在国家关于业务经营的法律和惯例。对于表现出诚意运用其影响力的发行者则被推定已经符合第（2）项的规定。

（7）本款第（2）项的目的，这里所说的"合理的保证"和"合理的细节"是指审慎官员对其行为感到满意的细节和保证。

* * *

§ 78dd-1 [1934年证券交易法第30A条].

发行者的禁止的海外交易

（a）禁止

按照本篇第78l条登记的一类证券的发行者或按照本篇第78o（d）条规定提出报告的发行者，或该发行者的管理人员、董事、职员或代理人或代表该发行者行事的股东，如果利用邮件或州际商业的任何工具或腐败手段来继续进行提供、支付、支付的允诺，或授权支付任何金钱或提供、礼物、给予的允诺，或授权提供任何财物给以下这些人，都是违法行为 ——

（1）任何外国官员，为以下的目的 ——

（A）（i）影响该外国官员在公务职位上的任何行为或决定，（ii）引诱该外国官员做任何违反其法定职责的事情或做对其法定职责不尽责的事情，或（iii）取得任何不正当利益；或

（B）引诱该外国官员利用其在外国政府或其机构的影响力来影响该政府或机构的任何行为或决定，

以图帮助该发行者取得或保留给任何人的业务，或将业务交给任何人；

（2）任何外国政党或其官员或外国政党的任何候选人，目的在于——

（A）（i）影响该政党、官员或候选人在公务职位上的任何行为或决定，（ii）引诱该政党、官员或候选人做任何违反其法定职责的事情或做对其法定

职责不尽责的事情，或（iii）取得任何不正当利益；或

（B）引诱该政党、官员或候选人利用其在外国政府或其机构的影响力来影响该政府或机构的任何行为或决定，

以图帮助该发行者取得或保留给任何人的业务，或将业务交给任何人；或

（3）任何人知道此种金钱或财物的全部或部分将会直接或间接提供、给予或允诺给任何外国官员、外国政党或其官员、或外国政党的任何候选人的任何人，其目的在于——

（A）（i）影响该外国官员、政党、政党官员或候选人在其公务职位上的任何行为或决定，（ii）引诱该外国官员、政党、政党官员或候选人做任何违反其法定职责的事情或做对其法定职责不尽责的事情，或（iii）取得任何不正当利益；或

（B）引诱该外国官员、政党、政党官员或候选人利用其在外国政府或其机构的影响力来影响该政府或机构的任何行为或决定，以图帮助该发行者取得或保留给任何人的业务，或将业务指使给任何人。

（b）例行政府行动的例外情况

本条（a）和（g）款的规定不适用于给外国官员、政党或政党官员的便利性或加速性支付，如果支付的目的是加速或取得外国官员、政党或政党官员的例行政府行动。

（c）肯定抗辩

以下情况属于对本条（a）或（g）款下行动的肯定抗辩——

（1）根据外国官员、政党、政党官员或候选人所属国家的成文法规是合法的支付、赠与、提供或允诺的任何财物；或

（2）支付、赠与、提供或允诺的任何财物是外国官员、政党、政党官员或候选人承付的或在其名义下的合理而正当的支出，例如旅费和住宿费，并且直接关系到——

（A）产品或服务的促销、展示或说明；或

（B）与外国政府或其机构所签合同的执行或实施。

（d）司法部长所定指导方针

司法部长经过与委员会、商务部长、美国贸易代表、国务卿和财政部长协商，并在通过公共告示和评论程序征求所有有关人士的意见之后，必须在1988年8月23日之后昀迟不超过一年，决定如何加强对本条规定的遵守，如何进一步澄清本条的上述规定以帮助工商业界，并根据该决定在必要而适当的情况下发布——

（1）与一般性的出口销售安排和业务合同有关的涉及各种具体行为的指导方针，就司法部现行执法政策而言，司法部长决定这些行为符合本条的上述规定；

（2）发行者可以自愿使用的一般性预防程序，以使其行为符合司法部关于本条上述规定的现行执法政策。

司法部长必须根据第5篇第5章第Ⅱ节的规定发布上述指导方针和程序，这些指导方针和程序步骤必须服从该篇第7章的管辖。

（e）司法部长的意见

（1）司法部长经过与美国适当的机构协商，并在通过公共告示和评论程序征求所有有关人士的意见之后，必须建立程序，以答复发行者关于其行为是否符合司法部有关本条上述规定的现行执法政策的具体询问。司法部长必须在收到该询问之后30天内提出答复该询问的意见。该意见必须说明，某些具体的可能行为，就司法部的现行执法政策而言，是否违反本条上述规定。对于在上述询问范围以外的其他可能行为，也可以请求司法部长提出意见。对于根据本条有关条款采取的任何行动，必须可以反证推定，发行者在询问中提出的行为，如果经司法部长发布意见认为这种行为符合司法部的现行执法政策，就是符合本条的上述规定。这种推定可以用占据绝对优势的证据加以反驳。就本款而言，法院在审议这一推定时必须考虑到所有有关因素，包括但不限于提交司法部长的信息是否准确和完备，以及该信息是否属于司法部长收到的任何询问中提到的行为的范围。司法部长必须根据第5篇

第5章第 II 节的规定建立该程序，该程序必须服从该篇第7章的管辖。

（2）发行者按照第（1）项建立的程序提出询问时向司法部或任何其他美国机构提出的任何文件或其他材料，以及这些机构收到的或准备的文件或材料，必须免除根据第5篇第552条规定的公布，除非得到发行者同意，都不得公布，不论司法部长对该询问是否提出答复或发行者是否在接到答复之前撤回该询问。

（3）任何发行者根据第（1）项向司法部长提出的询问可以在司法部长就该询问发布意见之前撤回。撤回的询问不再有效力或者影响。

（4）司法部长必须尽实际最大可能向可能的出口商和小商号及时提供司法部有关本条上述规定的现行执法政策的指导方针，因为这些出口商和小商号无法获得关于这种规定的律师咨询。这种指导方针仅限于对第（1）项提出的询问的答复，内容包括具体的可能行为是否符合司法部关于本条上述规定的现行执法政策，以及关于在本条上述规定下的遵守责任和义务的一般性说明。

（f）定义

为本条的目的：

（1）（A）"外国官员 "是指外国政府或其任何部门或者机构、或公共国际组织的任何官员或职员，或以公务职位代表任何外国政府或其部门或者机构，或代表任何公共国际组织行事的任何人。

（B）为（A）款的目的，"公共国际组织 "是指 --

（i）根据《国际组织豁免法》（22 U.S.C. § 288）第1条由行政命令指定的组织；或

（ii）总统行政命令为本条目的指定的任何其他国际组织，自该命令在《联邦日志》发布之日起生效。

（2）（A）一个人"知道"是指对于行为、情况或结果——

（i）其人认识到所从事的行为，认识到情况的存在，或认识到结果很有可能发生；或

（ⅱ）其人坚决相信该情况存在或该结果非常有可能发生。

（B）如果犯罪的要素取决于对某一情况是否存在的认知，一个人认识到此种情况非常高度存在就是具备了此种认知，除非其人实际上相信此种情况并不存在。

（3）（A）"例行政府行动"仅指外国官员采取的普通而平常的以下行动——

（ⅰ）取得许可证、执照或其他官方证件，使得一个人有资格在外国经营业务；

（ⅱ）办理政府证件，例如签证和工作定单；

（ⅲ）提供警察保护、收递信件、安排关于合同执行情况的检查或关于货物通过边境的检查；

（ⅳ）提供电话服务、水电供应、装卸货物、保护易腐产品或商品以免变质；或

（ⅴ）类似性质的行动。

（B）"例行政府行动"不包括外国官员关于是否或在何种条件下把新业务交给某一方或继续该业务的任何决定，也不包括参加决策过程的外国官员关于促成决定把新业务交给某一方或继续该业务的任何行动。

（g）选择管辖

（1）根据美国法律或根据美国的一个州、领土、属地或自由联邦或其政治分区的法律所组织、并按照本篇第12条将一类证券登记或按照本篇第15（d）条规定提出报告的任何发行者，或作为该发行者的管理人员、董事、职员或代理人或代表该发行者行事的股东的任何美国人，如果在美国境外采取任何腐败手段来继续提供、支付、支付的允诺，或授权支付任何金钱或提供、礼物、给予的允诺，或授权提供任何财物给本条（a）款第（1）、（2）和（3）项所述的任何人或实体，以图达到以上各项所述目的，也都是违法行为，不论该发行者或该管理人员、董事、职员、代理人或股东是否利用邮件或州际商业的任何工具或手段来继续进行此种提供、礼物、支付、允诺或

授权。

（2）在本款中，"美国人"是指美国国民（按照《移民和国籍法》第101条（8 U.S.C § 1101））的定义或根据美国法律或美国的任何州、领土、属地或自由联邦或其任何政治分区的法律组织的任何公司、合伙公司、联合企业组织、股份公司、商业信托、非法人组织或个人独资企业。

§ 78dd-2. 国内业务所禁止的海外贸易行为

（a）禁止

本篇第78dd-1条所述发行者以外的任何国内业务，或该国内业务的管理人员、董事、职员或代理人或代表该国内业务行事的股东，如果利用邮件或州际商业的任何工具或腐败手段来继续提供、支付、支付的允诺，或授权支付任何金钱或提供、礼物、给予的允诺，或授权提供任何财物给以下这些人，都是违法行为。这些人包括——

（1）任何外国官员，目的在于——

（A）（i）影响该外国官员在公务职位上的任何行为或决定，（ii）引诱该外国官员做任何违反其法定职责的事情或做对其法定职责不尽责的事情，或（iii）取得任何不正当特权；或

（B）引诱该外国官员利用其在外国政府或其机构的影响力来影响该政府或机构的任何行为或决定，

以图帮助该国内业务取得或保留给任何人的业务，或将业务交给任何人；

（2）任何外国政党或其官员或外国政党的任何候选人，目的在于——

（A）（i）影响该政党、官员或候选人在公务职位上的任何行为或决定，（ii）引诱该政党、官员或候

选人做任何违反其法定职责的事情或做对其法定职责不尽责的事情，或（iii）取得任何不正当利益；或

（B）引诱该政党、官员或候选人利用其在外国政府或其机构的影响力

来影响该政府或机构的任何行为或决定，

以图帮助该国内业务取得或保留给任何人的业务，或将业务交给任何人；或

（3）任何人知道此种金钱或财物的全部或部分将会直接或间接提供、给予或允诺给任何外国官员、外国政党或其官员、或外国政党的任何候选人，其目的在于——

（A）（i）影响该外国官员、政党、政党官员或候选人在其公务职位上的任何行为或决定，（ii）引诱该外国官员、政党、政党官员或候选人做任何违反其法定职责的事情或做对其法定职责不尽责的事情，或（iii）取得任何不正当特权；或

（B）引诱该外国官员、政党、政党官员或候选人利用其在外国政府或其机构的影响力来影响该政府或机构的任何行为或决定，

以图帮助该国内业务取得或保留给任何人的业务，或将业务交给任何人。

（b）例行政府行动的例外情况

本条（a）和（i）款的规定不适用于给外国官员、政党或政党官员的便利性或加速性支付，如果支付的目的是加速或取得外国官员、政党或政党官员的例行政府行动。

（c）肯定抗辩

以下情况属于对本条（a）或（i）款下行动的肯定抗辩——

（1）支付、赠与、提供或允诺的任何财物根据外国官员、政党、政党官员或候选人所属国家的成文法规是合法的；或

（2）支付、赠与、提供或允诺的任何财物是外国官员、政党、政党官员或候选人承付的或在其名义下的合理而正当的支出，例如旅费和住宿费，并且直接关系到——

（A）产品或服务的宣传、展示或说明；或

（B）与外国政府或其机构所签合同的执行或实施。

（d）**强制性补充**

（1）如果司法部长认为本条适用的任何国内业务或其管理人员、董事、职员、代理人或股东正在或将要从事违反本条（a）或（i）款规定的行为或做法，司法部长可以斟酌情况在美国主管地区法院提起民事诉讼，停止此种行为或做法，并在适当说明理由之后准许发出永久禁止令或临时限制令并不需要提交保证金。

（2）如果司法部长认为进行民事调查是执行本条规定必要而适当的方法，为此目的，司法部长或其指定人员有权举行宣誓或听取证词，传唤证人，收集证据，以及要求印制司法部长认为与此种调查有关或重要的任何书籍、证件或其他文件。从美国或美国的任何领土、属地或自由联邦的任何指定听证地点都可以要求证人到场和印制书面证据。

（3）如果任何人藐视法院或拒绝服从传票的要求，司法部长可以请求对此种调查或程序有管辖权或该人居住或营业所在地的任何美国法院提供援助，要求证人到场作证以及印制书籍、证件或其他文件。法院可以发布命令，要求该人与司法部长或其指定人员见面，服从命令作出记录，或就有关调查事项作证。拒绝服从法院的命令将被法院处以藐视法院罪。

此种案件的所有程序都可以由该人居住或所在的司法辖区的法院执行。为执行本款的规定，司法部长可以就民事调查制定必要或适当的规则。

（e）**司法部长的指导方针**

司法部长经过与证券交易委员会、商务部长、美国贸易代表、国务卿和财政部长协商，并在通过公共告示和评论程序征求所有有关人士的意见之后，必须在 1988 年 8 月 23 日之后最迟不超过 6 个月以内，决定如何加强对本条规定的遵守，如何进一步澄清本条的上述规定以帮助工商业界，并根据该决定在必要而适当的情况下发布——

（1）与一般性的出口销售安排和业务合同有关的涉及各种具体行为的指导方针，就司法部现行执法政策而言，司法部长决定这些行为符合本条的上述规定；以及

（2）发行者可以自愿使用的一般性预防程序，以便其行为符合司法部关于本条上述规定的现行执法政策。

司法部长必须根据第5篇第5章第Ⅱ节的规定发布上述指导方针和程序步骤，这些指导方针和程序必须服从该篇第7章的管辖。

（f）司法部长的意见

（1）司法部长经过与美国适当的部门和机构协商，并在通过公共告示和评议程序征求所有有关人士的意见之后，必须建立程序，答复国内业务关于其行为是否符合司法部有关本条上述规定的现行执法政策的具体询问。司法部长必须在收到该询问之后30天内提出答复该询问的意见。该意见必须说明，就司法部的现行执法政策而言，某些具体的可能行为是否违反本条上述规定。

对于在上述询问范围以外的其他可能行为，也可以请求司法部长提出意见。对于根据本条有关条款采取的任何行动，必须可以反证推定，国内业务在询问中提出的行为，如果经司法部长发布意见认为这种行为符合司法部的现行执法政策，就是符合本条的上述规定。这种推定可以被占据绝对优势的证据加以反驳。就本款而言，法院在审议这一推定时必须考虑到所有有关因素，包括但不限于提交司法部长的信息是否准确和完备，以及该信息是否属于司法部长收到的任何询问中提到的行为的范围。司法部长必须根据第5篇第5章第Ⅱ节的规定建立该程序，该程序必须服从该篇第7章的管辖。

（2）国内业务按照第（1）项建立的程序提出询问时向司法部或任何其他美国机构提出的任何文件或其他材料，以及这些机构收到的或准备的文件或材料，必须免除根据第5篇第552条规定的公布，除非得到国内业务的同意，都不得公布，不论司法部长对该询问是否提出答复或国内业务是否在接到答复之前撤回该询问。

（3）任何国内业务根据第（1）项向司法部长提出的询问可以在司法部长就该询问发布意见之前撤回。撤回的询问不再有效力或者影响。

（4）司法部长必须尽实际昀大可能向可能的出口商和小商号及时提供

司法部有关本条上述规定的现行执法政策的指导方针，因为这些出口商和小商号无法获得关于这种规定的律师专门咨询。这种指导方针仅限于对第（1）项提出的询问的答复，内容包括具体的可能行为是否符合司法部关于本条上述规定的现行执法政策，以及关于在本条上述规定下的遵守责任和义务的一般性说明。

（g）处罚

（1）（A）任何不是自然人的国内业务违反本条（a）或（i）款的规定，必须处以 2 000 000 美元以下的罚款。

（B）任何不是自然人的国内业务违反本条（a）或（i）款的规定，必须由司法部长提起诉讼处以 10 000 美元以下的民事罚款。

（2）（A）任何自然人作为国内业务的管理人员、董事、职员或代理人、或作为代表该国内业务行事的股东，如果蓄意违反本条（a）或（i）款的规定，必须由司法部长提起诉讼处以 100 000 美元以下的罚款或 5 年以下的徒刑，或两者并罚。

（B）任何自然人作为国内业务的管理人员、董事、职员或代理人、或作为代表该国内业务行事的股东，如果违反本条（a）或（i）款的规定，必须由司法部长提起诉讼处以 10 000 美元以下的民事罚款。

（3）如果根据第（2）项对国内企业的任何管理人员、董事、职员、代理人或股东处以罚款，该罚款不得由该国内业务直接或间接承付。

（h）定义为本条的目的——

（1）"国内业务"是指——

（A）任何作为美国公民、国民或居民的个人；以及

（B）任何公司、合伙公司、团体组织、股份公司、商业信托、非法人组织或个人独资企业，其主要营业地点在美国，或是根据美国一个州的法律或根据美国一个领土、属地或自由联邦的法律组成。

（2）（A）"外国官员"是指外国政府或其任何部门、机构、或公共国际组织的官员或职员，或以公务职位代表该政府或部门、机构、或代表该公共

国际组织行事的任何人。

（B）为（A）款的目的，"公共国际组织"是指——

（i）根据《国际组织豁免法》（22 U.S.C. § 288）第1条由行政命令指定的组织；或

（ii）总统行政命令为本条目的指定的任何其他国际组织，自该命令在《联邦日志》发布之日起生效。

（3）（A）一个人"知道"是指对于行为、情况或结果，

（i）其人认识到所从事行为，认识到该情况的确存在，或认识到该结果很有可能发生；或

（ii）其人坚决相信该情况存在或该结果很有可能发生。

（B）如果犯罪的要素取决对某一情况是否存在的认知，一个人认识到此种情况非常有可能存在就是具备了此种认知，除非其人实际上相信此种情况并不存在。

（4）（A）"例行政府行动"是指外国官员采取的普通而平常的以下行动——

（i）取得许可证、执照或其他官方证件，使得一个人有资格在外国经营业务；

（ii）办理政府证件，例如签证和工作订单；

（iii）提供警察保护、收递信件、安排关于合同执行情况的检查或关于货物过境的检查；

（iv）提供电话服务、水电供应、装卸货物、保护易腐产品或商品；或

（v）类似性质的行动。

（B）"例行政府行动"不包括外国官员关于是否或在何种条件下把新业务交给某一方或继续该业务的任何决定，也不包括参加决策过程的外国官员关于促成决定把新业务交给某一方或继续该业务的任何行动。

（5）"州际商业"是指几个州之间、或任何外国与任何州之间、或任何州与州外任何地方或船舶之间的贸易、商业、运输或通讯，该用语包括州际

使用——

（A）电话或其他州际通讯工具，或

（B）任何其他州际手段。

（i）选择管辖

（1）任何美国人在美国境外采用腐败手段来继续提供、支付、支付的允诺，或授权支付任何金钱或提供、礼物、给予的允诺，或授权提供任何财物给（a）款第（1）、（2）和（3）项所述的任何人或实体，以图达到以上各项所述目的，也都是违法行为，不论该美国人是否利用邮件或州际商业的任何工具或腐败手段来继续进行此种提供、礼物、支付、允诺或授权。

（2）在本款中，"美国人"是指美国国民（按照《移民和国籍法》第101条（8 U.S.C. § 1101）的定义）或根据美国法律或根据美国的任何州、领土、属地或自由联邦或其任何政治分区的法律组织的任何公司、合伙公司、联合企业组织、股份公司、商业信托、非法人组织或个人独资企业。

§ 78dd-3. 发行者或国内业务以外的人的被禁止的海外贸易行为

（a）禁止

1934年《证券交易法》第30A条所述发行者或该法第104条所述国内业务以外的任何人、或该人的任何管理人员、董事、职员或代理人或代表该人行事的任何股东，如果在美国境内利用邮件或州际商业的任何工具或腐败手段或采取任何手段来继续提供、支付、支付的允诺，或授权支付任何金钱或提供、礼物、给予的允诺，或授权提供任何财物给以下这些人，都是违法行为——

（1）任何外国官员，目的在于——

（A）（i）影响该外国官员在公务职位上的任何行为或决定，（ii）引诱该外国官员做任何违反其法定职责的事情或做对其法定职责不尽责的事情，或（iii）取得任何不正当利益；或

（B）引诱该外国官员利用其在外国政府或其机构的影响力来影响该政

府或机构的任何行为或决定，

以图帮助该人取得或保留给任何人的业务，或将业务交给任何人；

（2）任何外国政党或其官员或外国政党的任何候选人，目的在于——

（A）（i）影响该政党、官员或候选人在公务职位上的任何行为或决定，（ii）引诱该政党、官员或候选人做任何违反其法定职责的事情或做对其法定职责不尽责的事情，或（iii）取得任何不正当利益；或

（B）引诱该政党、官员或候选人利用其在外国政府或其机构的影响力来影响该政府或机构的任何行为或决定，以图帮助该人取得或保留给任何人的业务，或将业务交给任何人；或

（3）任何人知道此种金钱或财物的全部或部分将会直接或间接提供、给予或允诺给任何外国官员、外国政党或其官员、或外国政党的任何候选人，其目的在于——

（A）（i）影响该外国官员、政党、政党官员或候选人在其公务职位上的任何行为或决定，（ii）引诱该外国官员、政党、政党官员或候选人做任何违反其法定职责的事情或做对其法定职责不尽责的事情，或（iii）取得任何不正当优势；或

（B）引诱该外国官员、政党、政党官员或候选人利用其在外国政府或其机构的影响力来影响该政府或机构的任何行为或决定，

以图帮助该人取得或保留给任何人的业务，或将业务交给任何人。

（b）例行政府行动的例外情况

本条（a）款的规定不适用于给外国官员、政党或政党官员的便利性或加速性支付，如果支付的目的是加速或取得外国官员、政党或政党官员的例行政府行动。

（c）肯定抗辩 以下情况属于对本条（a）款下行动的肯定抗辩——

（1）支付、赠与、提供或允诺的任何财物根据外国官员、政党、政党官员或候选人所属国家的成文法规是合法的；或

（2）支付、赠与、提供或允诺的任何财物是外国官员、政党、政党官员

或候选人承付的或在其名义下的合理而正当的支出，例如旅费和住宿费，并且直接关系到——

（A）产品或服务的宣传、展示或说明；或

（B）与外国政府或其机构所签合同的执行或实施。

（d）强制性补充

（1）如果司法部长认为本条适用的任何人或其管理人员、董事、职员、代理人或股东正在或将要从事违反本条（a）款规定的行为或做法，司法部长可以斟酌情况在美国主管地区法院提起民事诉讼，停止此种行为或做法，并在适当说明理由之后准许发出长期禁止令或临时限制令而不需要保证金。

（2）如果司法部长认为进行民事调查是执行本条规定必要而适当的方法，为此目的，司法部长或其指定人员有权举行宣誓或听取证词，传唤证人，收集证据，以及要求印制司法部长认为与此种调查有关或重要的任何书籍、证件或其他文件。从美国或美国的任何领土、属地或自由联邦的任何指定听证地点都可以要求证人到场和印制书面证据。

（3）如果任何人藐视法院或拒绝服从传票的要求，司法部长可以请求对此种调查或程序有管辖权或该人居住或营业所在地的任何美国法院提供援助，要求证人到场作证以及印制书籍、证件或其他文件。法院可以发布命令，要求该人与司法部长或其指定人员见面，服从命令做出记录，或就有关调查事项作证。拒绝服从法院的命令将被法院处以藐视法院罪。

（4）此种案件的所有程序都可以由该人居住或所在的司法辖区的法院执行。为执行本款的规定，司法部长可以就民事调查制定必要或适当的规则。

（e）处罚

（1）（A）任何法人违反本条（a）款的规定，必须处以 2 000 000 美元以下的罚款。

（B）任何法人违反本条（a）款的规定，必须由司法部长提起诉讼处以 10 000 美元以下的民事罚款。

（2）（A）任何自然人蓄意违反本条（a）款的规定，必须处以 100 000

美元以下的罚款或 5 年以下的徒刑，或两者并罚。

（B）任何自然人违反本条（a）款的规定，必须由司法部长提起诉讼处以 10 000 美元以下的民事罚款。

（3）如果根据第（2）项对一个人的任何管理人员、董事、职员、代理人或股东处以罚款，该罚款不得由该人直接或间接承付。

（f）定义

为本条的目的：

（1）这里所讲的犯法的"人"是指任何非美国国民（按照 8 U.S.C. § 1101 的定义）的自然人、或任何根据一个外国或其政治分区的法律组织的任何公司、合伙公司、联合企业组织、股份公司、商业信托、非法人组织或个人独资企业。

（2）（A）"外国官员"是指外国政府或其任何部门机构、或公共国际组织的任何官员或职员，或代表该政府或机构、或代表该公共国际组织以公务职位行事的任何人。

为（A）款的目的，"公共国际组织"是指——

（i）根据《国际组织豁免法》（22 U.S.C. § 288）第 1 条由行政命令指定的组织；或

（ii）总统行政命令为本条目的指定的任何其他国际组织，自该命令在《联邦日志》发布之日起生效。

（3）（A）一个人"知道"是指对于行为、情况或结果，

（i）其人认识到所从事行为，认识到该情况的确存在，或认识到该结果很有可能发生；或

（ii）其人坚决相信该情况存在或该结果非常有可能发生。

（B）如果犯法的要素取决于对某一情况是否存在的认知，一个人认识到此种情况很有可能存在就是具备了此种认知，除非该人实际上相信此种情况并不存在。

（4）（A）"例行政府行动"仅指外国官员采取的普通而平常的以下

行动——

（ i ）取得许可证、执照或其他官方证件，使得一个人有资格在外国经营业务；

（ ii ）办理政府证件，例如签证和工作通知单；

（ iii ）提供警察保护、收递信件、安排关于合同执行情况的检查或关于货物过境的检查；

（ iv ）提供电话服务、水电供应、装卸货物、保护易腐产品或商品；或

（ v ）类似性质的行动。

（ B ）"例行政府行动"不包括外国官员关于是否或在何种条件下把新业务交给某一方或继续该业务的任何决定，也不包括参加决策过程的外国官员关于促成决定把新业务交给某一方或继续该业务的任何行动。

（5）"州际商业"是指几个州之间、或任何外国与任何州之间、或任何州与州外任何地方或船舶之间的贸易、商业、运输或通讯，该用语包括州际使用——

（ A ）电话或其他州际通讯工具，或

（ B ）任何其他州际手段。

§ 78ff. 处罚

（ a ）蓄意违反；虚假和误导的陈述

任何人蓄意违反本章的规定（本篇第78dd-1条除外）或在其下的任何规则或条例，此种违反是犯法行为，或违反根据本章的规定必须加以遵守的条款，或任何人蓄意而且故意地在根据本章规定或其任何规则或条例必须提交的任何申请、报告或文件上、或在本篇第78o条（d）款规定的登记陈述的行动中、或在向任何自行管理组织申请为会员或参加或成为其联系会员时，作出或导致虚假或误导的不符合任何重要事实的陈述，在定罪之后必须处以 5 000 000 美元以下的罚款或 20 年以下的徒刑，或两者并罚，除非该人不是自然人，则处以 25 000 000 美元以下的罚款；但是违反任何规则或条例

的任何人如果证明他不知道此种规则或条例，根据本条不必须处以徒刑。

（b）没有提出信息、文件或报告

任何发行者没有按照本篇第78o条（d）款或其任何规则或条例的规定提出信息、文件或报告，必须向美国缴纳罚款，直至提交文件之前，每天为100美元。此种罚款必须向美国财政部缴纳，用来代替没有按照本条（a）款规定提出信息、文件或报告的任何刑事处罚，并可以用美国的名义在民事诉讼中追索。

（c）发行者或发行者的管理人员、董事、股东、职员或代理人的违法行为

（1）（A）任何发行者违反本篇第30A条（a）或（g）款[15 U.S.C. § 78dd-1]的规定，必须处以2 000 000美元以下的罚款。

（B）任何发行者违反本篇第30A条（a）或（g）款[15 U.S.C. § 78dd-1]的规定，必须由司法部长提起诉讼处以10 000美元以下的民事罚款。

（2）（A）发行者的任何管理人员、董事、职员或代理人或代表该发行者行事的股东，如果蓄意违反本篇第30A条（a）或（g）款[15 U.S.C. § 78dd-1]的规定，必须处以100 000美元以下的罚款或5年以下的徒刑，或两者并罚。

（B）发行者的任何管理人员、董事、职员或代理人或代表该发行者行事的股东，如果违反本篇第30Al条（a）或（g）款[15 U.S.C. § 78dd-1]的规定，必须由司法部长提起诉讼处以10 000美元以下的民事罚款。

（3）如果根据第（2）项对发行者的任何管理人员、董事、职员、代理人或股东处以罚款，该罚款不得由该发行者直接或间接承付。

反洗钱长臂管辖相关条款节选

2001 年《通过提供拦截和阻止恐怖主义所需的适当工具团结和加强美国法》（美国爱国者法案）

SEC.311.针对主要关注洗钱问题的辖区、金融机构或国际交易的特别措施

（a）总则——《美国法典》第31编第53章第Ⅱ分章已经修正，在第5318条之后插入以下新条款：

第5318A条.针对司法管辖、金融机构或涉及洗钱的国际交易的特别措施（以下为该法条内容）

（a）国际反洗钱要求

（1）总则

财政部长可要求国内金融机构和国内金融经纪机构采取（b）款所述的一项或多项特别措施，如果部长根据（c）款的规定，认为有合理理由断定在美国境外的一个司法管辖区、在美国境外开展业务的一个或多个金融机构、美国境内或涉及美国境外司法管辖区的一类或多类交易、或一类或多类账户是洗钱的主要关注点。

（2）要求的形式

特别措施应：

（A）第（b）款可按部长确定的顺序或组合实施；

（B）（b）分节第（1）至（4）段可通过条例、命令或法律允许的其他方式实施；以及

（C）第（b）（5）款只能通过条例实施。

（3）命令的持续时间和规则制定

施加第（b）款第（1）至（4）段所述特别措施的任何命令（第5326条

所述命令除外）：

（A）应连同与实施该特别措施有关的拟议规则制定通知一并发布；以及

（B）有效期不得超过120天，除非根据在自该命令发布之日起120天期限结束之日或之前颁布的规则；

（4）选择特别措施的程序——在选择根据本分款采取的一项或多项特别措施时，财政部长：

（A）应与联邦储备系统理事会主席、《联邦存款保险法》第3条定义的任何其他适当的联邦银行机构、国务卿、证券交易委员会、商品期货交易委员会、全国信用社管理委员会进行磋商，并由部长自行决定与部长认为适当的其他机构和有关各方进行磋商；以及

（B）应考虑：

（i）其他国家或多边集团是否已经或正在采取类似行动；

（ii）实施任何特定特别措施是否会对在美国建立或获得许可的金融机构造成重大竞争劣势，包括增加与合规有关的任何不当成本或负担；

（iii）该行动或该行动的时间安排在多大程度上会对国际支付、清算和结算系统，或对涉及特定管辖区、机构或交易类别的合法商业活动产生重大不利的系统性影响；以及

（iv）行动对美国国家安全和外交政策的影响。

（5）不限制其他权力

本条不得解释为取代或以其他方式限制本分章或以其他方式授予部长或任何其他机构的任何其他权力。

（b）特别措施

（a）分款所述特别措施涉及美国境外的管辖区、在美国境外营业的金融机构、美国境外管辖区内或涉及美国境外管辖区的交易类别或一类或多类账户，具体如下：

（1）某些财务的记录和报告交易

（A）总则

财政部长可要求任何国内金融机构或国内金融经纪机构就美国境外的一个管辖区、在美国境外营业的一个或多个金融机构、美国境外管辖区内或涉及美国境外管辖区的一类或多类交易、或一类或多类账户的交易总额或每笔交易保存记录、提交报告，或两者兼而有之，条件是财政部长认为任何此类管辖区、机构或交易类型是洗钱的主要关注点。

（B）记录和报告的形式

此类记录和报告应按财政部长确定的时间、方式和期限制作和保留，并应包括秘书确定的信息，其中包括：

（i）交易或关联参与者的身份和地址，包括任何资金转移的发起人的身份；

（ii）任何交易的参与者以何种法律身份行事；

（iii）任何交易中涉及的资金的实际所有人的身份，按照部长确定的合理和切实可行的程序获取和保留信息；以及

（iv）任何交易的说明。

（2）有关受益所有权的信息

除任何其他法律规定的要求外，财政部长可要求任何国内金融机构或国内金融代理机构采取部长确定为合理和切实可行的步骤，以获取和保留有关外国人（其股份须遵守公开报告要求或在受监管交易所或交易市场上市交易的外国实体除外）在美国开立或维持的任何账户的实益拥有权的信息、涉及美国境外司法管辖区、在美国境外运营的一家或多家金融机构、在司法管辖区内或涉及司法管辖区的一类或多类交易的任何外国人（其股份须遵守公开报告要求或在受监管交易所或交易市场上市交易的外国实体除外），或此类外国人的代表的账户的实益所有权信息。

如果国务卿认为美国境外的任何司法管辖区、机构或交易或账户类型是洗钱的主要关注点，则可对这些司法管辖区、机构或交易或账户类型进行

审查。

（3）与某些应付账款相关的信息

如果财政部长认为美国境外的一个司法管辖区、在美国境外运作的一个或多个金融机构、或在美国境内或涉及美国境外司法管辖区的一个或多个类别的交易是主要的洗钱问题，财政部长可要求在美国境内为涉及此类司法管辖区或在美国境外运作的外国金融机构开设或维持应付款账户的国内金融机构或国内金融代理机构作出以下行动，作为开设或维持此类账户的条件：

（A）确定获准使用该应付款账户或通过该账户进行交易的金融机构的每一客户（和该客户的代表）；以及

（B）就每一该类客户（及其代表）获取的信息，与该机构在正常业务过程中就其居住在美国的客户获取的信息基本相同。

（4）与某些代理账户有关的资料

如果财政部长认为美国境外的一个司法管辖区、在美国境外营业的一个或多个金融机构、或在美国境外司法管辖区内或涉及美国境外司法管辖区的一个或多个类别的交易是主要的洗钱问题，财政部长可要求在美国境内为涉及此类司法管辖区或在美国境外营业的外国金融机构开设或维持代理账户的国内金融机构或国内金融代理机构，作出以下行动，作为开设或维持此类账户的条件：

（A）识别任何此类金融机构的每一位客户（以及此类客户的代表），如果他们获准使用该代理账户，或其交易通过该代理账户进行；以及

（B）就每一该类客户（及其代表）获取的信息，与该存款机构在正常业务过程中就其居住在美国的客户获取的信息基本相同。

（5）禁止开立或维持某些代理账户或应付款账户的禁令或条件

如财政部长认为美国境外的一个司法管辖区、在美国境外营业的一个或多个金融机构、或在美国境外司法管辖区内或涉及美国境外司法管辖区的一个或多个类别的交易是主要的洗钱问题，财政部长经与国务卿、司法部长和联邦储备系统理事会主席协商后，可禁止开设或维持某些代理账户或应付款

账户，或对其施加条件。

（c）在确定主要关注洗钱问题的管辖区、机构、账户类型或交易时应考虑的磋商和信息

（1）总则

在认定有合理理由断定美国境外的一个管辖区、在美国境外营业的一个或多个金融机构、美国境外管辖区内或涉及美国境外管辖区的一类或多类交易、或一类或多类账户是主要的洗钱问题，从而授权财政部长采取（b）分款所述的一项或多项特别措施时，财政部长应与国务卿和司法部长协商。

（2）其他考虑因素

在做出第（1）款所述结论时，部长还应考虑部长认定相关的信息，包括以下可能相关的因素：

（A）司法管辖因素

就某一特定司法管辖区而言：

（i）有证据表明有组织犯罪集团、国际恐怖分子或两者在该司法管辖区进行过交易；

（ii）该司法管辖区或在该司法管辖区内运营的金融机构在多大程度上向该司法管辖区的非居民或非子公司提供银行保密或特殊监管优势；

（iii）该司法管辖区的银行监管法和反洗钱法的实质内容和管理质量；

（iv）在该司法管辖区发生的金融交易量与该司法管辖区经济规模之间的关系；

（v）该司法管辖区在多大程度上被可信的国际组织或多边专家组定性为离岸银行或"保密天堂"；

（vi）美国是否与该司法管辖区签订了法律互助条约，以及美国执法官员和监管官员在获取有关源于该司法管辖区或途经或到达该司法管辖区的交易的信息方面的经验；以及

（vii）该司法管辖区在多大程度上存在严重的官员腐败或机构腐败。

（B）机构因素

如果决定在某一管辖范围内或涉及某一管辖范围时，只对一家或多家金融机构，或对某项交易或某类交易，或对某类账户，或对所有三类账户适用（b）款所述的一项或多项特别措施，则：

（i）这些金融机构、交易或账户类型在多大程度上被用于协助或推动在本国或通过本国进行的洗钱活动；

（ii）这些机构、交易或账户类型在多大程度上用于辖区内的合法商业目的；以及

（iii）该行动在多大程度上是在涉及该司法管辖区和在该司法管辖区内运作的机构的交易方面，足以确保继续实现本分章的宗旨，并防范国际洗钱和其他金融犯罪。

（d）财政部长采取特别措施的通知

财政部长在根据第（a）（1）款采取任何行动后10天内，应以书面形式将任何此类行动通知众议院金融服务委员会和参议院银行、住房和城市事务委员会。

（e）定义

尽管本分章有任何其他规定，但为本节和第5318节（i）和（j）分节的目的，应适用以下定义：

（1）银行定义

（A）账户

（i）指为提供定期服务、交易和其他金融交易而建立的正式银行或商业关系；以及

（ii）包括活期存款、储蓄存款或其他交易或资产账户以及信贷账户或其他信贷延伸。

（B）往来账户

是指为接收外国金融机构的存款、代表外国金融机构付款或处理与该机构有关的其他金融交易而设立的账户。

（C）直通式账户是指外国金融机构在存款机构开立的账户，包括交易账户［定义见《联邦储备法》第19（b）（1）（C）条］，通过该账户，外国金融机构允许其客户直接或通过子账户从事与美国银行业务有关的通常银行活动。

（2）适用于非银行机构的定义

对于银行以外的任何金融机构，财政部长应在与适当的联邦职能监管机构（定义见《格拉姆-里奇-比利雷法案》第509节）协商后，通过条例界定"账户"一词的含义，并应在财政部长认为适当的范围内，将类似于应付款账户和代理账户的安排纳入该词的含义范围。

（3）实益所有权的法规定义

为本节及第5318节的（i）和（j）小节之目的，财政部长应颁布法规，界定账户的实益所有权。此类法规应处理与个人授权资助、指导、管理、使用或转让账户有关的问题或管理账户（包括但不限于有权指示将款项存入或转出账户），以及个人在账户收入或资金中的重要利益，并应确保本条规定的个人身份识别不延及在账户收入或资金中拥有非重要实益的任何个人。

（4）其他术语

部长可通过法规进一步定义第（1）、（2）和（3）款中的术语，并为本节之目的定义部长认为适当的其他术语。

（b）文书修正

《美国法典》第31编第53章第II分章的章节表已经修正，在有关第5318节的项目后插入以下新条款：

5318A.针对主要关注洗钱问题的司法管辖区、金融机构或国际交易的特别措施。

SEC.317.对外国洗钱者的长期管辖权

《美国法典》第18编第1956（b）条修订如下：

（1）将第（1）和第（2）分段重新编号为（A）和（B），并将边距向右移动2 cms；

（2）在“（b）”之后插入以下内容："Penalties.（1）总则……；

（3）在“或（a）（3）”之后插入“或1957节”；和

（4）在末尾添加以下内容：

"（2）对外国人的管辖权

在裁决根据本条提起的诉讼或执行根据本条下令实施的处罚时，如果根据《联邦民事诉讼规则》或该外国人所在国的法律向该外国人送达了诉讼文书，则地区法院对诉讼所针对的任何外国人（包括根据外国法律授权的任何金融机构）拥有管辖权，并且：

（A）外国人犯下（a）款所述罪行，涉及全部或部分在美国发生的金融交易；（B）外国人将美国因美国法院下达没收令而拥有所有权权益的财产转为己用；或（C）外国人是在美国金融机构开设银行账户的金融机构。

（3）法院对资产的权力

第（2）款所述法院可发布审前限制令或采取任何其他必要行动，以确保被告在美国持有的任何银行账户或其他财产可用于履行本条规定的判决。

（4）联邦接管人

（A）在一般情况下，第（2）款所述法院可根据本段（B）分段的规定，任命一名联邦破产管理人，负责收集、调集、保管、控制和占有被告的所有资产，无论其位于何处，以履行本分款规定的民事判决、第981或982条规定的没收判决，或第1957条或本条（a）分款规定的刑事判决，包括向特定非法活动的任何受害者作出赔偿的命令。

（B）任命和授权

第（A）分段所述的联邦破产管理人：

（i）可应联邦检察官或联邦或州监管机构的申请，由对案件被告拥有管辖权的法院指定；

（ii）须为法院人员，而联邦破产管理署署长的权力须包括《美国法典》

第28章第754条所赋予的权力；以及

（iii）应在提出申请、获取有关被告资产的信息方面具有与以下情况同等的地位：

（Ⅰ）财政部金融犯罪执法体系提出的要求；或

（Ⅱ）外国根据司法协助条约、多边协定或其他国际执法协助安排提出的请求，但此类请求须符合司法部长的政策和程序。"

SEC.319. 没收美国银行间账户中的资金

（a）没收美国银行同业往来账户——《美国法典》第18编第981节现予修订，在末尾添加以下内容：

"（k）银行同业账户——

（1）在一般情况下。

（A）就根据本节或《受管制物质法》如果资金存入一家外国银行的账户，而该外国银行在美国与一家受保金融机构［定义见《美国法典》第31编第5318（j）（1）条］有一个银行同业账户，则该资金应被视为已存入在美国的银行同业账户、有关该资金的任何限制令、扣押令或逮捕令均可送达受保金融机构，银行同业账户中的资金，只要不超过存入外国银行账户的资金价值，均可被限制、扣押或逮捕。

（B）暂停的权力。如果司法部长确定外国银行所在司法管辖区的法律与美国法律之间存在法律冲突，司法部长可与财政部长协商，暂停或终止根据本节进行的没收。在因限制、扣押或扣留这些资金而产生的赔偿责任方面，国家应承担责任，而且这些暂停或终止符合以下方面的利益正义，也不会损害美国的国家利益。

（2）不要求政府追踪资金

如果对根据第（1）款被限制、扣押或逮捕的资金提起没收诉讼，政府没有必要确定这些资金可直接追踪到存入外国银行的资金，政府也没有必要依赖第984条的适用。

（3）资金所有者提出的索赔

如果根据第（1）款对被限制、扣押或逮捕的资金提起没收诉讼，存入外国银行账户的资金所有者可根据第983条提出索赔，对没收提出异议。

（4）定义

为本分款的目的，应适用以下定义：

（A）银行间账户，与第984（c）（2）（B）条中的含义相同。

（B）所有人。除第（ii）款的规定外，'所有者'一词：（I）指第983（d）（6）条所定义的、在外国银行存入资金时该资金的所有人；以及（II）不包括外国银行或作为中间人将资金转入银行间账户的任何金融机构。

（ii）例外情况

只有在下列情况下，外国银行才可被视为资金的'所有人'（任何其他人都没有资格成为这种资金的所有人）：

（I）没收行动的依据是外国银行所犯的不法行为；或

（II）外国银行以优势证据证明，在资金被限制、扣押或扣留之前，该外国银行已清偿了其全部或部分债务。在这种情况下，外国银行应被视为资金的所有者，但仅限于被解除的债务。"

（b）银行记录

经本标题修订的《美国法典》第31编第5318条在末尾加入以下内容：

"（k）与反洗钱计划有关的银行记录。

（1）定义

为本分款之目的，应适用以下定义：

（A）适当的联邦银行机构。适当的联邦银行机构"与《联邦存款保险法》第3节中的含义相同。

（B）往来账户一词的含义与第5318A（f）（1）（B）条中的含义相同。

（2）120小时规则

在收到有关联邦银行机构要求提供与受保金融机构或其客户遵守反洗钱规定有关的信息的请求后，在不迟于120小时内，受保金融机构应向有关联邦银行机构提供或在有关联邦银行机构代表指定的地点提供受保金融机构在美国开立、维持、管理或经营的任何账户的信息和账户文件。

（3）外国银行记录

（A）传票或出庭通知

财政部长或司法部长可向在美国开立代理账户的任何外国银行发出传票或出庭通知，要求提供与代理账户有关的记录，包括在美国境外保存的与外国银行存款有关的记录。

第（i）款所述的传票或出庭通知可在外国银行在美国设有代表的情况下送达该外国银行，也可根据任何司法协助条约、多边条约或其他国际文书在外国设有代表的情况下送达该外国银行。

（B）接受服务

（i）在美国保持记录

任何在美国为外国银行保持代理账户的金融机构应在美国保持记录，以确定该外国银行的所有者，以及居住在美国并有权接受有关代理账户记录的法律程序服务的人的姓名和地址。

（ii）执法请求

在收到联邦执法人员关于根据本款要求保存的信息的书面请求后，受保金融机构应在收到请求后7天内向请求人员提供信息。

（C）通讯员关系的终止

（i）收到通知后终止

受保金融机构应在收到财政部长或司法部长（在每种情况下均应在与另一方协商后）的书面通知后10个工作日内终止与外国银行的任何代理关系，该通知称该外国银行未能：

（I）遵守根据（A）分段发出的传票或出庭通知；或

（II）向美国法院提起诉讼，对此类传票或出庭通知提出异议。

（ii）对赔偿责任的限制

受保金融机构在任何法院或仲裁程序中均不因根据本分款终止代理关系而对任何人承担赔偿责任。

（ⅲ）未终止关系

在代理关系被终止之前，该受保金融机构每天最高可被处以 10 000 美元的民事罚款。"

（c）宽限期

金融机构应在本法颁布之日起 60 天内遵守本条新增的《美国法典》第 31 编第 5318（k）条的规定。

（d）命令被定罪的罪犯归还位于国外的财产的权力

（1）没收替代财产

《受控物质法》第 413（p）条修订如下：

（p）没收替代财产

（1）在一般情况下

（A）经尽职调查无法找到；

（B）已转让或出售给第三方，或存放在第三方处；

（C）已被置于法院管辖权之外；

（D）价值大幅降低；或

（E）与其他财产混合在一起，无法顺利分割。

（2）替代财产

在第（1）款（A）至（E）项所述的任何案件中，法院应下令没收被告的任何其他财产，但以第（1）款（A）至（E）项所述的任何财产的价值为限。

（3）将财产归还管辖

对于第（1）（C）款所述财产，除本分款授权的任何其他行动外，法院可命令被告将财产归还法院管辖，以便扣押和没收该财产。

（2）保护令《受控物质法》第 413（e）条现予修正，在末尾加入以下内容：

"（4）遣返和交存令

（A）在一般情况下

根据本节的规定，法院有权发出审前限制令，并根据本节规定的权力，法院可命令被告归还任何可能被扣押和没收的财产，并在审判前将该财产交存法院登记处或美国联邦缉私署或财政部长的计息账户中。

（B）不遵守

不遵守本款规定的命令或（p）款规定的遣返财产的命令应作为蔑视法庭的民事或刑事犯罪论处。根据《联邦量刑指南》中有关妨害司法的规定，也可加重对被告的刑罚。"